Inhaltsverzeichnis

Die folgenden Angebote sind nicht obligatorisch abzuarbeiten. Die Auswahl der Übungen und Übungsteile richtet sich nach den Schwerpunkten des schulinternen Curriculums.

Symbole

(П)	Muster (пример)
!	Achtung!
✔ Г	Verweis auf die Grammatik-Seite der Lektion
	Partnerarbeit
	Gruppenarbeit
	Projektarbeit
	Dossier
	Lesetext
SV	Sprachvergleich
DE | EN	Übung zum sprachenübergreifenden Lernen (Deutsch, Englisch)
	Übung ist auf der Hör-CD
1	Differenzierungsangebot (orange Aufgabenziffer)
M	Mediation
	Blaue senkrechte Linie markiert erlernte Sprachmittel und Zielleistungen in jedem Abschnitt.
Это ты уже умеешь.	Beispiele für eingeführte Sprachmittel des Abschnitts

Abkürzungen

m	Maskulinum
f	Femininum
n	Neutrum
Sg.	Singular
Pl.	Plural
Nom.	Nominativ
Gen.	Genitiv
Dat.	Dativ
Akk.	Akkusativ
Instr.	Instrumental
Präp.	Präpositiv
Pers.	Person
Adv.	Adverb
jmd.	jemand
jmdm.	jemandem
jmdn.	jemanden
nicht dekl.	Wort wird nicht dekliniert
ungebr.	ungebräuchlich
v.	vollendeter Aspekt
uv.	unvollendeter Aspekt
zielger.	zielgerichtet
nicht zielger.	nicht zielgerichtet
ugs.	umgangssprachlich

Bildnachweis

Titel Hintergrund: René Heilig, Berlin; Personen: mauritius images | Vordere Klappe: vlnr RIA Nowosti; picture-alliance; RIA Nowosti (5); Anita Back/laif | 9 lo Harry Walter, Greifswald; ro R. Heilig, Berlin; mil, mir Ljudmila Romantschenko, Pskow; ul, ur pixelio.de | 12 von links nach rechts (vlnr) Archiv VWV; (2) www.wikipedia.de; akg-images / RIA Nowosti | 13 (4) H. Walter, Greifswald; 15 ol akg-images; om Archiv VWV; or ullstein bild – Nowosti; u dpa | 18 o (8) Natalja Götz, Guhrow; (2) H. Walter, Greifswald; (1) L. Romantschenko, Pskow; u H. Walter, Greifswald | 21 o ullstein bild – Nowosti; Mitte:1 picture-alliance / Sven Simon; 2 Jazz Archiv Hamburg - Isabel Schiffler; 3 ullstein bild – Adolph; 4 ullstein bild – Giribas; 5, 6, 7, 8 picture-alliance/ dpa | 22 l ullstein bild – Nowosti; r picture-alliance/ dpa | 23 vlnr H. Walter, Greifswald; mauritius images; mauritius images/Katja Zimmermann; mauritius images/Steve Vidler | 25 Tobias Scheuerer, Echterdingen | 26 von oben nach unten StockFood/Newedel, Karl; StockFood/Rynio; R. Heilig, Berlin; Elke Kolodzy, Gera; unten (4) R. Heilig, Berlin | 28 vlnr pixelio.de; R. Heilig, Berlin; mauritius images/Brigitte Protzel; Schulzki/Premium; R. Heilig, Berlin | 29 L. Romantschenko, Pskow | 31 vlnr Wojtek Buss / mauritius images; mauritius images/ nonstock | 33 Christa Salzl, Hösbach | 34 Peter Wirtz, Dormagen | 38 Peter Wirtz, Dormagen | 40 (2) R. Heilig, Berlin | 44 P. Wirtz, Dormagen | 46 (2) C. Salzl, Hösbach; u R. Heilig, Berlin | 47 (2) © Corbis. All Rights Reserved | 49 lo Archiv VWV; ro Jahreszeiten Verlag; m, lu, ru Archiv VWV | 50 o R. Heilig, Berlin; Mitte: vlnr (4) R. Heilig, Berlin; (3) H. Walter, Greifswald | 51 picture-alliance/ dpa | 52 mauritius-images | 58 (2) Iris Adler, Sohland | 60 (3) H. Walter, Greifswald | 61 R. Heilig, Berlin | 62 R. Heilig, Berlin | 65 vlnr Falk Heller /argum; mauritius images/Katja Zimmermann; H. Walter, Greifswald; (2) picture-alliance / dpa; picture-alliance/ dpa/ dpaweb | 66 (7) H. Walter, Greifswald | 67 o R. Heilig, Berlin; u Archiv Cornelsen | 69 R. Heilig, Berlin; 74 Olga Lehmann, Berlin | 78 (2) R. Heilig, Berlin | 81 Roswitha Stahr, Roßleben | 82 Ch. Salzl, Hösbach | 83 l, ro Ch. Salzl, Hösbach; ru H. Walter, Greifswald | 84 RIA Novosti | 86 (2) Elke Kolodzy, Gera | 97 1, 5 T. Scheuerer, Echterdingen; 2, 3 R. Heilig, Berlin; 4 H. Walter, Greifswald; 6, 7 RIA Novosti | 98 o T. Scheuerer, Echterdingen; u Valeria Sheremetieva (2) | 99 H. Walter, Greifswald | 100 (2) T. Scheuerer, Echterdingen | 101 H. Walter, Greifswald | 102 Archiv Cornelsen | 103 R. Heilig, Berlin | 104 RIA Novosti | 105 R. Heilig, Berlin | 106 picture-alliance/ dpa | 110 1, 2, 5, 6, 7 T. Scheuerer, Echterdingen; 3, 4 H. Walter, Greifswald; 8 picture-alliance/ Tanja Niesen.

Уро́к 1 Э́то я.

Москва́

Санкт-Петербу́рг

Ни́на

Я Нина. Я из России.
Я живу в Москве. Я люблю
спагетти и теннис.

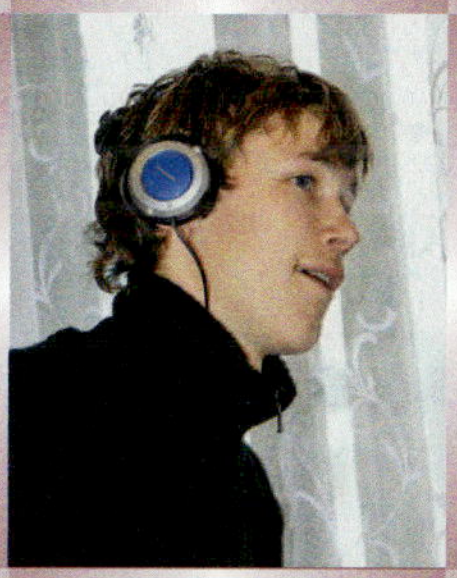

Ви́ктор

1. Höre, was Nina und Viktor erzählen.

2. Was erfährst du über die beiden?

1A Приве́т! Я Ни́на.

Аа	Бб	Вв	Гг	Дд	Ее	Ёё	Жж	Зз	Ии	Йй
Кк	Лл	Мм	Нн	Оо	Пп	Рр	Сс	Тт	Уу	Фф
Хх	Цц	Чч	Шш	Щщ	Ъъ	Ыы	Ьь	Ээ	Юю	Яя

1) ***W**er stellt hier wen vor?* EN | DE
Höre, wie sich die Jugendlichen begrüßen und vorstellen.
Wie würden die beiden Jungen sich und Nina auf Russisch vorstellen?

1. Hello! I am Justin. This is Nina.
2. Приве́т! Я Ни́на. А э́то Лу́кас и Но́ра.

2) *a) Höre die Namen und lies mit.*

б) Stelle dich und die russischen Jugendlichen vor.

(П) Я Ни́на, а э́то Ири́на и Марк.

3) ***L**ies und schreibe die Buchstaben und Wörter ab.*
a) Welche Buchstaben darfst du nicht mit den lateinischen verwechseln?

Аа *Аа* ма́ма	Ее *Ее* те́ма	Ии *Ии* И́на	Оо *Оо* ико́на	Уу *Уу* ка́ктус
Вв *Вв* ва́нна	Кк *Кк* ко́смос	Мм *Мм* ма́рка	Нн *Нн* но́та	
Рр *Рр* Ро́ма	Сс *Сс* сорт	Тт *Тт* тест		

б) Schreibe alle Wörter, die ein и, н, р, т *enthalten, in dein Heft.*

анана́с, кака́о, торт, ки́ви, ка́рта, теа́тр, су́мма, ма́ма, но́та, старт, текст, ва́нна, е́вро, тест, ка́ктус, такт, те́ма, рома́н, самова́р, кио́ск, И́ра, Ни́ко, А́нна, Рома́н, Рена́та, рестора́н, кафе́

Im Schülerbuch ist bei allen Wörtern die betonte Silbe mit einem Betonungszeichen (Akzent) gekennzeichnet.

Аа	Бб	Вв	Гг	Дд	Ее	Ёё	Жж	Зз	Ии	Йй
Кк	Лл	Мм	Нн	Оо	Пп	Рр	Сс	Тт	Уу	Фф
Хх	Цц	Чч	Шш	Щщ	Ъъ	Ыы	Ьь	Ээ	Юю	Яя

4) *Lies die Aufschriften und versuche, die Bedeutung herauszufinden.*

5) *Schreibe die Buchstaben und Namen ab.*

Бб Бб	Лл Лл	Фф Фф	Ээ Ээ	Яя Яя

Э́лла

Лари́са

Бо́ря

Фили́пп

Я́на

6) *Höre zu und sprich nach.*
a) Übe die Aussprache des russischen р.

ро, ор, торт, кор, бар, ко́бра, тор, тра, тра́ктор,
кро, нар, кро́на, бра, вор, бра́во ра, ран, Франк

б) Diese Wörter verstehst du schon. Achte auf die Aussprache des betonten und unbetonten о.

betont	unbetont
но́та	е́вро
ко́бра	тра́ктор
кро́на	э́то
О́ля	рома́н

betont	unbetont
о́пера	Окса́на
авто́бус	Бори́с
телефо́н	Ви́ктор
футбо́л	Я́ков

7) *Lies die russischen Vornamen und schreibe sie ab.*
Ordne den Vornamen die passende Kurzform zu.

(П) Васи́лий – Ва́ся,
Ли́дия – Ли́да

Бори́с, Екатери́на, Ива́н, Светла́на, Влади́мир, А́нна, Ви́ктор, Ири́на, Лари́са, Константи́н

Йй Йй Никола́й	Зз Зз Зинаи́да
Дд Дд Дми́трий	Пп Пп Поли́на

Бо́ря	А́ня
Ва́ся	Зи́на
Ва́ня	И́ра
Ви́тя	Ка́тя
Во́ва	Ла́ра
Ди́ма	Ли́да
Ко́ля	Све́та
Ко́стя	По́ля

Zu den meisten Vornamen gibt es auch Kurzformen, die in der Familie, Schule und unter Freunden verwendet werden.

Аа	Бб	Вв	Гг	Дд	Ее	Ёё	Жж	Зз	Ии	Йй
Кк	Лл	Мм	Нн	Оо	Пп	Рр	Сс	Тт	Уу	Фф
Хх	Цц	Чч	Шш	Щщ	Ъъ	Ыы	Ьь	Ээ	Юю	Яя

8) Кто э́то? EN | DE ✓ Г1

Vergleicht die Sätze und die Fragen in den drei Sprachen.

Я Ни́на.	Кто э́то?	Э́то Макси́м.	Э́то Ни́на и Макси́м.
Ich bin Nina.	Wer ist das?	Das ist Maxim.	Das sind Nina und Maxim.
I'm Nina.	Who is this?	This is Maxim.	This is Nina and Maxim.

9) Э́то Лев Толсто́й?

а) Hört zu und sprecht nach. Achtet auf die Intonation im Aussage- und im Fragesatz.

– Кто э́то?
Э́то Лев Толсто́й?
– Да, э́то Лев Толсто́й.

– А кто э́то?
– Э́то Исаа́к Левита́н.

– А кто э́то? Э́то Викто́рия То́карева?
– Нет, э́то не Викто́рия То́карева. Э́то Любо́вь Попо́ва. А вот э́то Викто́рия То́карева.

б) Gestaltet ähnliche Dialoge mit anderen Namen.

10) Прое́кт: *Sucht Informationen zu den genannten Personen und präsentiert sie in der Klasse.*

11) Приве́т! Я Макси́м.

а) Hört zu und achtet darauf, wie sich Erwachsene und Jugendliche begrüßen und vorstellen.

– Приве́т! Я Макси́м.
– Приве́т! Я Ни́на.
А э́то Све́та и Ви́ка.

– Здра́вствуйте, А́нна Ива́новна!
Э́то Я́на Бори́совна!
– Здра́вствуйте, Я́на Бори́совна!

– Здра́вствуйте, Зо́я Петро́вна! Я Ви́ктор.
– Здра́вствуй, Ви́тя!

б) Lest die Dialoge und setzt andere Namen ein.

Аа	Бб	Вв	Гг	Дд	Ее	Ёё	Жж	Зз	Ии	Йй
Кк	Лл	Мм	Нн	Оо	Пп	Рр	Сс	Тт	Уу	Фф
Хх	Цц	Чч	Шш	Щщ	Ъъ	Ыы	Ьь	Ээ	Юю	Яя

12) *Приве́т и пока́!*
Achte darauf, wie sich die Gesprächspartner begrüßen und verabschieden.

– Приве́т, А́ня!
– Приве́т, Ко́ля!

– Пока́, Ко́ля!
– Пока́, А́ня!

– Здра́вствуйте, Ири́на Алексе́евна!
– Здра́вствуйте, ребя́та!

– До свида́ния, ребя́та!
– До свида́ния, Ири́на Алексе́евна!

13) *Sage, wie du diese Personen auf Russisch begrüßt und dich von ihnen verabschiedest.*

О́ля

Анто́н

Ла́ра

Мари́на Никола́евна

14) *До свида́ния. Good bye.* SV
Wie begrüßt und verabschiedet man sich in anderen Sprachen?

Russisch	Englisch	Deutsch	Französisch	...
Приве́т!		Hallo!		
Здра́вствуйте!				
	Bye!			
	Goodbye!	Auf Wiedersehen!		

Э́то ты уже́ уме́ешь.
– Приве́т! Приве́т, А́ня!
– Здра́вствуй, Ви́тя! Здра́вствуйте, ребя́та!
– Пока́! Пока́, Ко́ля!
– До свида́ния! До свида́ния, ребя́та!
– Я Ви́ктор. (Я Ни́на.)

– Кто э́то?
– Э́то Макси́м. (А) э́то Све́та и Ви́ка.
– Э́то Лев Толсто́й?
– Да, э́то Лев Толсто́й.
– Нет, э́то Исаа́к Левита́н.

15) *Spielt ein Gespräch.*
– Begrüßt die anderen Personen.
– Fragt, wer die anderen Personen sind.
– Stellt euch und eure Mitschüler vor.
– Verabschiedet euch.

1Б Меня́ зову́т Лу́кас.

Аа	Бб	Вв	Гг	Дд	Ее	Ёё	Жж	Зз	Ии	Йй
Кк	Лл	Мм	Нн	Оо	Пп	Рр	Сс	Тт	Уу	Фф
Хх	Цц	Чч	Шш	Щщ	Ъъ	Ыы	Ьь	Ээ	Юю	Яя

1) *а) Höre zu und lies mit.*
Vergleiche, wie sich die Marathon-Teilnehmer bei der Anmeldung vorstellen.

Регистра́ция

– Здра́вствуйте!
– До́брый день!
Как тебя́ зову́т?
– Меня́ зову́т
Ю́лия Ро́занова.

– Здра́вствуйте!
– Здра́вствуй!
Как твоя́ фами́лия?
– Моя́ фами́лия Мы́шкин.
Меня́ зову́т
Серге́й Мы́шкин.

– Здра́вствуйте!
– Здра́вствуй!
Как тебя́ зову́т?
– Же́ня.
– Кто ты?
– Меня́ зову́т
Евге́ния Степа́нова.

б) Fragt euch gegenseitig nach euren Vor- und Familiennamen.

2) **W***elche Wörter fehlen?*
Nenne die Wörter, die nicht vorgesprochen wurden.
Mit welchem Buchstaben beginnen sie?

мю́сли, гло́бус, шокола́д, шпина́т, жалюзи́, бага́ж, рюкза́к, гара́ж, меню́, центр, гео́лог, цирк, инжене́р, конце́рт, журна́л, гита́ра, журнали́ст, му́зыка

Г г *Г г*	Ж ж *Ж ж*	Ш ш *Ш ш*
Ц ц *Ц ц*	Ы ы *ы*	Ю ю *Ю ю*

3) **К***то э́то? Что э́то?*
а) Wann verwendest du welches Fragepronomen?

– Кто э́то?
– Э́то О́ля?

– Что э́то?
– Э́то рюкза́к?

б) Stellt Fragen und beantwortet sie. Verwendet auch die Verneinung.

Серге́й

Ю́лия

Же́ня

Аа	Бб	Вв	Гг	Дд	Ее	Ёё	Жж	Зз	Ии	Йй
Кк	Лл	Мм	Нн	Оо	Пп	Рр	Сс	Тт	Уу	Фф
Хх	Цц	Чч	Шш	Щщ	Ъъ	Ыы	Ьь	Ээ	Юю	Яя

4) *Что э́то?*

а) Wiederhole die Wörter und nenne ihre deutsche Entsprechung.

А́нна Ахма́това

апельси́н, борщ, контролёр, матрёшка, ноль, объе́кт, субъе́кт, те́хника, хо́бби, чемпио́н, чи́збургер, щи, фильм

Ёё *Ёё*	Чч *Чч*	Щщ *Щщ*
Хх *Хх*	Ъъ *ъ*	Ьь *ь*

Пётр Чайко́вский

Михаи́л Салтыко́в-Щедри́н

б) Lies die russischen Namen.

5) *Höre zu und sprich nach. Achte darauf, dass* и *nach* ж, ш, ц *wie* [ы] *und* е *wie* [э] *gesprochen wird.*

ы, ры, ны, бы; ты, мы, вы, шашлы́к, му́зыка
жи, ши, ци; жира́ф, маши́на, цирк, регистра́ция
же, ше, це; Же́ня, инжене́р, шеф, центр, конце́рт

Вы – großgeschrieben – bedeutet *Sie* als Höflichkeitsform, wenn man z. B. Erwachsene anspricht.

6) *Was stellst du beim Vergleich der Zahlwörter in den verschiedenen Sprachen fest? Suche Informationen zur slawischen Sprachfamilie.* SV

	1	2	3	4	5
Russisch	оди́н	два	три	четы́ре	пять
Polnisch	jeden	dwa	trzy	cztery	pięć
Tschechisch	jeden	dva	tři	čtyři	pět
Bulgarisch	един	два	три	четири	пет

7) *Höre zu und sprich nach.*

Achte auf die Aussprache der weichen Konsonanten.

10 9 8 7 6 5 4 3 2 1 0
Де́сять, де́вять, во́семь, семь, шесть, пять, четы́ре, три, два, оди́н, ноль – с Но́вым го́дом!

Аа	Бб	Вв	Гг	Дд	Ее	Ёё	Жж	Зз	Ии	Йй
Кк	Лл	Мм	Нн	Оо	Пп	Рр	Сс	Тт	Уу	Фф
Хх	Цц	Чч	Шш	Щщ	Ъъ	Ыы	Ьь	Ээ	Юю	Яя

8) *Diktiert euch abwechselnd die Zahlen und schreibt die Ziffern auf.*

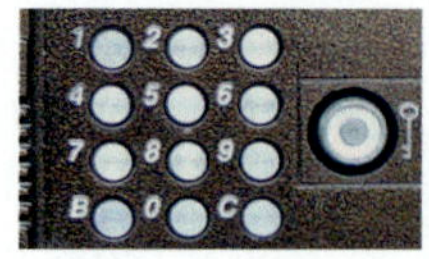

9) *Ско́лько тебе́ лет?*

– До́брый ве́чер!
– Здра́вствуйте!
– Биле́т, пожа́луйста.
– Вот.
– Спаси́бо. А ско́лько тебе́ лет?
– Мне 15 (пятна́дцать) лет.

– Здра́вствуйте!
– Здра́вствуй!
– Фильм *Двена́дцать*, пожа́луйста.
– *Двена́дцать*... А ско́лько тебе́ лет? Па́спорт, пожа́луйста.
– Мне 16 (шестна́дцать). Вот па́спорт.

10) *Höre die Zahlen und sprich sie nach.*

a) Achte auf die Aussprache der unbetonten Vokale.

1	оди́н	11	оди́н	...на́дцать
2	два (две)	12	две	
3	три	13	три	
4	четы́ре	14	четы́р~~е~~	
5	пять	15	пят~~ь~~	
6	шесть	16	шест~~ь~~	
7	семь	17	сем~~ь~~	
8	во́семь	18	восем~~ь~~	
9	де́вять	19	девят~~ь~~	

две, три, пят, шест, сем, восем, девят → на́дцать

оди́н, четы́р → надцать

б) Lies die Zahlen noch einmal. Wie viele Weichheitszeichen kann ein Zahlwort enthalten?

11) *Erstellt eine Statistik zum Alter eurer Mitschüler.*

(П) – Штéффи, скóлько тебé лет?
– Мне четы́рнадцать лет. А тебé?
– А мне пятнáдцать.

	13 лет	14 лет	15 лет
♂	2	3	4
♀	4	2	–

12) *Höre zu und sprich den russischen Zungenbrecher nach.*

Шестнáдцать шли мышéй
и шесть нашли́ грошéй.

13) *Алфави́т*

Sortiert die Wörter nach dem Alphabet. Ergänzt weitere Wörter.
Wer nennt die Wörter am schnellsten in der richtigen Reihenfolge?

а) цирк, глóбус, лотó, щи, фóто, телефóн, журнáл, хóбби, **ананáс**, мю́сли

б) оди́н, Кáтя, семь, Егóр какáо, éвро, шеф, банáн, Ви́тя, четы́рнадцать, Лу́кас, **Áнна**, Мáша, шесть, Я́на, двенáдцать, Дани́л, три

в) тигр, **антилóпа**, боá, фазáн, крокоди́л, зéбра, дельфи́н, жирáф, стрáус, хамелеóн, лев, попугáй

Э́то ты ужé умéешь.

– Натáша, скóлько тебé лет?
– Мне четы́рнадцать, а тебé?
– А мне пятнáдцать.

– Кто э́то? Это Вади́м?
– Нет, э́то Алексéй.

– Что э́то?
– Э́то пáспорт.

14) *In der Disco lernen sich zwei russische und deutsche Jugendliche kennen. Hilf ihnen, sich vorzustellen.* M

Кáтя: Привéт, Ни́ка!
Nika: Hallo Katja. Das ist Steve.
Кáтя: Привéт, Стив! А как тебя́ зову́т?
Tom: Ich heiße Tom.
Катя: Привéт, я Кáтя!

15) *Stelle dich auf Russisch vor.*

Nenne deinen Vor- und Nachnamen. Sage, wie alt du bist.

1) **S**ieh dir den Familienbaum an und finde die deutschen Entsprechungen für die unbekannten Wörter.

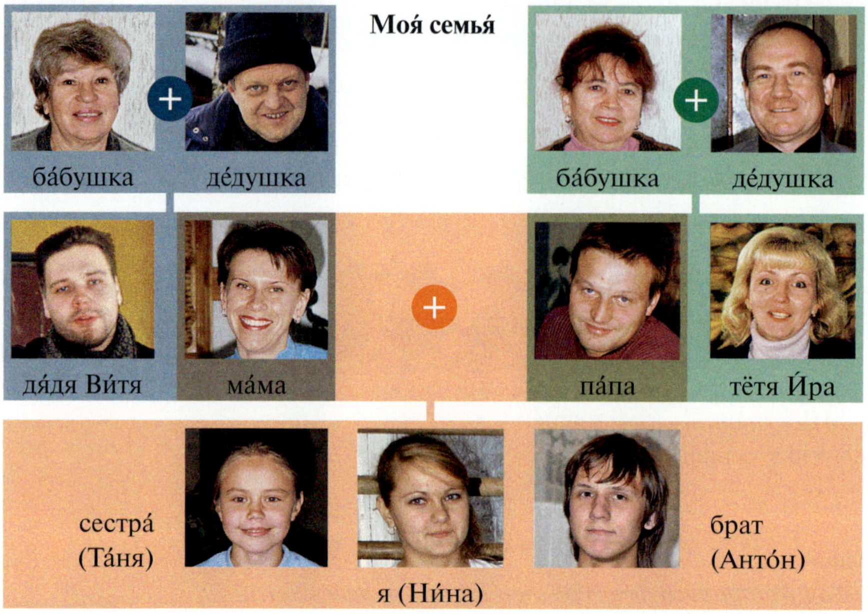

2) **С**равни́те. *Vergleicht.* SV

Gibt es Gemeinsamkeiten mit den Sprachen, die ihr bereits kennt?

Russisch	брат	сестра́	ба́бушка	де́душка
Polnisch	brat	siostra	babka	dziadek
Tschechisch	bratr	sestra	babička	dědeček
Bulgarisch	брат	сестра	баба	дядо

3) **F**indet heraus, wie man im Russischen das Genus erkennt. ✔ Г 2

a) Welche Gemeinsamkeiten und Unterschiede zum Deutschen und zu anderen Sprachen stellt ihr fest?

он	она́	оно́
Семён, Никола́й, Ви́тя	Ле́на, О́ля	фо́то
брат, учени́к	сестра́, учени́ца	бюро́
рюкза́к, самова́р	ла́мпа, гита́ра	бистро́
анана́с, алфави́т	пробле́ма, маши́на	кака́о
па́па, де́душка, дя́дя	ба́бушка	кафе́

б) Übertragt die Tabelle in euer Heft. Ergänzt weitere Wörter.

4) Моя́ семья́ и мои́ друзья́ Г 3

а) Welches Bild gehört zu welchem Text?

1

2

3

а) Вот мои́ друзья́. Э́то моя́ подру́га О́ля. А э́то мой друг. Его́ зову́т Семён. Он учени́к.

б) Э́то мои́ ба́бушка и де́душка. Они́ пенсионе́ры.

в) Э́то моя́ семья́. Вот э́то я. Э́то мои́ роди́тели, ма́ма и па́па. Вот моя́ сестра́. Её зову́т Та́ня. А э́то мой брат Анто́н. Он уже́ студе́нт.

б) Wovon hängt die Form des Possessivpronomens ab?

в) Сравни́.

мой – твой – наш – ваш	дя́дя
моя́ – твоя́ – на́ша – ва́ша	сестра́
моё – твоё – на́ше – ва́ше	фо́то
мои́ – твои́ – на́ши – ва́ши	друзья́

5) Мой друг – твоя́ подру́га – на́ши друзья́ – ва́ши роди́тели

Bildet Wortgruppen aus Possessivpronomen und Substantiv.

дя́дя
па́па
друг
сестра́
подру́га
ба́бушка
е́вро
самова́р
де́душка
брат
такси́
ма́ма
тётя
ко́фе
друзья́

6) Твой дя́дя и ва́ша сестра́.

Welches Possessivpronomen ist richtig? Schreibe die Sätze in dein Heft.

► – Мы – Све́та и Ната́ша. Ната́лья Серге́евна и Оле́г Петро́вич – э́то (на́ши/на́ша/твой) ма́ма и па́па. Сла́ва – (моя́/ва́ши/наш) брат, а Мари́на – (твой/на́ша/наш) сестра́.

► – Меня́ зову́т Па́вел Кругло́в. Еле́на Семёновна – э́то (моя́/мой/твоя́) ма́ма, а Ива́н Никола́евич – э́то (ваш/на́ша/мой) дя́дя.

► – Э́то (мой/мои́/твой) друг? Как (его́/меня́/её) зову́т?
– Нет, э́то (мой/мои́/наш) брат, Ви́ктор.

► – Татья́на Петро́вна и Алекса́ндр Влади́мирович – э́то (ва́ши/ва́ша/на́ша) тётя и дя́дя?
– Да, а А́нна Алексе́евна и Ви́ктор Па́влович – э́то (твой/на́ши/наш) ба́бушка и де́душка.

7) Кто э́то? Твоя́ сестра́?

Bringt Fotos mit und erklärt, wer darauf zu sehen ist.

(П) – Кто э́то? Твоя́ сестра́? А э́то твой па́па?
– Да, э́то моя́ сестра́. Нет, э́то не мой па́па, а мой дя́дя.

8) Sieh dir Niklas' Familienfoto an.

а) Was erfährst du über Niklas' Großeltern?

– Меня́ зову́т А́нна. А тебя́?
– Меня́ зову́т Ни́клас.
– А кто э́то?
– Э́то моя́ ба́бушка. **Её зову́т** Гу́друн. А э́то мой де́душка. **Его́ зову́т** Франк. Де́душка и ба́бушка – пенсионе́ры.

б) Spielt ähnliche Dialoge. Stellt auch eure Freunde vor.

9) Послу́шай текст. Отве́ть на вопро́сы.

Wer stellt hier seine Familie vor?
Was ist die Mutter von Beruf?
Wie heißt der Bruder?

Еле́на Я́ковлева

10) Как её (его́) зову́т?

Stelle die Personen auf den Fotos vor und sage, was sie sind.

(П) Её зову́т Еле́на Я́ковлева. Она́ актри́са.

Фа́биан Ха́мбюхен	актёр/актри́са
Еле́на Я́ковлева	журнали́ст
Влади́мир Пу́тин	моде́ль
А́нгела Ме́ркель	пе́вец/певи́ца
Ди́ма Била́н	поли́тик
Бен Бе́ккер	спортсме́н
Мари́я Шара́пова	
Ха́йди Клум	
А́нна Нетре́бко	

1

2

3

4

5

6

7

8

Э́то ты уже́ уме́ешь.

– Кто э́то?
– Э́то моя́ сестра́ (мой брат).
– Кто он (она́)?
– Он студе́нт. Она учени́ца.
– Как его́ (её) зову́т?
– Его́ (её) зову́т Анто́н (Та́ня).

– Э́то твои́ друзья́?
– Да, э́то мой друг, а э́то моя́ подру́га.
– Нет, э́то мой брат и моя́ сестра́.
– Э́то ва́ши ма́ма и па́па?
– Нет, э́то на́ши тётя и дя́дя.

11) Моя́ семья́ и мои́ друзья

а) Zeige und kommentiere mit Hilfe von Fotos, wer zu deiner Familie und zu deinen Freunden gehört. Beantworte die Fragen deiner Mitschüler.

б) Gestalte eine Seite für dein Portfolio: Моя́ семья́ и мои́ друзья́.

Я из Герма́нии.

1) *Отку́да Макси́м Га́лкин и Чулпа́н Хама́това? Прочита́й.*

а) Was erfährst du über diese Stars, die von der russischen Presse zum Star des Monats – Звезда́ ме́сяца *– gewählt wurden?*

Макси́м Га́лкин

Звезда́ ме́сяца

КТО: Макси́м Га́лкин
ОТКУ́ДА: из Росси́и, из Москвы́
ЯЗЫ́К: говори́т по-ру́сски, по-англи́йски, по-неме́цки и по-францу́зски

КТО: Чулпа́н Хама́това
ОТКУ́ДА: из Росси́и, из Москвы́
ЯЗЫ́К: говори́т по-ру́сски, по-англи́йски и по-неме́цки

Чулпа́н Хама́това

б) Suche Informationen zu anderen Stars und stelle sie vor.

2) *Прочита́й.* Г4

Welcher Kasus steht nach der Präposition из*?*

Мю́нхен	из Мю́нхена	Со́чи	из Со́чи	Герма́ния	из Герма́нии
Санкт-Петербу́рг	из Санкт-Петербу́рга	Де́ссау	из Де́ссау	А́нглия	из А́нглии
Йе́на	из Йе́ны	То́кио	из То́кио	Фра́нция	из Фра́нции
Пра́га	из Пра́ги	Га́лле	из Га́лле	Ту́рция	из Ту́рции

3) *Послу́шай, отку́да они́.*

Achte beim anschließenden lauten Lesen auf die Intonation im Aussage- und im Fragesatz.

Чулпа́н Хама́това из Росси́и.
Мара́т Баша́ров из Москвы́.
Мо́ритц Бля́йбтрой из Герма́нии.
Кристи́ане Па́уль из Берли́на.

Чулпа́н Хама́това из Росси́и?
Мара́т Баша́ров из Москвы́?
Мо́ритц Бля́йбтрой из Герма́нии?
Кристиа́не Па́уль из Берли́на?

4) *Переведи́.* М

Ни́на: Ю́ля, ты отку́да?
Ю́ля: Я из Герма́нии.
Ни́на: Ты из Берли́на?
Ю́ля: Нет, из Мю́нхена. А ты?
Ни́на: А я из Росси́и, из Москвы́.

Ни́ко: Ро́ма, а Артём отку́да? Он из Росси́и?
Ро́ма: Нет, он из Казахста́на, из Астаны́.

5) Где ты живёшь? Г 4, 5

Послу́шай и отве́ть на вопро́сы.

Кто говори́т?
– Я живу́ в Мадри́де.
– Я живу́ в Берли́не.
– Я живу́ в То́кио.
– Я живу́ в Калу́ге.

Где живёт Дени́с,
а где Ма́рта?
Где живёт Ма́ртин,
а где Ми́ва?

6) Отку́да ты? Где ты живёшь?

Спроси́те и отве́тьте.

(П) – Я из Га́мбурга (Мю́нхена, Ки́ля, Ву́пперталя, Фу́льды, Ге́ры, Га́лле, Де́ссау).
– Я живу́ в Га́мбурге (Мю́нхене, Ки́ле, Ву́ппертале, Фу́льде, Ге́ре, Га́лле, Де́ссау).

7) Спроси́те и отве́тьте.

Stellt euch gegenseitig als Vertreter aus verschiedenen Ländern vor.

(П) – Я Но́ра. (Меня́ зову́т Но́ра.)
Я **из** Аме́рики. А ты отку́да?
– Я из Герма́нии.

– Я живу́ **в** Нью-Йо́рке.
Где ты живёшь?
– Я живу́ в Дре́здене.

А́нглия, Бе́льгия, Брази́лия, Ита́лия, Испа́ния, Казахста́н, Кана́да, Ла́твия, Ме́ксика, По́льша, Се́рбия, Ту́рция, Украи́на, Фра́нция, Че́хия, Эсто́ния, Япо́ния	Ло́ндон, Брюссе́ль, Брази́лиа, Рим, Мадри́д, Астана́, Ванку́вер, Ри́га, Ме́хико, Варша́ва, Белгра́д, Стамбу́л, Ки́ев, Пари́ж, Пра́га, Та́ллин, То́кио

8) Ты говори́шь по-ру́сски?

а) Finde die deutsche Entsprechung der hier genannten Sprachen.
Отве́ть на вопро́сы.

Ты говори́шь	по-англи́йски, по-испа́нски, по-италья́нски, по-по́льски, по-ру́сски, по-францу́зски?	Да, хорошо́ говорю́ (по-англи́йски). Да, немно́го (говорю́ по-италья́нски). Нет, не говорю́ (по-францу́зски).

б) Welche Sprachen sprechen die Jugendlichen aus Übung 5?

(П) Дени́с говори́т по-ру́сски.

9) Алло́! Ты где?
Worüber unterhalten sich Alina und Anton?

Али́на: Алло́!
Анто́н: Али́на, приве́т, э́то Анто́н. Как дела́?
Али́на: О, приве́т. Хорошо́. А ты где?
Анто́н: Я ещё в шко́ле.
Али́на: Где-где?
Анто́н: В шко́ле я. А ты?
Али́на: А я уже́ на стадио́не. Ты ско́ро?
Анто́н: Да-да. Али́на, а Са́ша и Макси́м уже́ там?
Али́на: Нет, они́ сего́дня на фестива́ле, в спортко́мплексе *Оли́мпия*.

10) Где Ната́ша? SV
Achte auf die Präpositionen. Vergleiche mit anderen Sprachen.

Ната́ша

в теа́тре	**на** конце́рте	до́ма
в па́рке	**на** по́чте	
в спортко́мплексе	**на** стадио́не	

11) Говори́ пра́вильно.
а) Achte auf die Bindung und Aussprache von в.

[в] vor stimmhaften Konsonanten	[ф] vor stimmlosen Konsonanten
в библиоте́ке, в гараже́, в зоопа́рке, в музе́е, в рестора́не	в кафе́, в па́рке, в теа́тре, в кла́ссе, в кремле́

б) Wer liest die Zungenbrecher ohne Fehler am schnellsten?

Фле́йта в футля́ре.

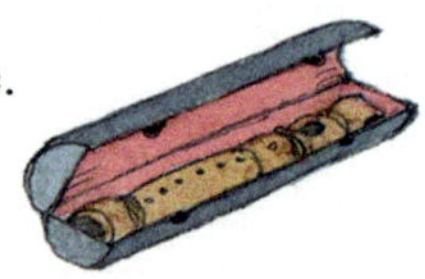

Воро́на в ваго́не.

12) Спроси́те и отве́тьте.

(П) – Где учи́тель?
– Учи́тель в шко́ле.

турист
компью́тер
пассажи́р
жира́ф
ру́чка
спортсме́н
президе́нт
фо́то
почтальо́н
Ма́ша

в
на

альбо́м
авто́бус
зоопа́рк
дом
кремль
класс
музе́й
по́чта
рюкза́к
стадио́н

13) *Прочитáй и переведи́.* SV

Ordne die russischen Bezeichnungen für Gebäude und Einrichtungen in alphabetischer Reihenfolge.
Übersetze in die Sprachen, die du kennst.

МАГАЗИ́Н	КИÓСК	ЦИРК	БАЗÁР
БАССÉЙН	ДИСКОТÉКА	СОБÓР	АПТÉКА
ЗООПÁРК	КАФÉ	БАНК	ПÓЧТА
КИНОТЕÁТР	БИБЛИОТÉКА	МУЗÉЙ	ТЕÁТР
СУПЕРМÁРКЕТ	АЭРОПÓРТ	СТАДИÓН	ВОКЗÁЛ
РЕСТОРÁН	УНИВЕРСИТÉТ	ШКÓЛА	

собóр

14) *Что есть в гóроде? Спроси́те и отвéтьте.*

Fragt euch gegenseitig, was es in der Stadt gibt.

(П) – Что есть в гóроде?
– В гóроде есть собóр.

Э́то ты ужé умéешь.
- Как делá? – Хорошó.
- Ты откýда? – Я из Гермáнии, из Мю́нхена.
- Где ты живёшь?
- Я живý в Санкт-Петербýрге.
- Ты говори́шь по-англи́йски?
- Я (не, ужé немнóго) говорю́ по-англи́йски.
- Где твой брат? – Он на пóчте.
- Что есть в гóроде? – В гóроде есть теáтр.

15) *Interviewt einen Mitschüler (eine Mitschülerin).*

Stellt möglichst viele Fragen und antwortet ausführlich.
Fragt,
- *wie er (sie) heißt,*
- *wie alt er (sie) ist,*
- *woher er (sie) kommt,*
- *wo er (sie) wohnt,*
- *welche Sprachkenntnisse er (sie) hat.*

16) *Stelle deine Freundin (deinen Freund) oder eine bekannte Person aus einem anderen Land vor.*

(П) Э́то мой друг из Канáды. Егó зовýт Пол Фри́мэн. Он живёт в Ванкýвере. Он хорошó говори́т по-англи́йски и по-францýзски.

1Д Я люблю́ спаге́тти.

1) **П***осмотри́ на ка́рту. Отку́да соля́нка?*
S*age, woher die verschiedenen Spezialitäten kommen.*

Ⓟ Соля́нка из Росси́и.

2) **I***nformiere dich zu typischen russischen Gerichten. Stelle sie vor.*

– Wie werden sie zubereitet?
– Was für ein Getränk ist *квас*?
– Was ist *варе́нье*?
– Welche Rolle spielen *хлеб* und *чай* in Russland?

3) **К***ак по-неме́цки* сок*?*
Спроси́те и отве́тьте.

Как по-неме́цки *молоко́*?

молоко́

чай

сок

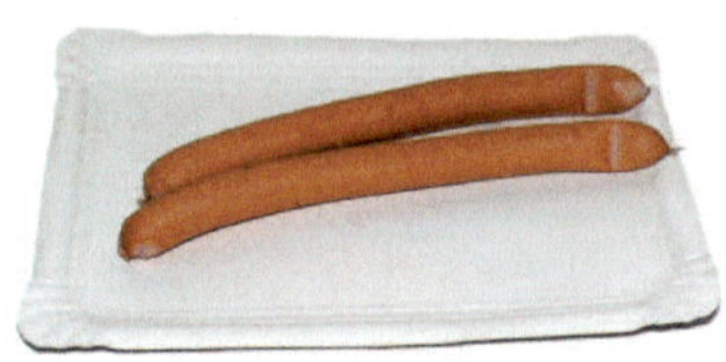
соси́ски

Как по-ру́сски *Salat*?
Salat, Torte, Müsli, Kakao, Cheeseburger, Schokolade, Spinat

Ⓟ *Salat* по-ру́сски сала́т.

4) Ты любишь пиццу? ◂ Г 4, 5

а) Сравните. Welche Endung müsst ihr euch beim Akkusativ merken?

Футбо́л – это спорт.

Я люблю́ футбо́л.

Вот ку́рица.

Я о́чень люблю́ ку́рицу.

Вот мя́со.

Я не люблю́ мя́со.

Вот фру́кты.

Я совсе́м не люблю́ фру́кты.

б) Отве́тьте на вопро́сы. Nutzt die Speisekarte in Übung 5.

(П)
– Что ты лю́бишь?
– Я люблю́ борщ (соля́нку, спаге́тти).

– А ры́бу лю́бишь?
– Нет, не люблю́.

– Лу́кас, ты хо́чешь пи́ццу?
– Да, хочу́.

5) Прочита́йте меню́.

а) Findet die deutschen Entsprechungen für die Rubriken (1–7) in der Speisekarte.
Nutzt zur Kontrolle das Lektionswörterverzeichnis.

МЕНЮ́

(1) САЛА́ТЫ	(2) СУПЫ́	(3) ГОРЯ́ЧИЕ БЛЮ́ДА	
Сала́т *Це́зарь*,	Соля́нка	Блины́	Пельме́ни
Шеф-сала́т	Щи	Пи́цца	Кеба́б
Сала́т *Ассорти́*	Борщ	Шашлы́к	Стейк
	Бульо́н	Шни́цель	Котле́ты
	Гаспа́чо	Ку́рица	Ры́ба

(4) ГАРНИ́РЫ	(5) ДЕСЕ́РТ	(6) ЧАЙ-КО́ФЕ	(7) НАПИ́ТКИ
Пюре́	Торт *Мика́до*	Чай	Вода́
Рис	Руле́т *Катери́на*	Ко́фе *эспре́ссо*	Лимона́д
Макаро́ны	Штру́дель	Ко́фе *капучи́но*	Кака́о
Карто́фель фри	Пирожки́	Ко́фе *ла́тте*	Ко́ла
	Моро́женое		

6) Falsche Freunde des Übersetzers DE

Ordne die Wörter den deutschen Entsprechungen zu.

бутербро́д	Bulette, Fleischklops, Frikadelle
компо́т	Geleefrüchte, Geleekonfekt
конфе́та	belegtes Brot
котле́та	Konfekt, Praline, Bonbon
мармела́д	Getränk aus (gekochtem) Obst

7) Говори́ пра́вильно.

Lies den Zungenbrecher und beachte die Betonung.

Са́ша лю́бит су́шки,
а Со́ня – ватру́шки.

8) Что ты лю́бишь есть на за́втрак?

Спроси́те и отве́тьте.

(П)
– Что ты лю́бишь есть (пить) на за́втрак (обе́д, у́жин)?
– На за́втрак я люблю́ есть бутербро́ды и пить кака́о.

– Что ты сего́дня хо́чешь (есть и пить) на обе́д?
– Сего́дня на обе́д я хочу́ пи́ццу, сала́т и во́ду.

9) Мой за́втрак, обе́д и у́жин.

Gestalte eine Seite für dein Portfolio.
Stelle vor, was du zu den einzelnen Mahlzeiten isst.

йо́гурт

сыр

бу́лочки

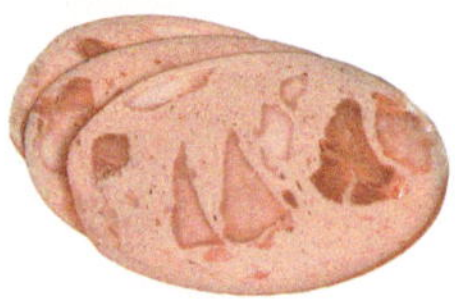

колбаса́

фру́кты

10) Мы лю́бим спорт.

Erstelle eine Tabelle, wer was mag. Stelle dann deine Ergebnisse auf Russisch vor.

Я, Ро́ма Гу́сев, и мои́ друзья́, Ка́тя, Ди́ма, А́ня и Рена́т, о́чень лю́бим спорт. Я люблю́ *Фо́рмулу 1* (оди́н), а Ди́ма и Рена́т – гандбо́л и те́ннис. Ка́тя о́чень лю́бит гимна́стику, а А́ня гимна́стику не лю́бит, она́ лю́бит стритбо́л. Мы лю́бим спорт в спортза́ле, на стадио́не, в па́рке и... в Интерне́те, где есть фо́рум *Спорт, спорт, спорт*. Э́то наш фо́рум. Там мы говори́м о чемпиона́тах и спортсме́нах[1]. Сейча́с на́ша те́ма – э́то Олимпиа́да в Со́чи.

[1] über Meisterschaften und Sportler

11) *Кто лю́бит бале́т?*

Sage, welche Vorlieben die Jugendlichen haben. Was trifft für dich zu?

баскетбо́л, бокс, волейбо́л, дзюдо́, карате́, кино́, мо́да, му́зыка, рэп, сноубо́рдинг, спорт, стритбо́л, те́ннис, хип-хо́п, шо́пинг

Ⓟ – На́стя лю́бит бале́т. А ты? Ты лю́бишь бале́т?

Ко́стя — Алёша — И́ра

Э́то ты уже́ уме́ешь.

- Ты лю́бишь рок-му́зыку?
- Нет, я люблю́ рэп.
- Что ты лю́бишь есть (пить) на за́втрак (обе́д, у́жин)?
- Что ты хо́чешь есть (пить)?
- Я хочу́ пи́ццу.
- Как по-ру́сски *Brot*?

12) *Interviewt euch gegenseitig.*

Sammelt zuerst möglichst viele Fragen.

Ⓟ
– Отку́да ты?
– Что ты лю́бишь (есть и пить)?
– Ско́лько тебе́ лет?
– Ты лю́бишь спорт?
– А кто э́то? Твой брат?

13) *Э́то я.*

Verwende Fotos und eine Mindmap.
Nutze Ninas Mindmap als Muster.

14) *Э́то мой друг (моя́ подру́га).*

Stelle deinen Freund (deine Freundin) vor.

– Name
– Alter
– Wohnort
– seine/ihre Familie
– Vorlieben
– Sprachkenntnisse

1) Das russische Alphabet

а) Du kennst jetzt das russische Alphabet.
Höre die russischen Buchstabennamen und sprich nach.

б) Vergleiche die kyrillischen Buchstaben mit den griechischen und lateinischen. Wo stellst du Gemeinsamkeiten fest?

Αα	Ββ	Γγ	Δδ	Εε	Ζζ
Ηη	Θθ	Ιι	Κκ	Λλ	Μμ
Νν	Ξξ	Οο	Ππ	Ρρ	Σσ
Ττ	Υυ	Φφ	Χχ	Ψψ	Ωω

Im russischen Alphabet werden die Buchstaben der kyrillischen Schrift verwendet.
Seit dem Beitritt Bulgariens ist diese Schrift – neben der lateinischen und der griechischen – eine der drei offiziell verwendeten Schriften in der Europäischen Union.

в) Suche Informationen zur kyrillischen Schrift und stelle sie vor.
Nutze das Internet oder andere Hilfsmittel.
- *Wie erklärt sich der Name der Schrift?*
- *Wann und wo ist sie entstanden?*
- *In welchen Alphabeten wird diese Schrift genutzt?*

2) Vor-, Vaters- und Familiennamen

Russische Personennamen bestehen aus drei Teilen,		
dem Vornamen (и́мя),	О́льга	Сергéй
dem Vatersnamen (óтчество)	Пáвло**вна**	Ивáн**ович**
und dem Familiennamen (фами́лия).	Макáров**а**	Макáров

Für die Anrede erwachsener Personen verwendet man den Vor- und Vatersnamen,
z. B. Здрáвствуйте, О́льга Пáвловна! Здрáвствуйте, Сергéй Ивáнович!

а) Sieh dir an, wie die Vaters- und Familiennamen gebildet werden.
Worin unterscheiden sich die weiblichen und männlichen Namen?

пáпа

Бори́с Сергé**евич** Макáров

мáма

Татья́на Алексé**евна** Макáров**а**

Пáвел Бори́с**ович** Макáров

Ни́на Бори́с**овна** Макáров**а**

б) Nenne die Vornamen der Väter dieser Frauen und Männer.

Вéра Антóновна, Ни́на Васи́льевна, Елéна Макси́мовна, Светлáна Алексáндровна;
Пётр Влади́мирович, Николáй Сергéевич, Евгéний Михáйлович, Ивáн Николáевич

M 1) *Wlad aus Russland ist in Deutschland bei seiner Austauschpartnerin Anja zu Besuch. Sie unterhalten sich über ihre Familie und Freunde und zeigen sich gegenseitig Fotos. Hilf den Jugendlichen bei der Verständigung.*

Anja: Das ist meine Familie. Das sind meine Eltern.
Влад: А э́то кто? Э́то твоя́ сестра́?
Anja: Ja, das ist meine Schwester.
Влад: Как её зову́т?
Anja: Sie heißt Emma, und das ist mein Freund Nico.
Влад: А вот мой брат. Его́ зову́т Артём. Он уже́ студе́нт.
Anja: Wlad, und wie alt bist du?
Влад: Мне пятна́дцать. А тебе́?
Anja: Ich bin 16.

M 2) *Übertrage ins Russische.*

Das ist meine Freundin Tanja. Sie kommt aus Russland. Jetzt wohnt sie in München. Tanja spricht Russisch und Deutsch.

This is my brother. His name is Steve. He is a student. Steve lives in Paris and speaks French, English and German.

M 3) *Du bist in einem russischen Restaurant mit deinen deutschen Freunden, die kein Russisch verstehen. Hilf ihnen, Speisen und Getränke auszuwählen.*

Э́то на́до знать.

Г1) *Gebrauch von* sein *im Präsens*

In russischen Aussage- und Fragesätzen im Präsens wird – im Gegensatz zum Deutschen und Englischen – keine Form von **sein** verwendet. Кто э́то? – Э́то Ни́на.

Г2) *Substantive: Genus*

Im Russischen gibt es – im Unterschied zum Deutschen – keine Artikel.
Das Geschlecht erkennt man an der Endung:

– maskuline (*m*) Substantive	**-** oder **-ь** oder **-й**	(журна́л, ноль, музе́й)
– feminine (*f*) Substantive	**-а** oder **-я**	(гита́ра, семья́)
– Neutra (*n*)	**-о** oder **-е/-ё** oder **-и**	(фо́то, кафе́, такси́)

Beachte:
ко́фе *m*, е́вро *m*

Für Personen und Tiere gilt das natürliche Geschlecht:
z. B. ма́ма, Ле́на, ко́бра (*f*); па́па, Никола́й, жира́ф (*m*).

! Maskuline Personenbezeichnungen und Vornamen auf -а/-я (па́па, дя́дя, Ди́ма, Ко́ля) werden wie weibliche Substantive dekliniert.

Г3) *Possessivpronomen: Nominativ 1. und 2. Person Singular und Plural*

па́па	ма́ма	фо́то	роди́тели	брат	сестра́	хо́бби	друзья́
мой	моя́	моё	мои́	твой	твоя́	твоё	твои́
наш	на́ша	на́ше	на́ши	ваш	ва́ша	ва́ше	ва́ши

Г4) *Substantive: Genitiv, Akkusativ, Präpositiv Singular*

Im Russischen gibt es sechs Kasus!

			1. Deklination				2. Deklination		
Nom.			Берли́н	Киль			Москва́	Пра́га	Герма́ния
Gen.	*отку́да?*	из	Берли́н**а**	Ки́л**я**			Москв**ы́**	Пра́г**и**	Герма́ни**и**
Akk.	*что?*		журна́л**_** сала́т**_**	ча**й**	фо́т**о** молок**о́**	варе́нь**е**	ру́чк**у** ры́б**у**		

Für unbelebte Substantive im Plural gilt: Nominativ = Akkusativ (z. B. соси́ски, круасса́ны, фру́кты).

Präp.	*где?*	в	Берли́н**е**	Ки́л**е**			Москв**е́**	Пра́г**е**	Герма́ни**и**
			теа́тр**е**	кремл**е́**	бюр**о́**	каф**е́**	шко́л**е**		регистра́ци**и**
		на	стадио́н**е**	фестива́л**е**	фо́т**о**		по́чт**е**		

Einige Substantive werden nicht dekliniert, sind also unveränderlich: z. B. е́вро, кафе́, фо́то, хо́бби, меню́.

Г5) *Verben: Konjugation* жить, говори́ть, люби́ть, хоте́ть

	я	ты	он	мы
жить	живу́	живёшь	живёт	
говори́ть	говорю́	говори́шь	говори́т	говори́м
люби́ть *mit Akk.*	люблю́	лю́бишь	лю́бит	лю́бим
хоте́ть *mit Akk.*	хочу́	хо́чешь	хо́чет	

Уро́к 2 Дава́й познако́мимся!

2

Ты говори́шь по-английски?
А

Вы то́же смо́трите *Кто хо́чет стать миллионе́ром?*
Б

У тебя́ есть сестра́?
В

Ты лю́бишь игра́ть в футбо́л?
Г

Что ты де́лаешь по́сле шко́лы?
Д

Уро́ки в Герма́нии начина́ются в 8 часо́в?
Е

Stell dir vor, du empfängst mit deinen jetzigen Russischkenntnissen einen Austauschschüler aus Russland.
Dein Partner hat viele Fragen, die du auf Russisch nicht sofort verstehst. Hier helfen dir deine Englischkenntnisse, falls dein Partner kein Deutsch kann. Welche der russischen Fragen entsprechen den englischen Sätzen?

1. Do you like playing football?
2. Does school in Germany start at 8?
3. What do you do after school?
4. Have you got a sister?
5. Do you also watch *Who wants to be a millionaire?*
6. Do you speak English?

2A У меня́ есть сестра́ и брат.

1) E-*mail из Герма́нии*

а) Прочита́й.

Это Тоби́ас.
Он из Герма́нии, из Мю́нхена.

А это Макси́м.
Он из Росси́и, из Санкт-Петербу́рга.

Frage - Nachricht (Rich-Text)

Datei Bearbeiten Ansicht Einfügen Format Extras Aktionen ?

Senden | Optionen... | Arial | 10

An... maksim@moskau.ru

Cc...

Betreff: Привет

Привет, Максим!
Я твой партнёр по обмену. Давай познакомимся. Меня зовут Тобиас, или Тоби. Моя фамилия Байер. Я живу в Мюнхене, это город в Германии, в Баварии. Мне 14 лет.
Я учу русский язык пока только один год. А ещё я учу английский язык уже 5 лет и латинский язык – 3 года. А ты учишь немецкий язык?
У меня есть брат Лукас и сестра Ванесса. Лукасу 12 лет, а Ванессе уже 18 лет. А у тебя есть брат или сестра? Мои родители – это папа Бернд и мама Дагмар.
Я люблю слушать рок-музыку и играть на компьютере. А ты? Как ты живёшь? Что ты любишь делать?
Пиши.
Твой друг из Германии
Тоби :)

б) Что пра́вильно?
Vervollständige die Sätze zu Tobias' Familie mit Hilfe der E-Mail.
Es können auch zwei Informationen richtig sein.

1. *То́би:* Мой партнёр по обме́ну – (Бернд, Макси́м, Лу́кас).
2. *Лу́кас:* Я живу́ в (Мю́нхене, Санкт-Петербу́рге, Герма́нии).
3. *Ване́сса:* Мой брат – (Бернд, Тоби́ас, Лу́кас).
4. *То́би:* Я учу́ (францу́зский язы́к, англи́йский язы́к, ру́сский язы́к).
5. Лу́касу (18 лет, 12 лет, 14 лет).

2) Переведи́. DE | EN ✓ Г3

Welchen Unterschied zum Deutschen und Englischen stellst du fest?

Я Тоби́ас.	**У меня́** есть брат и сестра́.
А ты, Макси́м?	**У тебя́** есть брат и сестра́?

3) Прочита́й и напиши́. ✓ Г 1, 2

Maxims Schule hat verschiedene Partnerschulen im Ausland. Finde heraus, woher die Schüler kommen, die sich hier kurz vorstellen. Erstelle nach diesem Muster einen Steckbrief von dir.

Мой партнёр по обме́ну	
Как зову́т?	Валери́
Ско́лько лет?	12
Отку́да?	из Фра́нции (из Пари́жа)

Мой партнёр по обме́ну	
Как зову́т?	Тоби́ас
Ско́лько лет?	14
Отку́да?	из Герма́нии (из Мю́нхена)

Мой партнёр по обме́ну	
Как зову́т?	Дже́нни
Ско́лько лет?	15
Отку́да?	из А́нглии (из Йо́рка)

4) Сравни́. ✓ Г 3

Finde heraus, wie im Russischen die Zugehörigkeit (der Besitz) ausgedrückt wird.

У Тоби́аса есть брат и сестра́.	Э́то брат и сестра́ Тоби́аса.
У Ири́ны есть то́лько брат.	Э́то брат Ири́ны.
У Андре́я то́же есть брат и сестра́.	Э́то брат и сестра́ Андре́я.
У Ю́ли есть то́лько сестра́.	Э́то сестра́ Ю́ли.

5) У Ли́зы есть брат и сестра́? А у Са́ши? ✓ Г 4

а) Welche Aussage passt zu welchem Bild?

1. Э́то Ли́за.

2. Э́то Са́ша*.

3. Э́то Ви́ка*.

А: У меня́ нет бра́та, но есть две сестры́.
Б: У меня́ два бра́та, но нет сестры́.
В: У меня́ есть (оди́н) брат и (одна́) сестра́.

***Внимание:**
г, к, х / ж, ч, ш, щ } **-и**

б) Welcher Kasus steht nach нет? *Und nach* 1 *und nach* 2? *Wann und wie verändern sich die Zahlwörter* eins *und* zwei?

в) Fragt und antwortet abwechselnd.

У тебя́ есть брат и сестра́?
А у дру́га и́ли у подру́ги*?

6) Прослу́шай диало́ги.
Finde heraus, wie im Russischen Grüße übermittelt werden.

Да́ша: Алло́!
Же́ня: Да́ша, э́то ты? Приве́т, э́то Же́ня.
Да́ша: Приве́т!
Же́ня: А На́дя до́ма?
Да́ша: Нет, На́ди нет. У нас го́сти из Герма́нии. Они́ и На́дя в магази́не.
Же́ня: Ну, ла́дно. Переда́й Наде приве́т!
Да́ша: Хорошо́, переда́м. Пока́!
Же́ня: Пока́!

Ири́на Серге́евна: Алло́!
Па́вел: Здра́вствуйте, это Па́ша Кро́тов.
Ири́на Серге́евна: Здра́вствуй, Па́ша!
Па́вел: Ири́на Серге́евна, а Оле́г до́ма?
Ири́на Серге́евна: Нет, Оле́га нет. Он в бассе́йне.
Па́вел: Поня́тно. Ну, переда́йте приве́т Оле́гу!
Ири́на Серге́евна: Хорошо́, переда́м.
Па́вел: Спаси́бо, до свида́ния!

7) Разыгра́йте разгово́р по телефо́ну.

① Алло́! ② Приве́т... Здра́вствуй(те)... Э́то я...	③ Ната́ша, Оле́г, Ли́за, Серге́й, Анто́н, И́горь, Алексе́й, Же́ня, Ива́н, Та́ня, Кири́лл, Ле́на ...до́ма?	④ Нет, у нас го́сти из... Они́ (он, она́) в (на)...	⑤ библиоте́ка, рестора́н, дискоте́ка, цирк, кино́, шко́ла	⑥ Ну, ла́дно. / Поня́тно. Переда́й(те) **-у/ю, -е** приве́т.

8) Ско́лько лет ты уже́ у́чишь ру́сский язы́к? ✓ Г 5
а) Посмотри́ на e-mail Тобиа́са и допо́лни.
Beachte die verschiedenen Formen von год (го́да, лет).

Тобиа́с: Я учу́ ру́сский язы́к оди́н ■, лати́нский язы́к три́ ■, а англи́йский язы́к пять ■.

б) Отве́ть на вопро́сы.

Ско́лько лет ты уже́ у́чишь ру́сский язы́к?
А англи́йский, лати́нский, испа́нский, францу́зский?

9) Скажи́, ско́лько лет Ма́ше, Ва́дику, И́горю...
Beachte den Kasus, in dem die Namen stehen müssen.

Ма́ша: 1	Ва́дик: 2	И́горь: 5, Кири́лл: 7, Ю́ля: 9
	Ни́ночка: 3	Па́вел*: 11, Серге́й: 13, Ли́за: 14
	Пе́тя: 4	То́лик: 16, Пётр*: 18, Ри́та: 20, Ми́ша: 12

***Внима́ние:**
Па́влу, Петру́

(П) Ма́ше (оди́н) год, Ва́дику два го́да, И́горю пять лет.

10) У *кого́ до́ма есть ко́шка?*

Gestaltet Gespräche oder antwortet auf die Fragen.

Ⓟ У кого́ до́ма есть ко́шка?
Фи́лип: У нас до́ма есть ко́шка.
Нико́ль: А у нас до́ма две ко́шки.

А у тебя́, Фа́биан?
Фа́биан: У меня́ ко́шки нет.

У кого́ есть попуга́й?
А́нна: У меня́ есть два попуга́я.
Табе́а: А у меня́ попуга́я нет.

Есть у вас до́ма змея́?
Марсе́ль: Нет, у нас дома́ нет (змей).
Изабе́ль: А у нас до́ма есть две (змей).

кры́са

соба́ка

канаре́йка

змея́

хомя́к

кот, ко́шка

мышь

ло́шадь

черепа́ха

кро́лик

ры́бка

попуга́й

Э́то ты уже́ уме́ешь.

– У меня́ две сестры́.
– А у меня́ одна́ сестра́.

– У Ка́ти есть кот.
У Анто́на нет кота́.

– Ма́ше оди́н год.
Ва́дику два го́да.
Серге́ю 13 лет.

– Переда́й Артёму (Ни́не) приве́т.

11) Н*апиши́ e-mail партнёру из Росси́и.*

Nutze die Fragen und die sprachlichen Muster.
Beachte einen freundlichen Anfang und Schluss.
Richte Grüße an die Eltern aus.

Кто́ ты?
Где ты живёшь? Отку́да ты?
Ско́лько тебе́ лет?
У тебя́ есть брат и́ли сестра́?

Ско́лько тебе́ (бра́ту, сестре́) лет?
Ты у́чишь неме́цкий (францу́зский...) язы́к?
Ско́лько лет ты уже́ у́чишь неме́цкий (францу́зский...) язы́к?
У тебя́ есть ко́шка (соба́ка, кро́лик...)?

2Б Я люблю́ игра́ть в футбо́л.

1) Фо́рум в Интерне́те

а) Прочита́й, что лю́бят де́лать ребя́та из Росси́и.

Форум ПРИВЕТ	Что вы любите делать в свободное время?	
Костя из Омска	Я люблю читать фэнтези, слушать рок-музыку и играть в шахматы с другом.	→ читать дальше
Настя и Ира из Вологды	Мы вместе любим сидеть в чате, писать подруге из Германии, смотреть телевизор.	→ читать дальше
Юля из Тулы	Я люблю танцевать самбу с другом, говорить по телефону с подругой, рисовать.	→ читать дальше
Слава и Витя из Пскова	Мы любим играть в боулинг, вместе смотреть кино, читать книгу.	→ читать дальше

б) Расскажи́, что ребя́та лю́бят де́лать в свобо́дное вре́мя.
А что ты лю́бишь де́лать?

(П) Ко́стя лю́бит игра́ть в ша́хматы с дру́гом, а я не люблю́.
На́стя и И́ра лю́бят смотре́ть телеви́зор, и я то́же люблю́.

2) Соста́вьте стати́стику кла́сса.

а) Befragt eure Mitschüler in der Klasse über ihre Vorlieben.

(П) Ти́мо, ты лю́бишь игра́ть в волейбо́л? — *Ти́мо:* Да, люблю́. (Нет, не (о́чень) люблю́.)
Ма́рен и Ли́за, вы лю́бите рисова́ть? — *Ма́рен и Ли́за:* Да, лю́бим. (Нет, не (о́чень) лю́бим.)

б) Erstellt eine Statistik über eure Ergebnisse und vergleicht sie dann.
Gibt es jemanden, der gern Hausaufgaben macht?

оди́н учени́к одна́ учени́ца	два (3, 4) ученика́ две (3, 4) учени́цы	(5, 6, 7,... 20) ученико́в учени́ц	все в кла́ссе
лю́бит...	лю́бят...		

(П) **Одна́ учени́ца** лю́бит игра́ть на пиани́но,
четы́ре ученика́ лю́бят рисова́ть,
а **два́дцать ученико́в и учени́ц** лю́бят сиде́ть в Интерне́те.

☺ **Все** в кла́ссе лю́бят говори́ть по-ру́сски и **не** лю́бят де́лать уро́ки. ☹

3) Отве́ть на вопро́сы. ✔ Г 1

а) Посмотри́ на Фо́рум и отве́ть. DE | LAT

С кем Ко́стя из О́мска лю́бит игра́ть в ша́хматы?
С кем Ю́ля из Ту́лы лю́бит говори́ть по телефо́ну?
С кем На́стя из Во́логды лю́бит сиде́ть в ча́те?

c = mit = cum
Welcher Kasus steht nach den Präpositionen?
с дру́гом → *Instr.*
mit dem Freund → ?
cum amico → ?

б) С кем Ка́тя лю́бит танцева́ть?

игра́ть на пиани́но	И́горь ☹	Оле́г ☹
рисова́ть	Ю́ля ☺	Серёжа* ☺
говори́ть по телефо́ну	ба́бушка ☺	Кири́лл ☹
говори́ть по-ру́сски	Андре́й ☹	Ми́ша* ☺
смотре́ть телеви́зор		

(П) Ка́тя лю́бит игра́ть на пиани́но с Ю́лей.
Ка́тя не лю́бит рисова́ть с Оле́гом.

***Внима́ние:**
ж, ч, ш, щ → **-ей**

4) Интервью́

а) Послу́шай, что говоря́т ребя́та.
Fasse zusammen, welche Hobbys Alina, Artjom und Nikita haben.

Журнали́стка: Здра́вствуйте, ребя́та! Меня́ зову́т Екатери́на Ма́льцева, я из реда́кции журна́ла «МЫ». Нам интере́сно, что лю́бят де́лать ребя́та в свобо́дное вре́мя. Что вы лю́бите де́лать? У вас есть хо́бби?

Артём: Я люблю́ игра́ть в футбо́л. Ну, ещё ча́сто сижу́ в Интерне́те и смотрю́ телеви́зор.

Журнали́стка: А ты? Ты то́же смо́тришь телеви́зор?

Али́на: Нет, я ре́дко смотрю́ телеви́зор. Мы с подру́гой лю́бим де́лать шо́пинг и игра́ть в те́ннис.

Журнали́стка: А вы, что вы лю́бите де́лать в свобо́дное вре́мя?

Ники́та: Мы с Артёмом ча́сто сиди́м в Интерне́те. Интерне́т – э́то моё хо́бби.

Али́на: Да-да, Артём с Ники́той сидя́т в ча́те с утра́ до ве́чера.

б) Прочита́й интервью́ ещё раз и допо́лни. ✔ Г 6

В свобо́дное вре́мя Артём (сиде́ть) в Интерне́те и́ли (смотре́ть) телеви́зор.

Али́на ре́дко (смотре́ть) телеви́зор, она́ с подру́гой (люби́ть) де́лать шо́пинг.

Али́на (говори́ть): Ники́та с Артёмом (сиде́ть) в Интерне́те с утра́ до ве́чера!

5) *Прочита́й интервью́ в журна́ле «МЫ» ещё раз.*

a) Diese Sätze aus dem Interview können nicht wörtlich übersetzt werden. SV
Wie lautet die korrekte deutsche Übersetzung? M

- Мы с подру́гой лю́бим де́лать шо́пинг.
- Мы с Артёмом ча́сто сиди́м в Интерне́те.
- Они́ с подру́гой лю́бят де́лать шо́пинг.
- Ники́та с Артёмом сидят в Интерне́те.

б) Переведи. M

- Kirill und ich schauen oft fern.
- Oma und ich sprechen miteinander Russisch.
- Er und Alexej sind („sitzen“) selten im Internet
- Sweta und Nadja lieben es, von morgens bis abends miteinander zu telefonieren.

6) *E-mail из Пи́тера.* ✔ Г 6

a) Прочита́й e-mail.

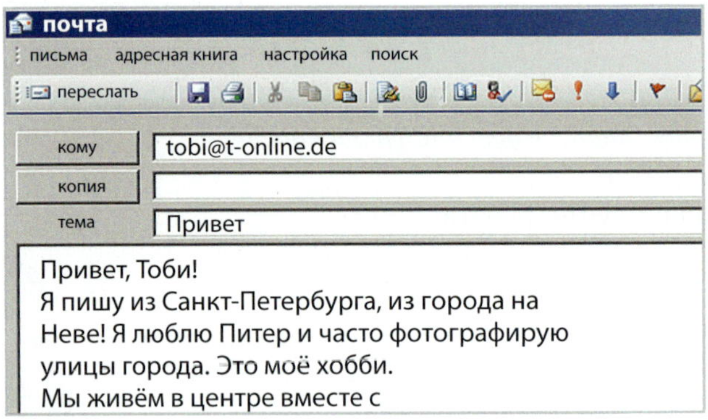
почта
письма адресная книга настройка поиск
переслать
кому: tobi@t-online.de
копия:
тема: Привет

Привет, Тоби!
Я пишу из Санкт-Петербурга, из города на Неве! Я люблю Питер и часто фотографирую улицы города. Это моё хобби.
Мы живём в центре вместе с

Санкт-Петербу́рг wird von seinen Einwohnern auch Пи́тер (*ugs.*) genannt.

Да́льше Макси́м пи́шет:

- они живу́т вме́сте с ба́бушкой.
- у Макси́ма есть сестра́ Ле́на (21 год), она́ живёт в Москве́.
- друзья́ говоря́т не Макси́м, а про́сто Макс.
- все друзья́ Макси́ма игра́ют в футбо́л, а он игра́ет в гандбо́л.

б) Допиши́ e-mail Макси́ма.
Schreibe Maxims E-Mail zu Ende.

(П) Мы живём вме́сте с ба́бушкой в це́нтре го́рода.
У меня́ есть сестра́. Сестре́...

7) *Из пре́ссы: Лю́ди в Росси́и*

Bilde die richtigen Verbformen.

Вундеркинд из Самары
Антону Опарину из Самары только 9 лет, а он уже (играть) на гитаре «Каприс» Паганини и (любить) музыку Баха.
«Я ещё (писать) музыку и (играть) на саксофоне и фортепиано», – (говорить) Антон.

Дети в России плохо (знать) русский язык
Мини́стр образова́ния и нау́ки[1] Андрей Фурсенко (говорить): «Проблема есть. Дети в России пло́хо (знать) русский язык и литературу. Дети сегодня не (читать). 70 процентов (любить) играть на компьютере, и только 18 % (читать) книги.»

Где живёт Алсу?
Поп-звезда́ Алсу (жить) в Лондоне, это (знать) все.
Но в России она тоже часто.
В Москве у Алсу есть дом.
«Я здесь редко (жить). В Англии я сейчас (писать) альбом *Inspired*.

1 Minister für Bildung und Wissenschaft

ПОЛИТИЧЕСКИЙ ЖУРНАЛ — БУДУЩАЯ ИСТОРИЯ УЖЕ СЕГОДНЯ

ГРАНИ.ру

8) *Ты поэ́т!*

Versuche doch einmal, einen kleinen Reim zu schreiben.

Viele Verbformen reimen sich,
z. B. говори́шь – сиди́шь, чита́ет – зна́ет,
танцу́ю – рису́ю, сижу́ – пишу́,
люблю́ – смотрю́, учу́ – живу́.
Du findest sicher noch mehr Reimformen.

☺
Я в ча́те сижу́
и e-mail пишу́.

☹
Де́ти не чита́ют и
о́чень ма́ло зна́ют!

Э́то ты уже́ уме́ешь.

- Я люблю́ танцева́ть.
- Мы лю́бим чита́ть фэ́нтези.
- Ты ча́сто фотографи́руешь?
- Мы не слу́шаем поп-му́зыку.
- Я ре́дко говорю́ с ба́бушкой по телефо́ну.
- Мы с Оле́гом игра́ем в ша́хматы.

9) *Напиши́ e-mail Макси́му.*

Stelle dich, deine Familie und Freunde vor. Schreibe auch über Vorlieben und Interessen der betreffenden Personen.

2В Я у́жинаю в 7 часо́в.

1) День Ка́ти

а) Прочита́й и скажи́, что Ка́тя де́лает у́тром, днём и ве́чером.

У́тро, 7 часо́в. Ка́тя ещё до́ма. Она́ за́втракает вме́сте с ма́мой и па́пой. В 8 часо́в она́ уже́ в шко́ле. У́тром у Ка́ти всегда́ 5 уро́ков.

В час она́ обы́чно обе́дает. По́сле обе́да у Ка́ти ещё три уро́ка. По́сле шко́лы, в 3 часа́, она́ отдыха́ет: сиди́т с подру́гой И́рой в пиццери́и и́ли в интерне́т-кафе́, лю́бит ката́ться на ро́ликах и игра́ть в те́ннис. В 5 часо́в Ка́тя обы́чно до́ма, де́лает уро́ки.

Ве́чером в 7 часо́в Ка́тя у́жинает вме́сте с ма́мой и па́пой. По́сле у́жина она́ лю́бит чита́ть, сиде́ть в Интерне́те, смотре́ть телеви́зор или говори́ть по телефо́ну. В 11 часо́в Ка́тя уже́ спит.

б) Что ты де́лаешь у́тром, днём и ве́чером?
Vergleiche Katjas Tagesablauf mit deinem eigenen.

(П) Ве́чером Ка́тя ужи́нает и смо́трит телеви́зор.
– Ве́чером я то́же у́жинаю, но я обы́чно не смотрю́ телеви́зор. Я сижу́ в ча́те и́ли чита́ю.

2) Кото́рый час? Ско́лько (сейча́с) вре́мени? ✔ Г 5

Nennt abwechselnd mit Hilfe der Abbildung jede volle Stunde von 1 bis 12 Uhr.
Achtet darauf, wie und wann sich das Wort час *verändert.*
Nutzt die verschiedenen Fragemöglichkeiten.

(один) **час**

2–4 **часа́**

5–12 **часо́в**

(П) Кото́рый час? – Сейча́с ро́вно час.
Ско́лько (сейча́с) вре́мени? – Сейча́с ро́вно два часа́.

3) Когда́?

а) Höre dir an, wie die Präposition в *ausgesprochen wird. Sprich nach.*

в = [в] **в 1 ч. → в один час**
в 2 часа́, в 8 часо́в, в 9 ч., в 10 ч., в 11 ч., в 12 ч.

в = [ф] **в 1 ч. → в час**
в 3 часа, в 4 ч., в 5 часо́в, в 6 ч., в 7 ч.

б) Sagt, ob ihr zur selben Uhrzeit wie Katja etwas tut.
Achtet auf die korrekte Aussprache.

(П) *Ма́рен:* Я за́втракаю уже́ в 6 часо́в, а Ка́тя – в 7 часо́в. А когда́ ты за́втракаешь, Ма́ртин?
Ма́ртин: Я за́втракаю в 7 часо́в, как Ка́тя.

4) Когда́ лю́ди э́то говоря́т и где?

а) Прослу́шай.

А – До́брое у́тро, ребя́та!
– До́брое у́тро, Ива́н Петро́вич!

Б – Споко́йной но́чи, ма́ма и па́па!
– Споко́йной но́чи, Ка́тя.
– Споко́йной но́чи, Катю́ша!

В – До́брый день!
– Здра́вствуйте!
– Что вы хоти́те?
– Пи́ццу «Ро́ма» и ко́лу, пожа́луйста.

Г До́брый ве́чер! Моско́вское вре́мя во́семь часо́в. Сего́дня ве́чером в Москве́ президе́нт Росси́и и ка́нцлер Герма́нии...

б) Просмотри́ текст 1. Где и когда́ это говоря́т?
Ordne zu: Wann und wo sagt oder hört Katja diese Gespräche im Laufe ihres Tages?
Nicht alle Angaben sind richtig.

Где?	
в пиццери́и	в буфе́те
в кла́ссе Ка́ти	
до́ма	в интерне́т-кафе́

Когда́?	
в 7 часо́в	в 10 часо́в
в 9 часо́в	в 8 часо́в
в 4 часа́	в 11 часо́в

(П) А: Э́то в кла́ссе Ка́ти, у́тром в 9 часо́в.

5) Когда́ лю́ди э́то говоря́т – у́тром, днём, ве́чером или всегда́? SV

Welche russischen Wendungen ähneln den englischen?
Wie lauten die Entsprechungen im Deutschen (Französischen)?
Wie sollte man Erwachsene in diesen Sprachen (nicht) begrüßen?

До́брый ве́чер!
Споко́йной но́чи!
Здра́вствуйте!
Приве́т!
До́брое у́тро!
До́брый день!
Здра́вствуй!

Hello.
Hi.
Good morning.
Good night.
Sleep well.
Good afternoon.
Good evening.

6) Два́дцать, три́дцать, со́рок – сто

а) Welche Regelmäßigkeiten erkennst du bei der Bildung der Zehner im Russischen?

20 два́ / 30 три́ → дцать | 50 пять / 60 шесть → деся́т | 70 се́мь / 80 во́семь → десят | 40 со́рок, 90 девяно́сто, 100 сто

б) Vergleiche, die Bildung der zusammengesetzten Zahlen in den verschiedenen Sprachen. SV
Welche Unterschiede gibt es zum Deutschen? Welche Zahlenbildung erscheint dir am einfachsten?

21	два́дцать оди́н	twenty-one	vingt et un(e)	unus et viginti / viginti unus
32	три́дцать два	thirty-two	trente-deux	duo et triginta / triginta duo
43	со́рок три	forty-three	quarante-trois	tres et quadraginta / quadraginta tres
54	пятьдеся́т четы́ре	fifty-four	cinquante-quatre	quattuor et quinquaginta / quinquaginta quattuor
160	сто шестьдеся́т	one hundred and sixty	cent soixante	sexaginta et centum / centum sexaginta

в) Как по-ру́сски 68, 39, 78, 99, 112, 147, 154?
Denkt euch weitere zusammengesetzte Zahlen bis 199 aus und fragt euch gegenseitig.

7) Прочита́й.

Schreibe die Wendungen heraus, die eine Nachfrage einleiten.
Зинаи́да Андре́евна организу́ет шко́льный обме́н.
Вот что она́ говори́т:

8) Я не по́нял. Твой но́мер телефо́на 123-45-67?

Höre dir die Gespräche an, in denen nachgefragt werden muss. Mit wem sprechen Dmitrij, Tanja und Lena und wie lautet die richtige Antwort?

1. С кем говори́т Дми́трий? Но́мер моби́льника 909 476 3410 и́ли 909 476 309?
2. С кем говори́т Та́ня? Когда́ у́жин?
3. С кем говори́т Ле́на? Ско́лько вре́мени?

9) Т*о́чное вре́мя: 8 часо́в 6 мину́т.*
Wie lautet die Regel bei der genauen Nennung der Minuten?

Сейча́с ро́вно

01:01	оди́н час одна́ мину́та.	23:04	два́дцать три часа́ четы́ре мину́ты.
02:02	два часа́ две мину́ты.	05:05	пять часо́в пять мину́т.

А ско́лько сейча́с вре́мени – то́чно?

10) П*росмотри́ телепрогра́мму.*
a) Finde deutsche Entsprechungen für die Sendungen.

04:00	Доброе утро, Россия!
06:00	Музыка на завтрак
08:00	**10:00, 13:00, 16:00** Сегодня
08:15	Русское лото
09:15	«Атлантида». Сериал
11:15	**Мастер спорта**
12:05	«Доктор Хаус». Сериал

14:15	**«Курьер». Комедия**
15:00	Русская десятка Хит-парад
16:30	«Бременские музыканты» Мультфильм
16:50	«Гений» Художественный фильм
18:45	**«Саша + Маша».** Сериал

19:20	Кто хочет стать миллионером?
21:55	Хоккей. Чемпионат России. «Спартак» (Москва) — «Витязь» (Чехов). Прямая трансляция
23:55	Комеди Клаб
03:20	Бла-бла шоу

б) А что вы хоти́те посмотре́ть?
Befragt euch gegenseitig. Achtet auf die Formen von хотеть.

(П) – Табе́а, что ты хо́чешь посмотре́ть?
– Я хочу́ посмотре́ть сериа́л.

– Ма́рен и Ли́за, что вы хоти́те посмотре́ть?
– Мы хоти́м посмотре́ть шо́у *Ко́меди Клаб.*

11) П*рое́кт: Suche Informationen über das aktuelle russische Fernsehprogramm und präsentiere sie.*

Э́то ты уже́ уме́ешь.
- Мой но́мер телефо́на 178-38-62-11.
- Я не по́нял(а́).
- Повтори́, пожа́луйста.
- Приве́т! / До́брый день.
- Днём я обе́даю в шко́ле.
- В 10 часо́в роди́тели смо́трят *Сего́дня.*
- Мы хоти́м посмотре́ть сериа́л *Я тебя́ люблю́.*

12) F*ühre mit einem Partner ein Telefongespräch, in dem die Verbindung sehr schlecht ist.*

Алло́.
Говори́т...
Кто говори́т?
Я хочу́ говори́ть с...
Я не по́нял. / Я не поняла́.
Повтори́. С кем?

13) B*eschreibe deinen Traumtag.*
Was möchtest du gern tun und was nicht – und wann?

1) *In letzter Zeit hat sich in Russland vieles verändert. Wenn möglich, frage russische Austauschpartner oder Freunde oder Bekannte aus Russland, ob diese traditionellen Verhaltensregeln heute noch gelten*
- *für ihre Eltern und Großeltern,*
- *für sie selbst und ihre gleichaltrigen Freunde.*

Viele Russen glauben, dass es Unglück bringt, wenn man sich in der offenen Tür begrüßt.

Jungen begrüßen Mädchen selten mit Handschlag.

2) *Finde heraus,*
- *wie sich die Menschen in anderen Ländern (Frankreich, Großbritannien, Spanien, ...) üblicherweise am Telefon melden*
- *ob sich alle deine Mitschüler und Freunde tatsächlich mit ihrem Namen melden.*

In Russland meldet man sich bei Privatgesprächen in der Regel am Telefon nur mit *Алло*. Der Anrufer muss herausfinden, ob der gewünschte Gesprächspartner da ist.

3) *Mimik und Gestik sind in verschiedenen Ländern oft unterschiedlich.* SV
Vergleiche mit Deutschland und anderen Ländern, die du kennst.

M 1) Eine internationale Familie

Du hast eine russische Austauschpartnerin zu Besuch. Dein Opa möchte ihr die Familie vorstellen und zeigt verschiedene Fotos. Dolmetsche für ihn.

– Das ist meine Familie. Hier auf dem Foto bin ich 14 Jahre alt. Schau, ich habe drei Brüder und zwei Schwestern.
– Schau, das ist Oma – eine Schönheit (краса́вица)! Oma hat keinen Bruder, aber drei Schwestern, eine in Deutschland, eine in England und eine in der Türkei.
– Schau, das ist Tante Lilja. Sie ist aus Russland, wie du, aus Nowosibirsk. Lilja hat einen Bruder in Moskau. Eine Schwester hat Lilja nicht.

M 2) Noch mehr E-Mails

Einige E-Mails der russischen Partnerschüler enthalten unbekannte Wörter und Grammatik. Versucht gemeinsam, die Sätze ins Deutsche zu übersetzen. Nutzt ein Wörterbuch.

Мне нравятся все песни Димы Билана – он просто мой кумир!	Я уже десять лет играю на скрипке и часто выступаю.	У вас есть школьный оркестр? Ты играешь на кларнете?
Мой папа – бизнесмен. Он часто работает в Париже и Лондоне.	Ты пишешь, что вы учите латынь. А мы с другом учим иврит.	Вы в Германии знаете нашу футбольную команду *Зенит*?

M 3) Ein schwieriges Gespräch

Bei euch ist Olga, eine russische Austauschschülerin, zu Gast. Sie ist aber gerade mit deiner Schwester unterwegs, als ihre Mutter aus Russland anruft. Hilf den Müttern, sich zu verständigen.

Russische Mutter: Алло́. Это Ната́лья Па́вловна, ма́ма О́ли. О́ля до́ма?
Deine Mutter: Guten Tag, hier spricht die Mutter von Christina. Nein, Olga ist nicht da. Sie ist gerade auf einem Ausflug (на экску́рсии).
Russische Mutter: Поня́тно. А как дела́ у О́ли? Всё норма́льно?
Deine Mutter: Alles ist in Ordnung. Wir haben kein Problem (пробле́ма) mit Olga. Sie spricht schon gut Deutsch.
Russische Mutter: Она́ всегда́ за́втракает? У нас она́ ре́дко за́втракает, а я всегда́ говорю́, что э́то пло́хо (schlecht). Но она́ не слу́шает.
Deine Mutter: Ja, ja, sie frühstückt immer. Olga gefällt es bei uns, Müsli zu essen.
Russische Mutter: А как она́ спит? В Росси́и она́ всегда́ пло́хо спит.
Deine Mutter: Nein, nein, sie schläft gut und lange (до́лго).
Russische Mutter: Поняла́. Ну, переда́йте О́ле приве́т. До свида́ния.

Э́то на́до знать.

Г1) *Substantive: Singulardeklination*

	1. Deklination					2. Deklination	
Kasus	m (unbelebt)			n		f	
Nom.	обме́н_	чай	фестива́ль	молоко́	варе́нье	ма́ма	тётя
Gen.	обме́на	ча́я	фестива́ля	молока́	варе́нья	ма́мы	тёти
Dat.	обме́ну	ча́ю	фестива́лю	молоку́	варе́нью	ма́ме	тёте
Akk.	обме́н_	чай	фестива́ль	молоко́	варе́нье	ма́му	тётю
Instr. (с)	обме́ном	ча́ем	фестива́лем	молоко́м	варе́ньем	ма́мой	тётей
Präp. (о, об)	обме́не	ча́е	фестива́ле	молоке́	варе́нье	ма́ме	тёте

Г2) *Substantive: Deklination der Feminina auf -ия*

Nom.	Gen.	Dat.	Akk.	Instr.	Präp.
Росси́я	Росси́и	Росси́и	Росси́ю	Росси́ей	о Росси́и

Г3) *haben*

у (bei) + Besitzer im Gen. + есть + „Besitz“ im Nom.

У Тоби́аса есть брат и сестра́. Tobias hat einen Bruder und eine Schwester. (wörtlich: Bei Tobias ist ...)

Г4) *nicht haben*

у (bei) + Besitzer im Gen. + нет + „nicht vorhandener Besitz“ im Gen.

У Ири́ны нет сестры́. Irina hat keine Schwester. (wörtlich: Bei Irina ist keine Schwester.)

Г5) *Grundzahlwort und Substantiv als Wortgruppe (Rektion der Zahlen)*

1, 2, 3, 4 und das folgende Substantiv		
1: один (*m*), одна (*f*), одно́ (*n*) + Nom. Sg.	**2:** два (*m, n*), две (*f*) **3:** три **4:** четыре } + Gen. Sg.	
оди́н брат, одна́ сестра́, одно́ фо́то	два (три/четы́ре) бра́та, две (три/четы́ре) сестры́	
Dies gilt auch für Zusammensetzungen		
три́дцать оди́н год, два́дцать оди́н час	шестьдеся́т четы́ре го́да, два́дцать два часа́	
5–20, 25–30, 35–40, 45–50 usw. und das folgende Substantiv		
Es folgt der Gen. Pl. z. B.:	(*m*) 12 часо́в, 5 бра́тьев	(*f* u. *n*) 8 учени́ц_, 47 мину́т_, 6 сестёр, 14 лет

Г6) *Verben: Konjugationen im Präsens*

и-Konjugation – z. B.: говорить					
я говорю́	ты говори́шь	он говори́т	мы говори́м	вы говори́те	они́ говоря́т
е-Konjugation – z. B.: знать, писать, жить, танцевать					
я зна́ю	ты зна́ешь	он зна́ет	мы зна́ем	вы зна́ете	они́ зна́ют
я пишу́	ты пи́шешь	он пи́шет	мы пи́шем	вы пи́шете	они́ пи́шут
я живу́	ты живёшь	он живёт	мы живём	вы живёте	они́ живу́т
я танцу́ю[1]	ты танцу́ешь	он танцу́ет	мы танцу́ем	вы танцу́ете	они́ танцу́ют
хоте́ть = wollen					
я хочу́	ты хо́чешь	он хо́чет	мы хоти́м	вы хоти́те	они́ хотя́т

[1] Bei Verben auf -ова/ева erfolgt in der Konjugation ein Wechsel zu -у-.

Уро́к 3 Здесь я живу́.

1. Erkundige dich nach Lenas Heimatstadt. Wenn deine Russischkenntnisse nicht ausreichend sind, frage auf Englisch.

2. Erzähle nun, wo du wohnst.

3. Über welche russische Stadt würdest du gern mehr erfahren?

1) Приве́т! Я Паули́на.

Paulina beantwortet verschiedene Fragen ihrer neuen russischen Brieffreundin Sascha. Finde heraus, worin sich der Gebrauch von зову́т *und* называ́ется *unterscheidet.*

Меня́ зову́т Паули́на, моя фами́лия – Шмидт. Мне 15 лет. Я немно́го говорю́ по-ру́сски. Мой родно́й го́род называ́ется Ма́гдебург. Я живу́ на у́лице Та́убенвег но́мер 4. Ма́гдебург – это столи́ца земли́ Саксо́ния-Анга́льт. Го́род нахо́дится в це́нтре страны́ на реке́ Э́льбе, недалеко́ от Берли́на.

Ма́гдебург, дом Хундертва́ссера

2) Говори́ пра́вильно.

Achte darauf, dass -тся *wie* [ца] *ausgesprochen wird.*

называ́ется	называ́ются	Го́род называ́ется Со́чи.	Го́ры называ́ются А́льпы.
нахо́дится	нахо́дятся	Го́род Со́чи нахо́дится на мо́ре.	А́льпы нахо́дятся в Евро́пе.

3) Зову́т или называ́ется?

(П)
– Как её зову́т?
– Её зову́т Ни́на.

– Как называ́ется го́род?
– Го́род называ́ется Со́чи.

А́ня

Бори́с

Алексе́й

Зо́я

4) Ни́на расска́зывает.

Прослу́шай расска́з Ни́ны и отве́ть на вопро́сы.

1. Ско́лько Ни́не лет?
2. Где она́ живёт?
3. Го́род, где живёт Ни́на, нахо́дится на реке́ Во́лге и́ли на реке́ О́ке?
4. Э́то большо́й и́ли ма́ленький го́род?

5) Где нахóдится Иркýтск?

Fragt und sagt, wo sich die folgenden Städte sowie weitere Orte eurer Wahl befinden. Nutzt die Russlandkarte, euren Atlas oder andere Hilfsmittel.

(П)
– Где нахóдится Виттенбéрг?
– Виттенбéрг нахóдится на востóке Гермáнии, недалекó от Берлúна.

– Мадрúд нахóдится на зáпаде Еврóпы?
– Нет, столúца Испáнии нахóдится на ю́го-зáпаде континéнта.

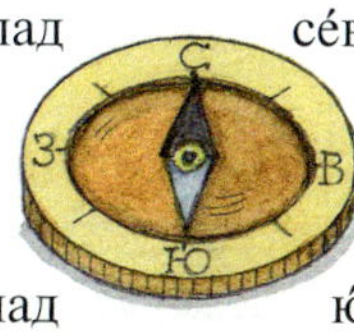

Гáмбург – Фрáнкфурт-на-Óдере – Кёльн – Парúж – Сóчи – Иркýтск – Москвá – Мýрманск – Якýтск – Казáнь – Владивостóк – Псков

6) Где живýт подрýги?

а) Прочитáй текст.

Áня и Кáтя – подрýги. Áня живёт в Россúи, в дерéвне Бубнóво, а Кáтя – в Гермáнии, в Хáгене. Гóрод Хáген нахóдится на зáпаде Гермáнии, в землé Сéверный Рейн – Вестфáлия. В гóроде четы́ре рекú: Рур, Э́ннепе, Лéнне и Вóльме. Недалекó от гóрода нахóдятся гóры Зáуэрланд. А мáленькая дерéвня, где живёт Áня, нахóдится недалекó от Смолéнска на рекé Днепрé. Смолéнск и Хáген – городá-партнёры.

Смолéнск

б) Прáвильно или непрáвильно?

	прáвильно	непрáвильно
Подрýга Кáти живёт в Россúи.	С	Т
Гóрод, где живёт Кáтя, называется Э́ннепе.	У	А
Áня живёт в землé Сéверный Рейн – Вестфáлия.	Л	М
Гóры Зáуэрланд нахóдятся недалекó от Хáгена.	О	И
Подрýга Кáти живёт в Смолéнске.	Б	В
Бубнóво – э́то мáленькая дерéвня.	А	Ы
Смолéнск – это гóрод на востóке Россúи.	П	Р

Wenn du die Fragen richtig beantwortest, ergeben die Lösungsbuchstaben einen Gegenstand, für den die Stadt berühmt ist, die in Übung 9 vorgestellt wird.

7) Городá-партнёры.

Suche Informationen zu weiteren Städtepartnerschaften.

8) Напиши́ откры́тку.

Schreibe deinem russischen Austausch-/Briefpartner eine Urlaubskarte aus einem Ort deiner Wahl. Nutze die Textbausteine.

в гора́х | Пока́! | Приве́т! | я сейча́с в | здесь о́чень хорошо́ | го́род/дере́вня называ́ется | нахо́дится | на реке́ | на мо́ре

9) Э́то мой родно́й го́род.

а) Прочита́й, что пи́шет Ле́на о го́роде Ту́ле.

Я живу́ в Ту́ле. Ту́ла – э́то большо́й ста́рый го́род на реке́ Упе́. Упа́ – небольша́я река́. У нас в го́роде есть шко́лы, институ́ты, университе́т, библиоте́ки, теа́тры и интере́сные музе́и. В це́нтре го́рода нахо́дится ста́рый кремль. В кремле́ краси́вые собо́ры. Недалеко́ от кремля́ – музе́й ору́жия[1]. Э́то о́чень ста́рый музе́й в Ту́ле. А музе́й самова́ра и музе́й пря́ника[2] – но́вые музе́и.
Гла́вная у́лица в це́нтре го́рода называ́ется проспе́кт Ле́нина. Зде́сь нахо́дятся ба́нки, гости́ницы, рестора́ны, но́вые кафе́ и, коне́чно, магази́ны.
Мы с ма́мой и па́пой живём на у́лице Бо́лдина, недалеко́ от па́рка. Он нахо́дится на ю́го-за́паде Ту́лы. В па́рке ма́ленькие озёра. Па́рк – э́то моё люби́мое ме́сто. Там я люблю́ ката́ться на ро́ликах. А ещё у нас есть большо́й стадио́н, цирк и зоопа́рк. Я о́чень люблю́ Ту́лу.

Ле́на Петро́ва

[1] Waffenmuseum
[2] Pfeffer-/Lebkuchenmuseum

Ту́ла

б) Erstelle eine Kartenskizze von Tula und erkläre sie deinen Mitschülern auf Russisch.

10) Прочита́й и переведи́. ✓ Г 1

а) Finde heraus, wie man im Russischen den Plural der Substantive bildet.

У нас в го́роде есть шко́лы, институ́ты, университе́т, библиоте́ки, теа́тры и интере́сные музе́и. Здесь нахо́дятся ба́нки, гости́ницы, рестора́ны, но́вые кафе́ и, коне́чно, магази́ны. В па́рке ма́ленькие озёра.

Einige Internationalismen wie **кафе́, кино́** stimmen im Sg. und Pl. überein, weil sie nicht dekliniert werden.

б) Übertrage die Tabelle in dein Heft. Ergänze die Substantive aus Aufgabe 9 im Singular und Plural.

В го́роде есть

m		f		n	
Sg.	Pl.	Sg.	Pl.	Sg.	Pl.
теа́тр	теа́тр**ы**	шко́ла	шко́л**ы**	о́зеро	озёр**а**

11) Сравни́те. SV ✓ Г 2

Worauf müsst ihr achten, wenn ihr Substantive mit Adjektiven ergänzt?
Wie lauten die Wortgruppen in anderen Sprachen, die ihr kennt?

но́в**ый** друг	но́в**ая** у́лица	но́в**ое** ме́сто	но́в**ые** подру́ги
хоро́ш**ий** друг	хоро́ш**ая** у́лица	хоро́ш**ее** ме́сто	хоро́ш**ие** подру́ги
больш**о́й** теа́тр	больш**а́я** река́	больш**о́е** о́зеро	больш**и́е** собо́ры

12) Мой го́род

Ergänze je ein passendes Adjektiv in der richtigen Form.

инте́ресный – гла́вный – большо́й – ма́ленький –
люби́мый – ста́рый – но́вый – краси́вый

У нас в це́нтре го́рода .?. собо́р, .?. музе́и, .?. и .?. дома́. .?. у́лица называ́ется проспе́кт Ми́ра. На у́лице нахо́дятся .?. магази́ны. Тури́сты здесь лю́бят де́лать шо́пинг. Я то́же. Недалеко́ от це́нтра нахо́дится .?. парк. Это моё .?. ме́сто.

А что ещё есть в го́роде и́ли в дере́вне?
достопримеча́тельности, кре́пость, за́мок, дворе́ц, ра́туша, па́мятник, галере́я, вы́ставка, я́рмарка, (теле)ба́шня, городска́я стена́, воро́та (Pl.), порт, аэропо́рт, планета́рий

3А
3Б
3В
3Г

13) А твой го́род?

Stelle deinen Heimatort vor. Nutze die Übungen 9 und 12.

14) Кто хо́чет стать[1] миллионе́ром?

Stellt Fragen nach dem Muster und gestaltet einen Wettbewerb.

[1] werden

(П) Како́й большо́й го́род нахо́дится на Неве́?
Кака́я ма́ленькая река́ нахо́дится в Калу́ге?
Каки́е го́ры нахо́дятся на се́веро-за́паде А́зии?
Како́е о́зеро нахо́дится на ю́ге Герма́нии?

Die Fragepronomen **како́й, кака́я, како́е; каки́е** (welcher, was für ein) werden genauso wie Adjektive in Kasus, Numerus und Genus ihrem Bezugswort angepasst.

Это ты уже́ уме́ешь.
- Где ты живёшь?
- Я живу́ в Ма́гдебурге.
- Кака́я река́ Ока́?
- Ока́ – это небольша́я река́.
- Как называ́ется твой родно́й го́род?
- Го́род называ́ется Калу́га.
- Где нахо́дится твой го́род (твоя́ дере́вня)?
- Челя́бинск (Бубно́во) нахо́дится в це́нтре (на за́паде) Росси́и.

15) Моё люби́мое ме́сто.

Erzähle über die Lage und die Sehenswürdigkeiten einer Stadt, die du besonders magst. Du kannst diese Stadt deinen Mitschülern auch in einer Präsentation vorstellen.

достопримеча́тельности
в це́нтре
я люблю́
на се́вере/на восто́ке
нахо́дится
мой люби́мый го́род

1) Но́вая кварти́ра ◂ Г 3

а) Прослу́шай, как ма́клер предлага́ет семье́ кварти́ру.

Вот, посмотри́те, пожа́луйста. Кварти́ра нахо́дится на второ́м этаже́. Здесь три ко́мнаты: вот спа́льня, де́тская, гости́ная, ку́хня. Есть ва́нная, туале́т и коридо́р. А вот балко́н. Кварти́ра о́чень ую́тная, в гости́ной есть ками́н.
Дом нахо́дится в це́нтре го́рода. Недалеко́ отсю́да магази́ны, парк и шко́лы. У́лица о́чень ти́хая.

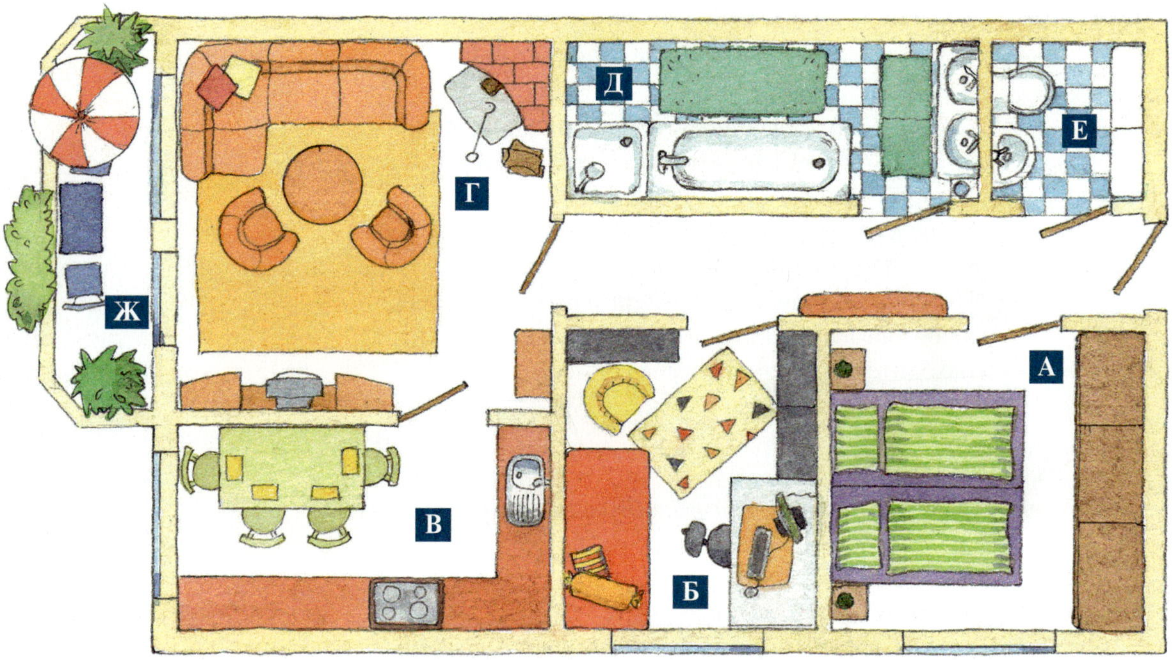

б) Скажи́, кака́я комна́та А, Б и т. д.

2) Ско́лько ко́мнат в кварти́ре?

Wähle die richtige Antwort aus. Nutze auch die Übung 2 in Lektion 2 Б (Seite 38). Achte darauf, wie sich das Wort ко́мната *nach den verschiedenen Zahlwörtern verändert.*

В кварти́ре — одна́ ко́мната.
В кварти́ре — две (три, четы́ре) ко́мнаты.
В кварти́ре — пять (шесть, семь) ко́мнат.

3) Здесь я живу́.

Zeichne den Grundriss eurer Wohnung und beschrifte die Zimmer.
Erkläre deine Skizze auf Russisch.
Verwende deine Angaben auch in Übung 5.

(П) Э́то на́ша кварти́ра. У нас в кварти́ре три ко́мнаты…

4) Что есть в ко́мнате Та́ни?

Прочита́й, что Та́ня расска́зывает.
Посмотри́ на карти́нку. Каки́е но́вые слова́ ты понима́ешь?

У меня́ о́чень краси́вая и ую́тная ко́мната. Спра́ва стои́т шкаф. Ря́дом с окно́м стоя́т пи́сьменный стол и стул. На столе́ стои́т ноутбу́к, а на по́лке над столо́м лежа́т мои́ люби́мые кни́ги. Сле́ва больша́я по́лка, а за по́лкой стоя́т дива́н-крова́ть и сто́лик. На стене́ над дива́ном вися́т карти́ны и по́стеры.

В ко́мнате есть ещё одно́ окно́. Пе́ред окно́м в углу́ стои́т па́льма, а под па́льмой, напро́тив дива́на – стереоаппарату́ра. На полу́ ме́жду сто́ликом и по́лкой лежи́т мя́гкий цветно́й[1] ковёр. Здесь моё люби́мое ме́сто, где я сижу́ на дива́не, слу́шаю му́зыку, чита́ю кни́ги.

[1] ein weicher (und) bunter

3 А
3 Б
3 В
3 Г

5) Что есть у вас в кварти́ре?

Соста́вьте ми́ни-диало́ги по образцу́.
Nutzt die Zusatzlexik oder ein Wörterbuch und eure Grundrisse aus Übung 3.

(П) – У нас на ку́хне есть стира́льная маши́на.
А у вас?
– У нас в кварти́ре есть посудомо́йка.

га́зовая плита́ (Gasherd), электроплита́ (Elektroherd), холоди́льник (Kühlschrank), микроволно́вка ugs. *(Mikrowelle), посудомо́йка* ugs. *(Geschirrspüler), стира́льная маши́на (Waschmaschine), табуре́т(ка) (Hocker), зе́ркало (Spiegel), сте́нка (Anbauwand), кни́жная по́лка (Bücherregal), парке́т (Parkettfußboden), куше́тка (Liege), компью́терный стол (Computertisch)*

6) В, *на, под*

Du kennst nun schon viele Präpositionen. Stelle sie in einer Tabelle zusammen. Sortiere nach den Fällen, die sie verlangen.

Präposition	Kasus	deutsche Bedeutung
от	Genitiv	von ⊙→

7)

Präpositionen lassen sich auch ordnen nach der Art der Beziehung, die sie widerspiegeln. Es gibt Präpositionen der räumlichen, zeitlichen und kausalen Beziehung, der Zweckbestimmung und der Bestimmung der Art und Weise. Sortiere entsprechend.

8) Е*сть?* ✓ Г 4

а) Finde heraus, wann есть *weggelassen wird. Vergleiche auch mit den Aussagen in Übung 4.*

– У вас есть посудомо́йка?
– Нет, (у нас нет посудомо́йки).

– У тебя́ ую́тная ко́мната?
– Да, о́чень ую́тная.

б) Fragt, ob es bestimmte Gegenstände in euren Zimmern oder Wohnungen gibt. Nutzt auch die Zusatzlexik oder ein Wörterbuch.

(П) – У вас в кварти́ре есть ками́н?
– Нет, у нас нет ками́на.

– У вас но́вый компью́тер?
– Нет, ста́рый.

9) К*о́мната мечты́*

а) Gestalte eine Collage zu deinem Traumzimmer. Beschrifte die Gegenstände auf Russisch.

б) Erkläre deine Collage deinen Mitschülern auf Russisch. Nutze die Übungen 4–6.

10) П*е́рвый, второ́й, тре́тий!* ✓ Г 2

Сравни́ и запо́мни.

эта́ж	кварти́ра	ме́сто
пе́рвый	пе́рвая	пе́рвое
второ́й	втора́я	второ́е
тре́тий !	тре́тья !	тре́тье !
четвёртый	четвёртая	четвёртое
пя́тый	пя́тая	пя́тое
шесто́й	шеста́я	шесто́е
седьмо́й	седьма́я	седьмо́е
восьмо́й	восьма́я	восьмо́е
девя́тый	девя́тая	девя́тое

десь́тый, оди́ннадцатый, двена́дцатый, трина́дцатый, четы́рнадцатый, пятна́дцатый, шестна́дцатый, семна́дцатый, восемна́дцатый, девятна́дцатый, двадца́тый;
два́дцать пе́рвый, два́дцать второ́й; тридца́тый, три́дцать пе́рвый … ;
сороково́й; пятидеся́тый; шестидеся́тый; семидеся́тый; восьмидеся́тый; девяно́стый; со́тый

11) Н*а како́м этаже́ живу́т ребя́та?*

(П) – На како́м этаже́ живёт Та́ня?
– Та́ня живёт на девя́том этаже́.

Андре́й – 1-й эта́ж, Надя – 2-й эта́ж, Изабе́ль – 3-й эта́ж, И́ра – 5-й эта́ж, Юлиа́н – 7-й эта́ж, Вади́м – 10-й эта́ж, Ка́тя – 15-й эта́ж, Ви́ка – 18-й эта́ж, Алекса́ндр – 21-й эта́ж.
А на како́м этаже́ живёшь ты?

12) С*кажи́ по-ру́сски.*

23. OG

17. Gymnasium

Katrin Lehmann belegte leider nur den 12. Platz.

Das erste Buch von Sven Rilke ist ein voller Erfolg.

Э́то ты уже́ уме́ешь.

– У вас больша́я кварти́ра (большо́й дом)?
– У нас ма́ленькая кварти́ра.
– У нас (не)большо́й дом.
– На како́м этаже́ вы живёте?
– Мы живём на пя́том этаже́.

13) Р*азгово́р по телефо́ну*

Прослу́шай разгово́р и отве́ть на вопро́сы.

1. С кем Лю́ба говори́т по телефо́ну?
2. Где нахо́дится но́вая кварти́ра Лю́бы?
3. Ско́лько ко́мнат в кварти́ре?
4. Каки́е у Лю́бы ко́мнаты?
5. На како́м этаже́ она́ живёт?
6. Э́то но́вый и́ли ста́рый дом?

14) О*бъявле́ние в газе́те*

Finde heraus, was in der Zeitungsannonce angeboten wird.

Из рук в руки

3-комн. кв-ра, метро 10 мин., ул. Нижняя Первомайская, 4-й эт., 2 балкона, тел., с мебелью и техникой, цена 65 000 р. © 454-71-73

15) К*варти́ра в Герма́нии* M

Erkläre deinem russischen Gesprächspartner, der auf Wohnungssuche in Deutschland ist, die Wohnungsangebote.

Bremen, 4-Zi.-Whg. Neubau, Bad m. Wa./Du. u. Fe., Küche m. Fe., Balkon, ca. 115 m², 3. OG, westl. Stadtr., € 1070,–

Erfurt, 3-R.-Whg., 1. OG, Altbau, 77 m², Bad, Küche m. Elektrogeräten, Parknähe, € 673,–

2-Zi.-Whg. in HH mit Küche, Bad m. Wanne, Balkon, 42 m², 2. OG, Garage, ruhige Lage, zentrumsnah, € 650,–

1) Ру́сские тури́сты в го́роде ✓ Г4

Прослу́шай и прочита́й диало́ги.

Тури́ст:	Вы говори́те по-ру́сски? Извини́те, пожа́луйста, как дое́хать до вокза́ла?
Мю́нхенец:	Э́то совсе́м недалеко́ отсю́да. Туда́ мо́жно дойти́ пешко́м. Иди́те пря́мо по у́лице, поверни́те напра́во, а пото́м нале́во. Вокза́л нахо́дится на углу́.
Тури́ст:	Повтори́те, пожа́луйста...

Тури́стка:	Вы говори́те по-ру́сски? Скажи́те, пожа́луйста, как дое́хать до Та́уэра?
Ло́ндонка:	Туда́ мо́жно дое́хать на метро́ до ста́нции «Та́уэр-Хилл». Мо́жно и на пятна́дцатом авто́бусе до остано́вки «Та́уэр-Хилл».
Тури́стка:	Спаси́бо Вам большо́е.
Ло́ндонка:	Не за что.

Тури́сты:	Вы говори́те по-ру́сски? Извини́те, пожа́луйста, как дойти́ до собо́ра Нотр-Да́м?
Пари́жа́нин:	Э́то недалеко́. Иди́те нале́во че́рез мост, а пото́м пря́мо.
Тури́сты:	А там есть сквер?
Парижа́нин:	Да, ря́дом с собо́ром.
Тури́сты:	Спаси́бо Вам.
Парижа́нин:	Пожа́луйста.

2) Извини́те – скажи́те – повтори́те ✓ Г5

а) Übertrage die Tabelle in dein Heft. Ergänze die Verben im Imperativ aus Aufgabe 1.

ты		Вы/вы	
извини́	entschuldige	извини́те	entschuldigen Sie/entschuldigt

б) Ergänze weitere Verben im Imperativ aus den Arbeitsanweisungen in deinem Schülerbuch.

3) А как по-неме́цки? Сравни́. SV

Vergleiche die Bildung der russischen Imperative mit der in den dir bekannten Sprachen.

по-ру́сски	по-неме́цки	по-францу́зски	по-лати́нски	по-?
Расскажи́(те)!	Erzähl(t)!	Raconte(z).	Narra(te)!	?

4) Скажи́, пожа́луйста!

Fordert euch gegenseitig auf,

– eine E-Mail zu schreiben.
– auf eine Frage zu antworten.
– ein Buch (ein Fernsehprogramm, eine Zeitschrift) zu lesen.
– eine Frage zu wiederholen.
– eine Telefonnummer (einen Namen, eine Adresse) aufzuschreiben.

5) Говори́ пра́вильно.

Achte auf die Aussprache des unbetonten **о** *in der Präposition* **до** *und auf die Endungen der Substantive.*

университе́т – до университе́та
магази́н – до магази́на
рестора́н – до рестора́на
зоопа́рк – до зоопа́рка

по́чта – до по́чты
библиоте́ка – до библиоте́ки
гости́ница «Арба́т» – до гости́ницы «Арба́т»
ста́нция «Смоле́нская» – до ста́нции «Смоле́нская»

6) Как дойти́ до …?

Fragt euch gegenseitig nach dem Weg zu bestimmten Orten und beschreibt ihn mit Hilfe der Karte.

(П) *Ти́на:* Скажи́те, пожа́луйста, как дойти́ до ба́нка?
Ри́хард: Э́то недалеко́. Иди́те до ка́фе, а там поверни́те нале́во. Пото́м поверни́те напра́во. На углу́ нахо́дится банк.

апте́ка, библиоте́ка, кинотеа́тр, банк, магази́н, по́чта, суперма́ркет, собо́р

7) Тра́нспорт в Москве́

а) Finde heraus, was über die öffentlichen Verkehrsmittel in Moskau berichtet wird.

Моско́вское метро́ – э́то о́чень удо́бный вид тра́нспорта[1]. Метро́ лю́бят и москвичи́, и тури́сты. Ка́ждая ста́нция метро́ в це́нтре Москвы́ – э́то настоя́щая[2] достопримеча́тельность. Там есть скульпту́ры и па́мятники. В метро́ 176 ста́нций. Часы́ рабо́ты[3] метро́: 06:00 – 01:00. Ещё в Москве́ есть авто́бусы, трамва́и, тролле́йбусы и маршру́тки. Есть, коне́чно, и такси́.

[1] Verkehrsmittel [2] eine echte, wirkliche
[3] hier: Betriebszeit

Ста́нция метро́ «Ки́евская»

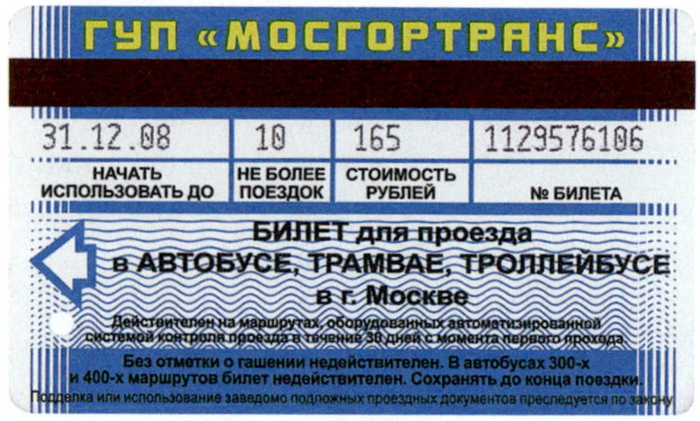

б) Finde heraus, für welche Verkehrsmittel der Fahrschein gültig ist. In welcher russischen Stadt kann man mit diesem Ticket fahren?

8) А что э́то – маршру́тка?

Finde heraus, was sich hinter маршру́тка *verbirgt. Kennst du etwas Vergleichbares in anderen Ländern?*

9) Извини́те, пожа́луйста, как дое́хать до ...?

Разыгра́йте диало́ги.

Нико́ль: Извини́те, как дое́хать до университе́та?
Москви́ч: Мо́жно на метро́ до ста́нции «Университе́т».
Нико́ль: (Большо́е) спаси́бо.
Москви́ч: Не за что.

1. зоопа́рк – метро́, ста́нция «Баррика́дная»
2. цирк – метро́, ста́нция «Цветно́й бульва́р»
3. у́лица «Но́вый Арба́т» – тролле́йбус № 2, остано́вка «Дом Кни́ги»
4. стадио́н «Лужники́» – авто́бус № 64, остано́вка «Стадио́н Лужники́»
5. телеба́шня «Оста́нкино» – электри́чка, ста́нция «Оста́нкино»
6. аэропо́рт «Шереме́тьево» – маршру́тка

10) Как пра́вильно?

Bei der Übersetzung ins Russische hat sich jeweils ein Fehler eingeschlichen. Finde und berichtige ihn.

– Der Tierpark befindet sich unweit des Zentrums von Moskau.	– Зоопа́рк нахо́дится недалеко́ от це́нтра Москва́.
– In Moskau sind die U-Bahn-Stationen schön.	– В Москве́ есть краси́вые ста́нции метро́.
– Der Kreml ist eine Sehenswürdigkeit im Zentrum Moskaus.	– Кремль – э́то достопримеча́тельность в центр Москвы́.
– Der Dnepr ist ein großer Fluss in Russland.	– Днепр – это большо́й река́ в Росси́и.
– In der Stadt gibt es keine Universität.	– В го́роде университе́т нет.
– Entschuldigen Sie bitte, wie komme ich zum Theater?	– Извини́те, пожа́луйста, как дойти́ до теа́тр?
– Dahin gehen Sie geradeaus die Straße entlang und dann nach rechts.	– Туда́ иди́те пря́мо по у́лице, а пото́м нале́во.
– Wiederhole bitte die Telefonnummer.	– Повтори́те, пожа́луйста, но́мер телефо́на!

Э́то ты уже́ уме́ешь.

- Извини́(те)/Скажи́(те)/Покажи́(те), пожа́луйста, …
- Как дойти́/дое́хать до зоопа́рка?
- Иди́(те) пря́мо, а пото́м нале́во.
- На метро́ до ста́нции «Баррика́дная».
- Где здесь метро́?
- Э́то недалеко́ отсю́да. Мо́жно дойти́ пешко́м.

11) Скажи́те, пожа́луйста… M

Du kommst zufällig dazu, wie ein russischer Tourist eine Frau nach dem Weg fragt. Hilf bei der Auskunft.

Тури́ст: Скажи́те, пожа́луйста, как дое́хать до у́лицы Burgstraße?

Frau: Da müssen Sie mit dem Bus Linie 8 fahren. Steigen Sie an der Haltestelle *Bergstraße* aus. Von dort gehen Sie geradeaus bis zur Apotheke, dann nach rechts. Das ist die Burgstraße.

Тури́ст: Э́то о́чень далеко́ отсю́да? Мо́жно дойти́ пешко́м?

Frau: Sie können auch zu Fuß gehen. Sie brauchen so etwa 15 Minuten. Dann gehen Sie von hier geradeaus bis zur Bank und dort nach links. Dann sind Sie in der Bergstraße.

Тури́ст: Спаси́бо большо́е.

Frau: Keine Ursache. Gern geschehen.

12) Скажи́ по-ру́сски.

Erkläre einem russischen Touristen, wo sich in deinem Heimatort verschiedene Einkaufsmöglichkeiten, Restaurants und Sehenswürdigkeiten befinden und wie er dorthin gelangt.

суперма́ркет
банк
теа́тр
музе́й
рестора́н
галере́я
аэропо́рт
вокза́л

1) **К**ак написа́ть а́дрес по-ру́сски?

а) Sieh dir an, wie ein Briefumschlag in Russland beschriftet wird. Wie unterscheiden sich die Angaben von Empfänger und Absender auf Briefen in Deutschland und Russland?

б) Für welche Wörter stehen die verwendeten Abkürzungen г., ул., д., кв.*?*

в) Wie sehen Briefkästen in anderen Ländern aus?

2) **Т**ы отку́да?

So drückt man in Russland die Herkunft eines Menschen aus.

auf -**ец**/-**ка**		auf -**анин**/-**анка** (N. Pl. m. auf -**ане**)	
ло́ндон**ец**/ло́ндон**ка**	Londoner/in	париж**а́нин**/париж**а́нка**	Pariser/in
мю́нхен**ец**/мю́нхен**ка**	Münchner/in	горож**а́нин**/горож**а́нка**	Städter/in
не́м**ец**/не́м**ка**	Deutscher/Deutsche	росси**я́нин**/росси**я́нка**	Russe/Russin

Aber москв**и́ч**/москв**и́чка** – Moskauer/in!

Ordne die Herkunftsbezeichnungen den Stadtwappen bzw. Länderflaggen zu. Eine Bezeichnung bleibt übrig. Woher stammt dieser Mensch?

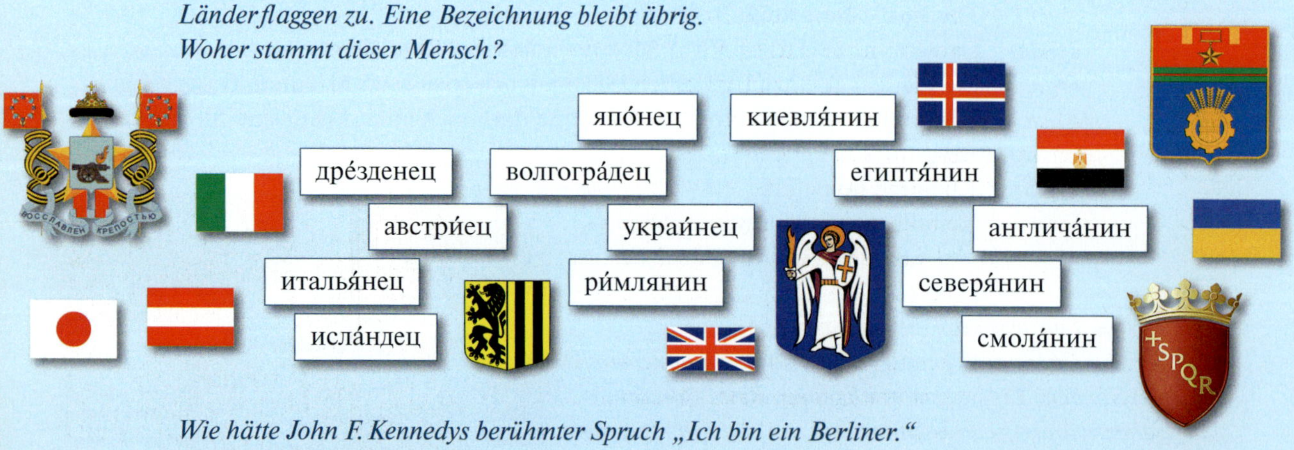

Wie hätte John F. Kennedys berühmter Spruch „Ich bin ein Berliner." auf Russisch gelautet?

M 1) *Скажи́ по-ру́сски.*

Erkläre deinem Austauschpartner, dass

- deine Schule sich im Norden der Stadt befindet.
- es in der Nähe der Schule einen großen Park gibt.
- der Park dein Lieblingsplatz ist.
- du dort gern mit den Inlinern fährst.
- du ein schönes Zimmer hast.
- es in deinem Zimmer eine Musikanlage gibt.
- du keinen Computer im Zimmer hast.
- du dein Zimmer sehr magst.

M 2) *Письмо́ из Белару́си.*

Eure Nachbarn werden bald ein Ferienkind aus Weißrussland bei sich aufnehmen. Sie haben einen Brief erhalten, in dem sich das Kind vorstellt. Hilf deinen Nachbarn bei der Übersetzung.

> Привет,
>
> я Александр Баженов, но друзья зовут меня Саша. Мне 9 лет.
> Я живу в городе Орше. Мой город находится на реке Днепре, недалеко от Минска. Я люблю играть в футбол. Наша команда очень хорошая.
> Я очень хочу в Германию.
>
> Пока
>
> Саша

M 3) *Herzlich willkommen in Deutschland!*

Das Ferienkind Sascha ist das erste Mal bei euren Nachbarn. Hilf ihnen bei der Verständigung.

Nachbar: Sascha, das ist dein Zimmer.
Са́ша: Кла́ссная ко́мната. Есть да́же телеви́зор и CD-пле́ер. Му́зыку мо́жно слу́шать?
Nachbar: Natürlich. Hast du eine Lieblingsgruppe?
Са́ша: Да. Моя́ люби́мая гру́ппа – *Ви́рус*. Хоти́те послу́шать?
Nachbar: Ja, gern. Aber jetzt zeige ich (покажу́) dir die anderen (други́е) Räume der Wohnung. Das hier ist das Wohnzimmer, hier ist die Küche, da das Bad. Hier ist unser Schlafzimmer.
Са́ша: О́чень краси́вая кварти́ра. А у нас ма́ленькая кварти́ра, то́лько две ко́мнаты.

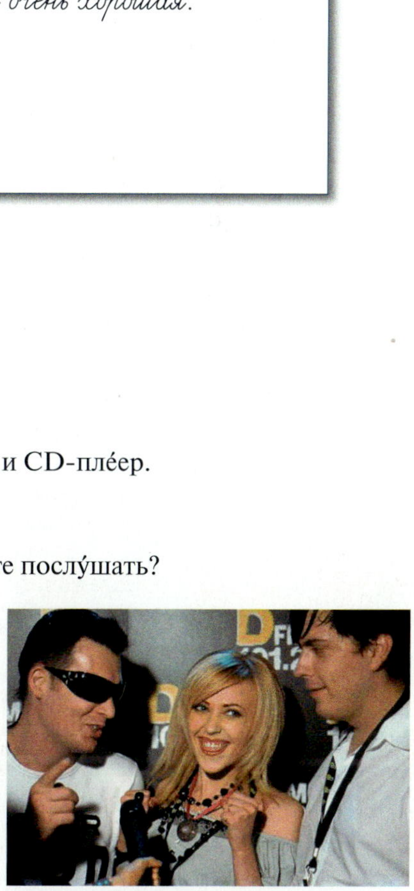

Гру́ппа *Ви́рус*

Э́то на́до знать.

Г1) *Substantive im Nominativ Plural*

Regelmäßige Bildung des Nominativs Plural		
m	f	n
теа́тры	у́лицы	места́
уро́ки	подру́ги	озёра
музе́и	дере́вни	о́кна

Ausnahmen!	
Bei einigen Substantiven wechselt im Plural die Betonung.	ме́сто → места́
Einige maskuline Substantive haben im Nom. Pl. statt -ы/-и die Endung -а/-я.	го́род → города́, дом → дома́, учи́тель → учителя́, друг → друзья́
Einige Internationalismen sind unveränderlich.	кино́, кафе́, пиани́но, метро́

Г2) *Kongruenz von Substantiv und Adjektiv/Ordnungszahlwort*

m	f	n	Pl.
ста́рый дом хоро́ший друг	ста́рая у́лица хоро́шая подру́га	ста́рое кино́ хоро́шее ме́сто	ста́рые собо́ры хоро́шие друзья́
большо́й стол	больша́я библиоте́ка	большо́е о́зеро	больши́е ко́мнаты
пе́рвый уро́к	пе́рвая шко́ла	пе́рвое ме́сто	пе́рвые места́

! Aufgepasst: Das Ordnungszahlwort 3. hat eigene Endungen: тре́тий, тре́тья, тре́тье

Г3) *Adjektive, Ordnungszahlen: Präpositiv Singular*

	m	f	n
Nom.	но́вый дом	ую́тная ко́мната	пе́рвое ме́сто
Präp.	в но́вом доме	в ую́тной ко́мнате	на пе́рвом ме́сте

Achtung: Manche Wörter sind im Deutschen Substantive, im Russischen aber Adjektive; z. B. де́тская, гости́ная, ва́нная (ergänze in Gedanken: ко́мната)

Г4) *Wegfall von* есть *bei Besitzanzeige*

Есть entfällt, wenn eine Eigenschaft oder eine konkrete Anzahl *hervorgehoben* wird:
У нас но́вый компью́тер. У Са́ши хоро́шие друзья́. У нас три ко́мнаты.

Г5) *Verben: Die Bildung des Imperativs Singular und Plural (von regelmäßigen Stämmen)*

	Auslaut des Präsensstamms auf			
	Vokal		Konsonant	
			Betonung	
			stammbetont	endungsbetont
	Präsensstamm + -й		Präsensstamm + -ь	Präsensstamm + -и
Imperativ Sg.	игра́й	танцу́й	отве́ть	говори́
Imperativ Pl.	игра́йте	танцу́йте	отве́тьте	говори́те

! Imperativ von *писа́ть – пиши́*

Уро́к 4 Моё свобо́дное вре́мя

4

ката́ться на **с**ноубо́рде
игра́ть в **в**олейбо́л
смотре́ть **о**лимпиа́ду по телеви́зору
игра́ть в **б**аскетбо́л
смотре́ть **о́**чень интере́сный фильм
танцева́ть на **д**искоте́ке
люби́ть **н**асто́льный те́ннис
отдыха́ть на **о**зере
ехать на мо́ре

занима́ться **в**индсёрфингом
ходи́ть на **р**ок-конце́рты
е́хать в го́ры
слу́шать **м**у́зыку
ката́ться на **я**хте

1) **Т**воё свобо́дное вре́мя

Что ты де́лаешь в свобо́дное вре́мя? Каки́е у тебя́ интере́сы, пла́ны?

2) **С**оревнова́ние. Запиши́ ассоциа́ции.

Finde zu jedem Buchstaben von свобо́дное вре́мя ein Wort. Tausche deine Ideen mit deinen Mitschülern aus. Für jede gleiche Assoziation bekommst du 5 Punkte. Wer als einziger zu einem Buchstaben ein Wort gefunden hat, bekommt 15 Punkte. Alle anderen Wörter bringen 10 Punkte.

4A Я люблю́ ходи́ть по магази́нам.

1) Мой люби́мый магази́н.

Каки́е магази́ны на карти́нках? Что здесь мо́жно купи́ть?

1

2

3

А магази́н оде́жды и о́буви
Б музыка́льный сало́н
В кни́жный магази́н
Г суперма́ркет
Д а́удио- и видеоте́хника
Е спорттова́ры

4

5

6

2) ГУМ – Гла́вный универса́льный магази́н

а) Прочита́й те́кст и скажи́, что мо́жно купи́ть в ГУ́Ме.

Сего́дня в Москве́ есть о́чень мно́го магази́нов, бути́ков и суперма́ркетов. Но са́мый ста́рый[1] – э́то ГУМ. У магази́на интере́сная исто́рия.

Совреме́нный ГУМ – э́то большо́й и изве́стный торго́вый центр. Здесь мо́жно купи́ть оде́жду, о́бувь, сувени́ры, ювели́рные изде́лия, электротова́ры, кни́ги, това́ры для до́ма. В ГУ́Ме есть апте́ка, ба́нк, кафе́, рестора́н и демонстрацио́нный зал. ГУМ – э́то ме́сто для шо́пинга и о́тдыха.

[1] das älteste

б) Suche Informationen zur Geschichte des GUM und präsentiere sie in der Klasse.

3) Расскажи́ о ГУ́Ме.

ГУМ – э́то

Он нахо́дится

Здесь мо́жно купи́ть

В ГУ́Ме есть

4) *Ско́лько э́то сто́ит?*

А́нника: Здра́вствуйте!
Продаве́ц: До́брый день!
А́нника: Покажи́те, пожа́луйста, вот э́ту шкату́лку.
Продаве́ц: Вот, пожа́луйста.
А́нника: Ско́лько она́ сто́ит?
Продаве́ц: Сто со́рок рубле́й.
А́нника: Так, шкату́лку я возьму́. И ещё мне о́чень нра́вятся э́ти ло́жки. Покажи́те мне вот э́ти ма́ленькие, пожа́луйста.
Продаве́ц: Пожа́луйста. Они́ сто́ят две́сти два́дцать рубле́й, во́семьдесят копе́ек.
А́нника: Тогда́ шкату́лку и ло́жки, пожа́луйста.
Продаве́ц: Пожа́луйста, три́ста шестьдеся́т рубле́й, во́семьдесят копе́ек.
А́нника: Спаси́бо. До свида́ния.
Продаве́ц: До свида́ния.

4А
4Б
4В
4Г

5) Прое́кт: *Sammelt Informationen zu typischen russischen Souvenirs und stellt sie vor. Was sind* хохлома́ *und* гжель?

6) *Росси́йские де́ньги*

а) Lies die Aufschriften auf dem russischen Hart- und Papiergeld. Vergleiche es mit Euroscheinen und Cents.

б) Suche den aktuellen Wechselkurs von Euro und Rubel.

7) Прочита́й, что мо́жно купи́ть в магази́не.
Ско́лько сто́ит оде́жда?

В магази́не *Шик* суперце́ны!
Джи́нсы и брю́ки сто́ят всего́ девятьсо́т рубле́й.
Футбо́лки и блу́зки – три́ста.
Пла́тья сто́ят восемьсо́т рубле́й.
Руба́шки мо́жно купи́ть уже́ за четы́реста,
а ю́бки – за семьсо́т рубле́й.
Сви́теры сто́ят всего́ шестьсо́т рубле́й.
Суперodéжда! Суперце́ны!

8) Сто, две́сти, три́ста...
a) Schreibe die Hunderter von 100 bis 1000 in deinem Heft auf Russisch aus.
Nutze dazu die Übungen 4,6 und 7.

б) Überlegt, nach welchem System die Hunderter und Tausender gebildet werden und formuliert dafür eine Regel.

9) В чём ты лю́бишь ходи́ть? ✓ Г 6
Fragt euch gegenseitig, welche Kleidung ihr gern in der Schule oder in der Freizeit tragt.

(П)
- **Я люблю́ ходи́ть в футбо́лках и ю́бках.**
- **Я ношу́ джи́нсы.**
- **В свобо́дное вре́мя я хожу́ в кроссо́вках.**

10) Прочита́й, что пи́шет пре́сса.
Како́й цвет в мо́де? А како́й цвет твой люби́мый?

Актуа́льные цвета́ сезо́на – э́то натура́льные цвета́: се́рый, кори́чневый, бе́лый. Но диза́йнеры говоря́т, что ещё в мо́де и я́ркие дета́ли. Наприме́р, се́рые брю́ки и ро́зовая и́ли кра́сная руба́шка, и́ли си́ние джи́нсы и ора́нжевая футбо́лка.

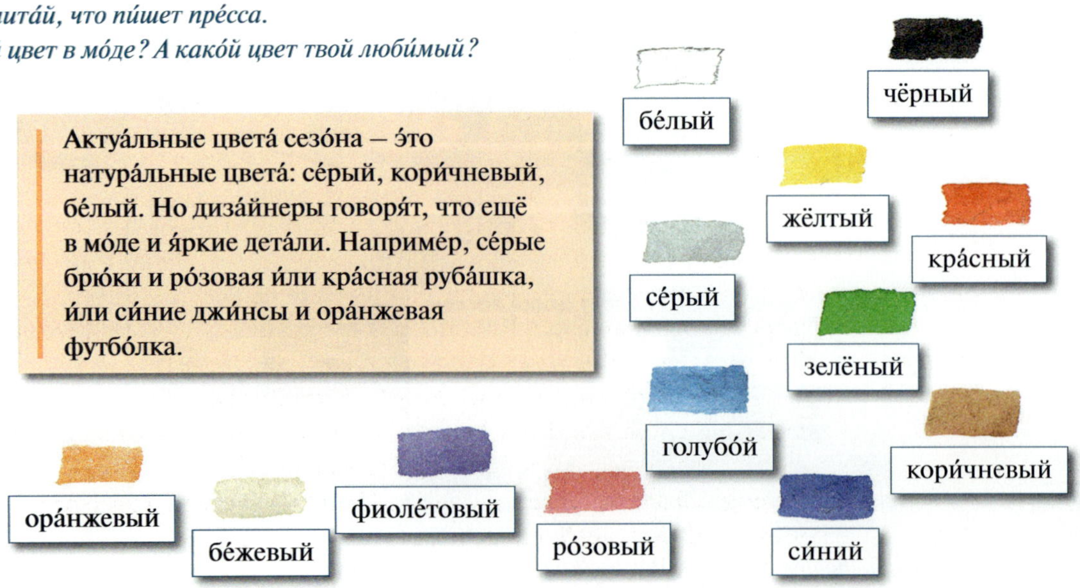

11) Прочита́й диало́ги в магази́не.
Почему́ Ро́ма покупа́ет DVD, а Ма́ша не покупа́ет кольцо́?

Ди́ма: Вот DVD *Пи́тер FM*.
Ро́ма: О, э́то мой люби́мый фильм.
Ди́ма: Да, он мне то́же нра́вится.
Ро́ма: А ско́лько он сто́ит?
Ди́ма: Так, где здесь цена́? А вот, 170 рубле́й.
Ро́ма: А почему́ он тако́й дешёвый?
Ди́ма: Здесь сего́дня ски́дки.
Ро́ма: Я возьму́ его́.

Аня: Ма́ша, смотри́. Вот э́то зелёное кольцо́ мне нра́вится. А тебе́?
Ма́ша: А мне не о́чень. Мне нра́вится вот э́то кольцо́.
Аня: Да, кла́ссное! Но оно́ о́чень дорого́е: ты́сяча рубле́й.
Ма́ша: Ой, да.

12) Тебе́ нра́вится э́тот сви́тер? ✔ Г 1
а) Прочита́й и переведи́.

– Тебе́ нра́вится э́тот сви́тер?
– Тебе́ нра́вится э́та блу́зка?
– Тебе́ нра́вится э́то кольцо́?
– Тебе́ нра́вятся э́ти джи́нсы?

– Да, (сви́тер мне) нра́вится.
– Да, о́чень нра́вится. Я её возьму́.
– Нет, оно́ мне не нра́вится.
– Нет, не о́чень, мне нра́вятся вот э́ти брю́ки.

б) Спроси́те по образцу́. Отве́тьте на вопро́сы.

(П) – Тебе́ нра́вится э́тот сви́тер?

– Ты возьмёшь э́ту ю́бку?

Э́то ты уже́ уме́ешь.
– Ско́лько сто́ят э́ти брю́ки?
– Восемьсо́т рубле́й, де́сять копе́ек.
– В чём ты лю́бишь ходи́ть?
– Я люблю́ ходи́ть в джи́нсах.
– Я ношу́ кроссо́вки.
– Тебе́ нра́вится э́тот кра́сный сви́тер?
– Да, нра́вится. Я его́ возьму́.

13) В магази́не «Ру́сский сувени́р»
Übernimm die Rolle des Dolmetschers. M

Тури́ст: Guten Morgen. Ich suche einen typischen russischen Samowar.
Продаве́ц: Здра́вствуйте! Коне́чно есть. Пожа́луйста, вот есть ма́ленький и большо́й.
Тури́ст: Dieser große gefällt mir sehr. Die rote Farbe ist sehr schön. Wie viel kostet er?
Продаве́ц: Так, э́тот самова́р сто́ит семьсо́т двена́дцать рубле́й, три́дцать копе́ек.
Тури́ст: Der ist aber teuer. Und wie viel kostet der kleine?
Продаве́ц: Ма́ленький сто́ит всего́ три́ста пятьдеся́т.
Тури́ст: Das ist okay, ich nehme ihn. Hier bitte. Können Sie mir bitte noch sagen, wo man hier Souvenir-T-Shirts kaufen kann?
Продаве́ц: Спаси́бо. Сувени́рные футбо́лки? В ГУ́Ме мо́жно купи́ть.
Тури́ст: Danke, auf Wiedersehen.

4Б Вчера́ мы бы́ли в кино́.

1) Мой дневни́к

Lies, was Marina in ihr Tagebuch geschrieben hat.
Finde heraus, zu welchen Abschnitten die Bilder passen.

Вчера́ был кла́ссный день.
(1) По́сле шко́лы мы с А́ней и Ди́мой ходи́ли в зоопа́рк, там в кино́ смотре́ли *Ну, погоди́!* Есть но́вые се́рии. Я хочу́ купи́ть DVD.
(2) Пото́м мы бы́ли у меня́ до́ма и де́лали пи́ццу. А́ня зна́ет о́чень хоро́ший реце́пт. Она́ уже́ гото́вила для нас спаге́тти и равио́ли.
(3) Ве́чером мы у́жинали и смотре́ли фотогра́фии Ди́мы из Ита́лии. Он отдыха́л с ма́мой в Вене́ции. Вене́ция – э́то су́пер! Я о́чень хочу́ посмотре́ть э́тот го́род.

А

Б

В

2) Был, была́, бы́ли ◄ Г 2

а) Übertrage die Tabelle in dein Heft. Trage die Verben aus Übung 1 im Infinitiv und Präteritum ein.

Infinitiv	он, я	она́, я	они́, мы, вы
быть	был	была́	бы́ли

б) Wie wird das Präteritum im Russischen gebildet?

3) Прослу́шай диало́г и скажи́, где Да́ша была́ вчера́.

Анто́н: Приве́т, Да́ша.
Да́ша: О, приве́т. Как дела́?
Анто́н: Хорошо́. А у тебя́?
Да́ша: А у меня́ не о́чень. Мы вчера́ писа́ли тест. У меня́ три.
Анто́н: Ну, ничего́. Три – э́то то́же о’ке́й. А где ты была́ вчера́ ве́чером? Я тебе́ звони́л, звони́л. У меня́ бы́ли биле́ты на конце́рт МАКSИМ.
Да́ша: Я ходи́ла в спортце́нтр на фи́тнес. А как конце́рт?
Анто́н: Я не был на конце́рте. Ве́чером мы идём на роллердро́м. Хо́чешь то́же?
Да́ша: Ой, да. О́чень хочу́. Тогда́ до ве́чера?
Анто́н: Да, до ве́чера. В семь, на стадио́не.

4) Говори́ пра́вильно.

Да́ша была́ в спортце́нтре.
А́ня и Ди́ма бы́ли в кино́.
Мари́на не была́ в Вене́ции.
Мы бы́ли в музе́е.
Они́ не бы́ли в теа́тре.
Я не был в ресторáне.

5) Обы́чный день Сла́вы

Прочита́й, что говори́т Сла́ва. Напиши́, что он вчера́ де́лал.

Я всегда́ за́втракаю у́тром вме́сте с бра́том. В 8 часо́в я уже́ в шко́ле. У́тром у меня́ обы́чно 5 и́ли 6 уро́ков. В 12 часо́в 30 мину́т у нас обе́д, но я не обе́даю в шко́ле. По́сле шко́лы я немно́го отдыха́ю, игра́ю в футбо́л и́ли сижу́ в Интерне́те. В 5 часо́в я обы́чно де́лаю уро́ки. Ве́чером я люблю́ игра́ть с па́пой и бра́том в ка́рты и́ли смотре́ть телеви́зор.

6) Что? Где? Когда́? Спроси́те и отве́тьте.

(П)
– Что ты де́лал(а) вчера́ ве́чером?
– Где ты бы́л (была́) по́сле обе́да?
– Когда́ ты за́втракал(а)?
– Ты чита́л(а) рома́н «Мы»?

– Я ходи́л(а) в кино́.
– Я сиде́л(а) в Интерне́т-клу́бе.
– Я ещё не за́втракал(а).
– Да, чита́л(а).

вчера́
у́тром (днём, ве́чером)
сего́дня у́тром (днём, ве́чером)
по́сле шко́лы
в час
в во́семь часо́в

смотре́ть фильм
быть до́ма (в кафе́, на дискоте́ке)
игра́ть в футбо́л
ходи́ть по магази́нам
чита́ть журна́л
помога́ть ма́ме

7) Прочита́й расписа́ние в ла́гере «Ро́бин Гуд». Скажи́, что де́лали ребя́та вчера́.

(П) В де́сять часо́в они́ стреля́ли из лу́ка.

Скучать будет некогда!

9:00 завтрак
10:00 катаемся на велосипе́де или стреляем из лука
11:30 спортивные игры
13:00 свободное время
13:30 обед
15:00 бассейн или театральная студия
17:00 экскурсия
19:00 ужин
20:00 музыкальный вечер (поём под караоке и играем)
21:00 второй ужин
21:30 свободное время (телевизор, DVD, сауна)

8) Прочита́й снача́ла объявле́ние, а пото́м отве́ты Ми́ши, Э́ли и Сла́вы.

Работа на каникулах

Вам уже 16 лет и вы хотите работать на каникулах?
Вы интересуетесь музыкой и кино?
Знаете компьютерные игры и умеете считать деньги?
Тогда мы ждём вас в салоне видео и музыки UNDERGROUND.
Мы возьмём школьников на работу в сервис-зал.
Тел.: 348 27 31.

Ми́ша: Мне нра́вится э́та рабо́та. Я ду́маю, что у меня́ есть шанс. Я о́чень интересу́юсь совре́менной му́зыкой и зна́ю все но́вые хиты́. А кино́ – э́то моё хо́бби. Счита́ть де́ньги я уме́ю и уме́ю рабо́тать на ка́ссе.

Э́ля: Рабо́тать в магази́не? Ой, я не зна́ю. В кино́ я люблю́ ходи́ть, а вот му́зыкой я не интересу́юсь и в компью́терные и́гры не игра́ю. Я интересу́юсь диза́йном кварти́р и уме́ю проекти́ровать на компью́тере. Я занима́юсь диза́йном в сту́дии *Интерье́р*. Рабо́тать я не хочу́.

Сла́ва: Я уже́ рабо́тал в суперма́ркете, сортирова́л проду́кты. Но в UNDERGROUND... нет, я не о́чень интересу́юсь му́зыкой. Я интересу́юсь спо́ртом, занима́юсь велоспо́ртом. Уме́ю ката́ться на одноколёсном велосипе́де[1].

[1] Einrad

9) Чем они́ интересу́ются? Чем они́ занима́ются? ✓ Г 3

а) Отве́ть на вопро́сы.

Сла́ва не интересу́ется му́зыкой?
Ми́ша занима́ется велоспо́ртом?
Э́ля и Ми́ша интересу́ются кино́?
Э́ля занима́ется диза́йном?

б) Finde in den Übungen 8 und 9a alle Formen der Verben интересова́ться *und* занима́ться *und schreibe sie in dein Heft. Worauf musst du bei der Konjugation dieser Verben achten?*

10) Разыгра́йте ми́ни-диало́ги.

– Чем ты занима́ешься в свобо́дное вре́мя?
– Я занима́юсь баскетбо́лом.

| спорт, бокс, баскетбо́л, хокке́й, волейбо́л, гимна́стика, бале́т, виндсёрфинг

– Чем ты интересу́ешься?
– Я интересу́юсь рок-му́зыкой.

| альпини́зм, мо́да, кино́, литерату́ра, му́зыка (рок-му́зыка, джаз, кла́ссика)

– Что ты уме́ешь де́лать?
– Я уме́ю игра́ть на гита́ре.

| ката́ться на ро́ликах, игра́ть в ша́хматы, танцева́ть са́мбу, де́лать колла́жи

11) Посмотри́ на карти́нки и скажи́, что уме́ют де́лать э́ти лю́ди.
А что уме́ешь де́лать ты?

12) Сравни́ и переведи́.
Wie wird das Wort können *im Russischen ausgedrückt?*

Ни́на: На́стя, ты уме́ешь рабо́тать в *Фотошо́пе*?
На́стя: Да, уме́ю. На кани́кулах я ходи́ла на специа́льный курс.
Ни́на: А ты мо́жешь показа́ть мне, как де́лать колла́жи? Я хочу́ подари́ть дру́гу плака́т.
На́стя: Коне́чно, могу́. Каки́е у тебя́ фотогра́фии?

Оле́г: Дени́с, ты мо́жешь сказа́ть мне, как по-францу́зски *сего́дня* и *вчера́*?
Дени́с: Ой, нет, не могу́. Я не уме́ю говори́ть по-францу́зски. Макс уме́ет. Спроси́ у него́.
Оле́г: Хорошо́, спаси́бо.

4А
4Б
4В
4Г

Э́то ты уже́ уме́ешь.
– Ро́ма, где ты был вчера́ ве́чером?
– Вчера́ я был на конце́рте.
– Чем ты интересу́ешься?
– Я интересу́юсь литерату́рой и му́зыкой.
– Я занима́юсь спо́ртом и уме́ю игра́ть в хокке́й.
– На́дя, ты мо́жешь показа́ть мне го́род?

13) Прочита́й письмо́ Дани́ла и отве́ть на вопро́сы.

Где был Дани́л вчера́?
Что он де́лал?
Почему́ Дани́л не пла́вал в о́зере?
Что мо́гут де́лать уча́стники похо́да?

Привет, Аня!
Как дела? Чем занимаешься?
У меня всё супер. Вчера я был в походе на Кавказе. Мы занимались альпинизмом. Ребята плавали в озере. А я не плавал, я не умею. Вечером мы были на экскурсии в городе Нальчике.
А ещё там вечером ребята могут отдыхать и слушать музыку.
Один инструктор умеет играть на гитаре.
Я знаю, что ты тоже интересуешься туризмом. Вот телефон турфирмы: 496-52-24.
Пока. Данил

4В Мои́ пла́ны на за́втра

1) *а) Гру́ппа* Peace Ducks

Прочита́й, что плани́руют на за́втра музыка́нты.

Артём: Приве́т, приве́т! Вчера́ мы игра́ли су́пер!

Влад: Да, день был хоро́ший. Сего́дня мы репети́руем, а что мы бу́дем де́лать за́втра?

Алексе́й: Да, Артём, где план? Что мы бу́дем де́лать за́втра?

Артём: За́втра дли́нный день. Снача́ла шко́ла! Пото́м я бу́ду монти́ровать ви́део, а ты, Влад, бу́дешь писа́ть текст для фла́ера.

Алексе́й: А наш диск? Кто бу́дет слу́шать но́вую ве́рсию? Опера́торы в сту́дии бу́дут нас ждать.

Артём: Лёша, ты мо́жешь пое́хать в сту́дию?

Алексе́й: О'кей, но я могу́ то́лько ве́чером, я бу́ду там в пять часо́в.

Влад: А когда́ мы бу́дем игра́ть в клу́бе *Канаре́йка*? Я ду́мал, за́втра ве́чером.

Артём: Нет, за́втра не бу́дем. Конце́рт бу́дет послеза́втра.

б) Что пра́вильно? Допо́лни предложе́ния.

1. Вчера́ музыка́нты из *Peace Ducks* (ходи́ли в кино́, игра́ли на конце́рте, отдыха́ли).
2. Артём за́втра бу́дет (в шко́ле, танцева́ть на дискоте́ке, занима́ться ви́део).
3. Влад бу́дет (игра́ть на конце́рте, писа́ть текст для фла́ера, слу́шать му́зыку).
4. В 17 часо́в Алексе́й бу́дет (слу́шать диск в сту́дии, ждать опера́тора, занима́ться вока́лом).
5. В клу́бе *Канаре́йка* ребя́та (игра́ли вчера́, игра́ют ка́ждый день, бу́дут игра́ть послеза́втра).

2) *Како́й план у ребя́т из* Peace Ducks*?*

Скажи́, что бу́дут де́лать Артём, Алексе́й и Влад.

(П) У́тром, в 9 часо́в, Алексе́й бу́дет занима́ться вока́лом.

отвеча́ть на e-mail (Артём, у́тром, 9:00)
дава́ть интервью́ (Алексе́й и Влад, у́тром, 11:00)
встреча́ться с фан-клу́бом (Артём, днём, 13:00)
репети́ровать (все, днём, 15:00)
занима́ться вока́лом (Алексе́й, ве́чером, 17:00)
игра́ть на конце́рте (все, ве́чером, 20:00)

3) Пойдём в кино. ◄ Г4

а) Сравни́. Wie unterscheiden sich die Verbformen?

1

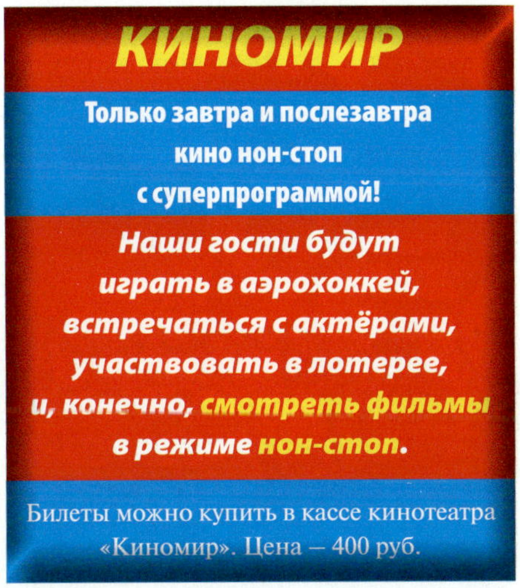

2

б) Finde zu den Verben auf dem Plakat ihre Aspektpartner in der SMS von Jegor. Schreibe die Verben im Infinitiv in dein Heft.

4) Что ты бу́дешь де́лать за́втра? Спроси́те и отве́тьте. ◄ Г5

(П) – Что ты бу́дешь де́лать за́втра по́сле обе́да?
– За́втра по́сле обе́да я снача́ла посмотрю́ телеви́зор, а пото́м погуля́ю в па́рке.

прочита́ть/чита́ть	нарисова́ть/рисова́ть	встре́титься/встреча́ться
погуля́ть/гуля́ть	посмотре́ть/смотре́ть	поката́ться/ката́ться
написа́ть/писа́ть	поигра́ть/игра́ть	позвони́ть/звони́ть

5) Скажи́, что Ната́ша бу́дет де́лать за́втра.

8.15	школа
14.00	бабушка
16.00	библиотека
18.00	уроки
20.00	Катя и Дима

быть
встре́титься
пообе́дать
сде́лать
пригото́вить презента́цию

(П) В 8:15 Ната́ша бу́дет в шко́ле. Пото́м она́...

6) Сравни́. *Wie werden Verlauf und Ergebnis einer Handlung ausgedrückt?* ✓ Г4

7) Переведи́. М

1. Ди́на до́лго расска́зывала об Австра́лии. Она́ рассказа́ла о виндсёрфинге и кенгуру́.
2. Ян и Ле́на два часа́ покупа́ли сувени́ры. Они́ купи́ли шкату́лку и матрёшки.
3. Анто́н ка́ждый день учи́л но́вые слова́, а вчера́ не вы́учил.

8) Что пра́вильно?

Welcher Aspektpartner ist hier richtig? Begründe deine Meinung.

Да́ша: Алло́! Приве́т, Серге́й! Э́то Да́ша.
Серге́й: Приве́т!
Да́ша: Что вы сде́лали/де́лали вчера́ ве́чером в сту́дии? Я не была́ на встре́че.
Серге́й: Да́ша, а ты не прочита́ла мой e-mail? Я тебе́ уже́ всё написа́л/писа́л. Вчера́ мы до́лго нарисова́ли/рисова́ли на компью́тере и посмотре́ли/смотре́ли эски́зы. Ле́на нарисова́ла/рисова́ла сце́ну из мультфи́льма *Ро́лли и Эльф*, а я сде́лал/де́лал рекла́мный плака́т *Ну, погоди́!*
Да́ша: Интере́сно. А что мы сде́лаем / бу́дем де́лать послеза́втра?
Серге́й: Послеза́втра Па́вел Фёдорович снача́ла расска́жет / бу́дет расска́зывать о кинофестива́ле, а пото́м мы посмо́трим / бу́дем смотре́ть му́льтик из прое́кта *Антиму́льт*.
Да́ша: Спаси́бо большо́е. До послеза́втра.
Серге́й: Пока́.

9) *а) Прочита́й. Vergleiche die unterstrichenen Endungen der Substantive.* ◂ Г 6

Наш план на за́втра – плака́т *Куми́ры*. Та́ня, кого́ и что мы бу́дем рисова́ть на плака́те? Я предлага́ю нарисова́ть спортсме́нов, актёров и актри́с_.

Хорошо́! А я вчера́ до́лго рисова́ла и нарисова́ла стадио́ны, теа́тры и кинока́меры.

б) Скажи́, кого́ и что Та́ня и Ди́ма ещё нарису́ют на плака́те. Achte auf die Pluralendungen im Akkusativ.

Кого́?	поп-звёзды, музыка́нты, поли́тики, журнали́сты, диза́йнеры
Что?	микрофо́ны, гита́ры, портфе́ли, газе́ты, журна́лы, джи́нсы, ди́ски

10) **Н***айди́ пра́вильные слова́ и допо́лни предложе́ния. Achte auf den Aspektgebrauch.*

прочита́ть/чита́ть; написа́ть/писа́ть; встре́титься/встреча́ться; послу́шать/слу́шать; посмотре́ть/смотре́ть

Бори́с Аку́нин всегда́ ■ детекти́вы,	мы ■ три фи́льма.
Я ■ кни́гу три дня,	а зате́м ■ докла́д.
За́втра на экску́рсии в Ду́ме мы снача́ла ■ со спи́кером,	а сейча́с он ■ кни́гу для дете́й.
Вчера́ мы весь ве́чер ■ фи́льмы в кино́ нон-сто́п,	но ещё не ■.

Э́то ты уже́ уме́ешь.

- Что вы бу́дете де́лать за́втра?
- За́втра мы бу́дем игра́ть в хокке́й.
- За́втра мы снача́ла посмо́трим игру́, а пото́м встре́тимся в па́рке с Са́шей и И́рой.
- Вчера́ я це́лый день отдыха́ла и чита́ла журна́лы.
- Я прочита́ла журна́лы *Нео́н* и *Ли́за*.

11) **П***ослу́шайте спорти́вные но́вости и скажи́те, что пра́вильно.*

1. Сего́дня президе́нт Росси́и рабо́тал в Кремле́.
2. Дми́трий Медве́дев посмотре́л баскетбо́льный матч Росси́и с Испа́нией.
3. Дина́ра Са́фина бу́дет игра́ть в фина́ле Олимпи́йских игр.
4. Футбо́льная кома́нда Росси́и снача́ла встре́тится с мини́стром спо́рта, а пото́м посмо́трит кино́.

12) **Ш***ко́льные но́вости. Verfasse mit deinem Partner Nachrichten über Ereignisse in deiner Klasse und an deiner Schule, die bereits stattgefunden haben oder stattfinden werden.*

1) На ры́нке – *auf dem Markt*

In Russland haben Märkte eine lange Tradition. Auch private Personen verkaufen direkt vor Bahnhöfen oder Metrostationen kleine Artikel wie Blumen, Spielzeug und Nüsse. Eine solche Einkaufssituation unterscheidet sich von einem Supermarkteinkauf nicht nur durch ein direktes Gespräch mit den Verkäufern, sondern auch durch eine besondere Sprache.

а) Послу́шай, что говоря́т продавцы́ на ры́нке. Как ты ду́маешь, что здесь мо́жно купи́ть?

Вот смотри́те, каки́е краси́вые *футбо́лочки* и *ю́бочки*, недороги́е. Покупа́йте!

Вот, пожа́луйста, Ва́ши *конфе́тки*. Посмотри́те, у Вас 20 *копе́ечек* не бу́дет? У меня то́лько 1 рубль.

Так, вот есть у меня́ *молочко́, сыро́чек, колба́ска*. Всё о́чень вку́сное.

Что хоти́те? Вот *апельси́нчики* и *я́блочки*. *Килогра́ммчик* сто́ит всего́ 50 рубле́й.

я́блоко – Apfel

б) Welche Entsprechungen zu den kursiv markierten Wörtern kannst du im Deutschen finden? Welche Wirkung erzeugen diese Verkleinerungsformen?

M 1)

Ты чита́ешь росси́йский мо́дный журна́л.
Твоя́ подру́га то́же интересу́ется мо́дой.
Расскажи́, что говоря́т росси́йские диза́йнеры.

Ле́то – вре́мя цве́та. Мы все хоти́м носи́ть краси́вую оде́жду в э́тот пери́од. Мо́жно поду́мать о гардеро́бе. Что говоря́т мо́дные диза́йнеры?

Како́й цвет? В но́вом сезо́не нас бу́дет ждать триу́мф жёлтого цве́та. В це́нтре лимо́нные и апельси́новые тона́. Есть и альтернати́вы: фиоле́товый, се́рый и голубо́й.

В чём ходи́ть? В э́том сезо́не пла́тье – э́то фавори́т. Актуа́льные моде́ли – романти́ческие силуэ́ты.

Хит сезо́на – шо́рты с то́пом, блу́зкой или руба́шкой. Ещё все бу́дут носи́ть голубы́е джи́нсы в комбина́ции с бе́лой руба́шкой. В мо́де и этни́ческие моти́вы. Актуа́льные сти́ли – э́то сафа́ри, romantic, морско́й и «америка́на».

M 2)

В России, на Чёрном мо́ре, есть ла́герь Орлёнок.
Э́то интернациона́льный де́тский центр. Ребя́та из Герма́нии, А́нглии и Росси́и отвеча́ют на вопро́сы журнали́ста, расска́зывают об о́тдыхе.
Vermittle in dem Gespräch.

Журнали́ст: Здра́вствуйте, ребя́та. Я хочу́ спроси́ть вас об о́тдыхе в це́нтре *Орлёнок*. Ната́ша, скажи́ пожа́луйста, чем вы занима́лись?

Ната́ша: Мой сезо́н был о́чень интере́сный, он называ́лся *Те́рра Инко́гнита*. Мы занима́лись альпини́змом и пла́вали в мо́ре. Го́ры и мо́ре мне о́чень нра́вятся.

Журнали́ст: Джон, ты то́же был вме́сте с Ната́шей в э́том сезо́не. А тебе́ понра́вился (hat gefallen) ла́герь?

John: Yes, I did. I enjoyed it very much. I took part in Orlyonok's Eco Project. During the whole session we were writing articles about sea life. Yesterday we presented our posters.

Журнали́ст: Ла́ура, а ты то́же занима́лась Экопрое́ктом?

Laura: Nein, ich habe an einem Sportprogramm teilgenommen. Ich interessiere mich sehr für Sport. Wir haben uns mit der Geschichte der Olympischen Spiele beschäftigt. Jeden Tag haben wir Basketball, Fußball oder Volleyball gespielt. Morgen ist unsere Olympiade. Erst spielen wir Volleyball und danach Fußball.

Журнали́ст: Спаси́бо вам, ребя́та. До свида́ния.

Э́то на́до знать.

Г1) *Personalpronomen der 3. Person Singular und Plural und Demonstrativpronomen э́тот: Deklination*

Nom.	он – э́тот	она́ – э́та	оно́ – э́то	они́ – э́ти
Akk.	его́ – э́тот/э́того[1]	её – э́ту	его́ – э́то	их – э́ти
Dat.	ему́ – э́тому	ей – э́той	ему́ – э́тому	им – э́тим

[1] ! Merke: э́того steht bei Personen, э́тот bei unbelebten Dingen.

Г2) *Verben: Präteritum*

Infinitiv	он, я, ты	она́, я, ты	оно́	мы, вы, они́
быть	был_	была́	бы́ло	бы́ли
де́лать	де́лал_	де́лала	де́лало	де́лали

Г3) *Reflexive Verben*

Die reflexiven Verben sind durch -ся (nach Konsonant) oder -сь (nach Vokal) gekennzeichnet.
Infinitiv: занима́ться

Zahl	Person	Präsens	Präteritum
Sg.	1. я 2. ты 3. он, она́	занима́юсь занима́ешься занима́ется	занима́лся/занима́лась
Pl.	1. мы 2. вы 3. они́	занима́емся занима́етесь занима́ются	занима́лись

Г4) *Verben: Aspekte*

Russische Verben werden nach dem Aspekt unterschieden, das heißt in Hinsicht auf den Vollzug der Handlung. Einem deutschen Verb entsprechen im Russischen meist zwei Verben, die dieselbe Wortbedeutung haben, z.B.: machen – сде́лать/де́лать. Сде́лать ist ein Verb des vollendeten Aspekts, де́лать ein Verb des unvollendeten Aspekts. Diese zwei bilden ein Aspektpaar.

Vollendete Verben	Unvollendete Verben
bezeichnen das Ergebnis einer Handlung oder ihre Einmaligkeit	bezeichnen Verlauf, Dauer oder Wiederholung einer Handlung
Abschluss, Ergebnis einer Handlung	Verlauf, Dauer einer Handlung
Вчера́ Ка́тя прочита́ла две кни́ги.	Вчера́ Ка́тя до́лго чита́ла кни́гу.
Mehrere aufeinander folgende Handlungen	Mehrere gleichzeitig ablaufende Handlungen
За́втра Ди́ма посмо́трит фи́льм, а пото́м напи́шет e-mail.	Анто́н бу́дет гуля́ть по го́роду и фотографи́ровать.

Г5) *Verben: Einfaches und zusammengesetztes Futur*

Einfaches Futur – vollendeter Aspekt: Я снача́ла посмотрю́ телеви́зор, а пото́м сде́лаю уро́ки.
Zusammengesetztes Futur – Form von быть + unvollendeter Aspekt: Что ты бу́дешь де́лать за́втра?

Г6) *Substantive: Genitiv, Akkusativ, Präpositiv Plural*

	Belebt: Akk. Pl. = Gen. Pl.		Unbelebt: Akk. Pl. = Nom. Pl.		
	m	f	m	f	n
Nom. Pl.	футболи́сты	учи́тельницы	стадио́ны	ю́бки	пи́сьма
Gen. Pl.	футболи́стов	учи́тельниц_	стадио́нов	ю́бок_	пи́сем_
Akk. Pl.	футболи́стов	учи́тельниц_	стадио́ны	ю́бки	пи́сьма
Präp. Pl.	о футболи́стах	об учи́тельницах	на стадио́нах	в ю́бках	о пи́сьмах

Урóк 5 Моя́ шкóла

5

Гимназия 148

- *О гимназии*
- *Проекты учеников*
- *Символы гимназии*
- *Как к нам доехать?*
- *Материалы к урокам*
- *Неформальный форум учеников*

О гимназии 148

Наша гимназия новая. В классах есть современная техника, есть теннисный корт. Бассейна пока нет, но он скоро будет. Учителя

У наших учеников всегда хорошие →

В апреле у нас будет Неделя математики. На уроках ребята будут работать вместе с →

Директор гимназии – Ирина Валентиновна Сахарова. Она уже →

Вы можете к нам доехать: на метро до стáнции *Останкино* →

Проекты учеников:
- Газета *Циферблат* →
- Пятиклассники рисуют →
- Сайт *Компьютерные игры*. Здесь можно →

1. Was erfährst du auf der aufgerufenen Website über diese Schule?
2. Welche Informationen kann man noch abrufen?
3. Welche Informationen würden dich noch interessieren?
4. Vergleiche diese Website mit der eurer eigenen Schule.
   Gibt es die Website eurer Schule auch auf Russisch?
   Erkundige dich, ob du helfen darfst, sie zu gestalten oder zu aktualisieren.

1) Кто? С кем? О чём? Г 1

а) Прочита́й.

Зи́на: Ты не зна́ешь Лёшу?
Ма́ша: Я не поняла́. Кого́?
Зи́на: Лёшу. Он там стои́т.
Ма́ша: Да, зна́ю. А скажи́, с кем он говори́т?
Зи́на: С Ю́лей из деся́того кла́сса.
Ма́ша: А интере́сно, о чём они́ говоря́т.
Зи́на: Да, интере́сно.

И́горь: Ой, ребя́та, моби́льника нет. Где он?
Алёша: Чего́ нет?
И́горь: Моби́льника.
Алёша: Ты ведь его вчера́ Вади́му дал.
И́горь: Кому́ дал?
Алёша: Вади́му.
И́горь: Ах, да, пра́вильно.

б) Stelle eine Tabelle mit allen Kasusformen von кто *und* что *aus den beiden Dialogen zusammen. Ergänze die Formen, die fehlen.*

в) Verfasst Dialoge, in denen ihr Rückfragen stellt. Verwendet verschiedene Kasusformen von кто *und* что.

2) Вопро́сы неме́цкой учени́це Г 2

Ли́за из Три́ра в гостя́х у шко́льников в Тро́ицке.
а) Послу́шай, что спра́шивают росси́йские ученики́.

б) Что Ли́за отвеча́ет? Вы́бери отве́ты.

ещё англи́йский и лати́нский | велоспо́ртом | не о́чень | да, ча́сто | в гимна́зии, в девя́том кла́ссе | чита́ю, но не мно́го, пока́ я зна́ю то́лько Че́хова

в) А как ты отве́тишь на э́ти вопро́сы?

3) Fragepronomen und Adjektive

a) Übertrage die Tabelle in dein Heft. Vervollständige die Übersicht über die Kasusformen des Fragepronomens какой *und der Adjektive im Singular. Es fehlen noch 4 Kasus. Vergleiche mit den Endungen von* кто *und* что. *Welche Endungen sind gleich oder ähneln sich?*

Nom.	како́й	ру́сский	кака́я	ру́сская
Gen.	како́го	ру́сского	како́й	ру́сской

б) Вы́бери слова́ с пра́вильным оконча́нием.

Та́ня лю́бит пе́ть. По́сле уро́ков она́ поёт в ★ хо́ре. (шко́льной, шко́льном, шко́льному)
Да́ша лю́бит ходи́ть по ★ у́лице ★ го́рода. (гла́вной, гла́вную, гла́вному; родну́ю, родно́й, родно́го)
Рестора́н ря́дом со ★ собо́ром, недалеко́ от ★ шко́лы. (ста́ром, ста́рой, ста́рым; но́вую, но́вой, но́вого)
Я́на сиди́т в ★ ко́мнате и чита́ет ★ кни́гу. (ую́тной, ую́тному, ую́тным; люби́мого, люби́мую, люби́мом)

4) В росси́йской шко́ле

а) Прочита́й текст. Что в э́той гимна́зии не так, как в твое́й шко́ле?

Со́ня и Андре́й у́чатся в гимна́зии № 24 в Санкт-Петербу́рге. Они́ ученики́ 9-го кла́сса, но пока́ они́ учи́лись в шко́ле то́лько 8 лет. В нача́льной шко́ле Со́ня и Андре́й учи́лись три го́да, а пото́м они́ пошли́ сра́зу в 5-й класс. Когда́ они́ бы́ли в 1-м кла́ссе, они́ дари́ли учи́тельнице цветы́. Ле́том шко́льники всегда́ до́лго отдыха́ют. Кани́кулы для́тся три ме́сяца. Когда́ ученики́ в Росси́и получа́ют 1 (едини́цу) или 2 (дво́йку), до́ма их ждут серьёзные пробле́мы. Но Со́ня и Андре́й у́чатся хорошо́ и получа́ют то́лько хоро́шие оце́нки. Со́ня даже ча́сто получа́ет 5 (пятёрки). Когда́ по́сле 11-го кла́сса Со́ня и Андре́й бу́дут учи́ться в университе́те, им бу́дет всего́ 16 и́ли 17 лет.

б) Пра́вильно и́ли непра́вильно?

1. Со́ня у́чится в 8-м кла́ссе.
2. В нача́льной шко́ле Со́ня учи́лась 3 го́да.
3. Со́ня и Андре́й вме́сте учи́лись в 4-м кла́ссе.
4. Ле́том ру́сские шко́льники не у́чатся два ме́сяца.
5. Андре́й и Со́ня мо́гут учи́ться в университе́те в 16 и́ли 17 лет.

в) А вы? В како́й шко́ле, в како́м кла́ссе вы у́читесь?
Ско́лько лет вы учи́лись в нача́льной шко́ле?
В како́м кла́ссе вы бу́дете учи́ться в сле́дующем году́?
Спроси́те партнёра.

5) Ученики́ у́чатся у учи́теля. DE

a) Welche Bedeutungen haben die einzelnen Wörter mit der Wurzel уч-*?*

уч	е́бник е́бный ени́к ени́ца е́ние	уч	и́ть и́ться и́тель и́тельница

б) Das Wort учи́ться *lässt sich nicht immer in gleicher Weise übersetzen. Finde für jeden Satz in Übung 4 б) die beste Übersetzung.*

6) Со́ня и Андре́й получа́ют пятёрки.

а) Ру́сские ученики́ получа́ют «стра́нные» оце́нки. Допо́лни табли́цу в тетра́ди.

пятёрка | 5 (пять) | отли́чно, о́чень хорошо́

→ тро́йка, четвёрка, едини́ца, дво́йка
→ пло́хо, хорошо́, о́чень пло́хо, удовлетвори́тельно

б) Wie wäre dein letztes Zeugnis im russischen Notensystem ausgefallen?

в) Как ты ду́маешь, каку́ю оце́нку получи́л ма́льчик? Так и называ́ется карти́на.

7) Предме́ты в шко́ле

a) Ordne gemeinsam mit deinem Partner folgende Begriffe einander zu:

★ есте́ственные нау́ки ★ иностра́нный язы́к ★ рисова́ние ★ обществове́дение ★ физкульту́ра ★ пра́во ★ факульта́ти́в ★ неде́ля ★ ста́ршие кла́ссы ★ предме́т ★ большинство́ ★ эконо́мика ★

физкульту́ра = физи́ческая культу́ра

★ Wirtschaft ★ fakultativer Unterricht ★ Zeichnen ★ Fremdsprache ★ Mehrheit ★ Woche ★ Naturwissenschaften ★ Fach ★ Gesellschaftskunde ★ Rechtslehre ★ Oberstufe ★ Sport ★

б) Höre dir den Text einmal aufmerksam an. Schreibe auf Deutsch alle Schulfächer auf, an die du dich erinnerst. Vergleiche mit deinem Partner. Wer hat mehr gefunden?

в) Höre dir den Text ein zweites Mal an. Sind die folgenden Aussagen richtig oder falsch?

1. Die Fächer in Russland und Deutschland sind gleich.
2. Es werden vier Naturwissenschaften genannt.
3. Alle russischen Schüler haben Ethik.
4. Latein wird nicht unterrichtet.
5. Es gibt keinen Mathematikunterricht.
6. Russisch wird in vier Teilfächern unterrichtet.

8) Расписа́ние уро́ков

а) Вот часть расписа́ния уро́ков 9б кла́сса. Прочита́й.

Расписа́ние уро́ков 9 б кла́сса						
	Понеде́льник	Вто́рник	Среда́	Четве́рг	Пя́тница	Суббо́та
1	*А́лгебра*	*Ру́сский язы́к*	*Литерату́ра*	*Физкульту́ра*	*Биоло́гия*	*Му́зыка*
2	*Хи́мия*	*Геоме́трия*	*Обществове́д.*	*Рисова́ние*	*Литерату́ра*	*Нем. язы́к*

б) А како́е у тебя́ расписа́ние уро́ков? ✓ Г 3

Скажи́,

– каки́е предме́ты у тебя́ в понеде́льник (во вто́рник, в сре́ду, в четве́рг, в пя́тницу, в суббо́ту).
– ско́лько уро́ков у тебя́ в четве́рг (в сре́ду, в день, в неде́лю).
– в како́й день неде́ли у тебя́ ру́сский язы́к (биоло́гия, физкульту́ра).
– на како́м уро́ке во вто́рник (в пя́тницу) у тебя́ фи́зика (англи́йский язы́к, исто́рия).

9) А когда́ вы отдыха́ете?

а) Der Dialog ist durcheinander geraten. Stellt die richtige Reihenfolge wieder her. Lest dann mit verteilten Rollen.

б) Расскажи́, что ты де́лаешь в суббо́ту и в воскресе́нье. А что ты де́лаешь по́сле шко́лы?

Э́то ты уже́ уме́ешь.
– О чём вы говори́те?
– О неме́цкой шко́ле.
– Я учу́сь в гимна́зии, в 8-м кла́ссе.
– Ру́сский язы́к у меня́ во вто́рник.
– Ле́на ча́сто получа́ет пятёрки.
– Како́й твой люби́мый предме́т?
– Мой люби́мый предме́т – матема́тика.

10) Из мое́й биогра́фии (часть 1)

Schreibe einen Teil deines Lebenslaufs (bisherige Schulen, jetzige Schule und Klasse, Lieblingsfächer und Sprachen, Fächer mit guten Noten, Hobbys außerhalb der Schule).

5А
5Б
5В
5Г

1) Пе́рвое сентября́

а) Посмотри́те на фотогра́фии и прочита́йте вопро́сы и отве́ты.

почему́

Почему́ пе́рвое сентября́ – тако́й ва́жный день в Росси́и?

потому́ что

Э́то ва́жный день для ученико́в, потому́ что э́то нача́ло уче́бного го́да. Пе́рвое сентября́ – э́то пра́здник. Он называ́ется День зна́ний.

Почему́ ребя́та но́сят пра́здничную оде́жду?

Ма́ленькие де́вочки ча́сто но́сят больши́е бе́лые ба́нты в волоса́х, потому́ что э́то краси́во.

Почему́ у ребя́т в рука́х цветы́?

У них цветы́, потому́ что ребя́та хотя́т подари́ть цветы́ учителя́м.

Почему́ ма́ленькая де́вочка сиди́т на плеча́х ма́льчика?

Первокла́ссница звони́т в колоко́льчик[1], потому́ что э́то сигна́л к нача́лу уче́бного го́да. Пото́м все иду́т на уро́к.

[1] Glöckchen

б) Спроси́те партнёра. Der eine Partner deckt die Fragen ab, der andere die Antworten.
Rekonstruiert dann zusammen zu jedem Bild die passenden Fragen und Antworten.

в) Спросите и ответьте.

(П) – Тебе́ нра́вится росси́йский пра́здник День зна́ний? Почему́?
– Мне нра́вится э́тот пра́здник, потому́ что все но́сят пра́здничную оде́жду.

г) Denkt euch weitere Fragen zu den Fotos aus und stellt sie eurem Partner. Benutzt dazu die Fragepronomen кто, что *und* како́й *in möglichst vielen verschiedenen Kasus.*

2) Прослу́шай стихи́ и вы́учи их.

Первокла́шка, первокла́ссник,
у тебя́ сего́дня пра́здник.
Он серьёзный и весёлый –
Встре́ча пе́рвая со шко́лой.

3) Но́вый уче́бный год

По́сле пе́рвого звонка́ у ученико́в всегда́ мно́го вопро́сов.

а) Прочита́йте ми́ни-диало́ги.

– Еле́на Па́вловна, с каки́ми ученика́ми Вы хоти́те организова́ть веб-сайт шко́лы?	– Я пока́ то́чно не зна́ю. Я ду́маю, с ученика́ми 11а кла́сса.
– Окса́на Алексе́евна, Вы не зна́ете, ско́лько но́вых ученико́в у́чатся в восьмы́х кла́ссах?	– Зна́ю. В 8а пять, а в 8б шесть. Они́ все из гимна́зии № 79.
– Мари́я Бори́совна, ребя́та бу́дут учи́ть иностра́нные языки́ в ма́леньких гру́ппах, как в про́шлом уче́бном году́?	– По неме́цкому языку́ у нас три гру́ппы. А англи́йский язы́к бу́дет, к сожале́нию, в большо́й гру́ппе.
– Анато́лий Влади́мирович, бу́дут у нас олимпиа́ды по иностра́нным языка́м?	– Да, бу́дут. Олимпиа́ды по неме́цкому и англи́йскому языка́м бу́дут в апре́ле.

б) Bestimme Kasus und Numerus der Adjektive und Substantive in den Dialogen.
Benenne das Genus. Gib dann die entsprechende Singularform an. ✔ Г4

(П) с каки́ми ученика́ми = *Instrumental Plural* → *Genus: m* → *Singular:* с каки́м ученико́м

4) Что в су́мке?

а) Посмотри́ и запо́мни. Schau dir diese Schulsachen mit ihren russischen Bezeichnungen eine Minute lang an. Schließe das Buch und schreibe danach alle auf, an die du dich erinnerst. Vergleiche dann mit deinem Partner. Wer hat mehr?

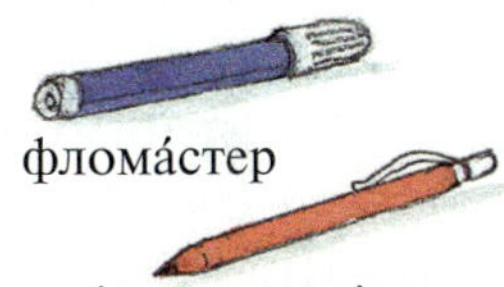

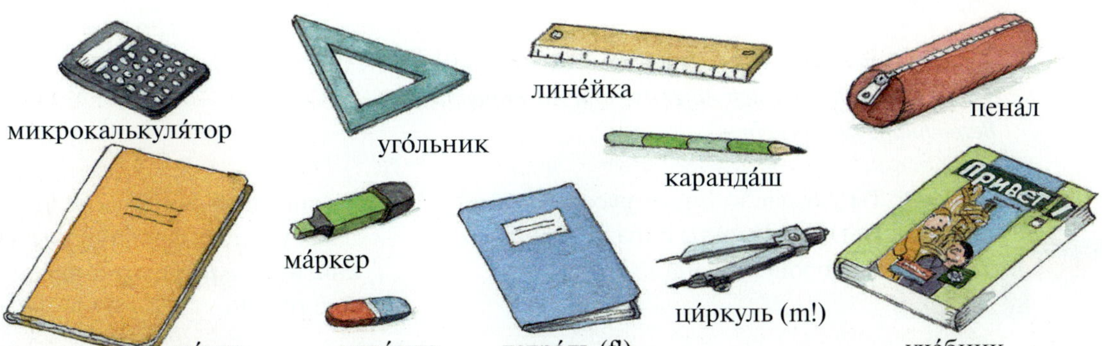

б) Bildet Sätze mit Adjektiven.

(П) – У тебя́ есть но́вый уго́льник? Дай мне, пожа́луйста, уго́льник.
– У меня́ нет но́вого уго́льника.

5) Хоро́ший учени́к у́чится хорошо́. ◄ Г 5

a) Vergleiche die Sätze und gib an, worin der Unterschied zwischen Adjektiven und Adverbien besteht.

– Па́па, я пра́вильно отве́тил на вопро́с?
– Да, Ми́ша, э́то пра́вильный отве́т.

– Раи́са Серге́евна, Вам удо́бно сиде́ть?
– Да-да́, э́то о́чень удо́бный дива́н.

– Ма́ма, я краси́во нарисова́ла?
– Да, А́ннушка, э́то о́чень краси́вая карти́на.

– Послу́шай, Макс. Како́е ужа́сное пе́ние!
– Ой, да. Он ужа́сно поёт.

б) Bilde Sätze mit diesen Verben und passenden Adverbien.

говори́ть ★ петь ★ чита́ть ★ отдыха́ть ★ писа́ть ★ расска́зывать ★ понима́ть ★ рисова́ть ★ учи́ться

интере́сно ★ краси́во ★ поня́тно ★ пло́хо ★ ти́хо ★ хорошо́ ★ серьёзно ★ ужа́сно ★ отли́чно

(П) – Ле́на всегда́ говори́т ти́хо. – Я тебя́ отли́чно по́нял. – Ты о́чень краси́во рису́ешь.

6) Ты у́чишь ру́сский язы́к? Ты уме́ешь говори́ть по-ру́сски?

a) Wie unterscheiden sich Adjektive und Adverbien bei der Bezeichnung für Sprachen?

– Ты уже́ давно́ у́чишь ру́сский язы́к?
– Нет. А почему́ ты спра́шиваешь?
– Ты хорошо́ говори́шь по-ру́сски.

– Ты зна́ешь францу́зский язы́к?
– Я могу́ чита́ть францу́зские де́тские кни́ги, но говори́ть по-францу́зски ещё тру́дно.

б) Bildet ähnliche Dialoge mit den Adjektiven und Adverbien, die von folgenden Ländern abgeleitet sind. Sucht die Ableitungen im Wörterbuch oder fragt russischsprachige Mitschüler.

А́нглия | Ита́лия | Че́хия | По́льша | Испа́ния | Португа́лия | Нидерла́нды (!) | Да́ния

7) Серёжа расска́зывает о семье́.

а) Прочита́й текст и вставь пра́вильные оконча́ния.

Моя́ ма́ма – споко́йн■ челове́к. Она́ всегда́ серьёзн■ и аккура́тн■ рабо́тает. Она́ матема́тик.

А моя́ сестра́ Зи́на хо́чет стать модлье́ром. Она́ сти́льн■ де́вушка. Зи́на краси́в■ рису́ет оде́жду.

А мой па́па – весёл■, темпера́ментн■, он хорош■ уме́ет рабо́тать с детьми́. Он учи́тель.

Я, как и ма́ма, серьёзн■ челове́к. Я люблю́ говори́ть по-неме́цк■. Я хочу́ стать перево́дчиком.

б) Viele Berufsbezeichnungen und Adjektive lassen sich leicht erschließen. Ergänze die Suffixe und Endungen. Wie heißen diese Berufe und Charaktereigenschaften auf Deutsch und in den anderen Fremdsprachen, die du kennst? SV

	Он матема́т**ик**, она́ модель**е́р**.	Она́ акти́в**ный** челове́к.
-ист	журнали́**ст**, программ✱, юр✱, эконом✱	спорти́в✦, симпати́ч✦,
-лог	архео́**лог**, био́◆, гео́◆, зоо́◆, психо́л◆, метеоро́◆	практи́ч✦, серьёз✦,
-ер	инжен**е́р**, ме́недж●, милицион●,	аккура́т✦, популя́р✦,
	веб-диза́йн●, ма́кл●	музыка́ль✦,
-ик	матема́т**ик**, поли́т✱, фи́з✱, хи́м✱, исто́р✱,	темпера́мент✦
-чик	лёт**чик**, перево́д⬟	

8) Кем ты хо́чешь стать?

Erzähle, was du werden willst und warum.

(П) Я хочу́ стать экономи́стом, потому́ что я практи́чный челове́к и люблю́ аккура́тно рабо́тать.

Э́то ты уже́ уме́ешь.

- Я учи́лась в нача́льной шко́ле четы́ре го́да.
- Я интересу́юсь иностра́нными языка́ми.
- Почему́ ты не занима́ешься пе́нием? Ты уме́ешь краси́во петь!
- Она́ весёлая де́вушка.
- Ты говори́шь по-англи́йски?
- Я совсе́м не зна́ю голла́ндский язы́к.
- Почему́ ты хо́чешь стать юри́стом?

9) Из моéй биогра́фии (часть 2).

*Ergänze deinen Lebenslauf, indem du über deine positiven Charaktereigenschaften (*Was für ein Mensch bin ich?*), Stärken (*Was kann ich gut?*) und Berufsabsichten (*Was will ich werden?*) berichtest.*

1) Времена́ го́да ◂ Г4

а) Прочита́й.

Март, апре́ль, май – э́то весна́.	Ию́нь, ию́ль, а́вгуст – э́то ле́то.	Сентя́брь, октя́брь, ноя́брь – э́то о́сень.	Дека́брь, янва́рь, февра́ль – э́то зима́.

б) В како́м ме́сяце у вас кани́кулы: весно́й, ле́том, о́сенью и зимо́й? Ско́лько неде́ль они́ дл́ятся? Обрати́ внима́ние на ударе́ние.

(П) Весно́й у нас кани́кулы в ма́рте и́ли в апре́ле. Они́ дли́тся две неде́ли. Зимо́й у нас кани́кулы два ра́за: в декабре́ и в январе́ кани́кулы дли́тся две неде́ли, а в феврале́ – почти́ одну́ неде́лю.

в ма́рте, в ма́е, в а́вгусте

в апре́ле, в ию́не, в ию́ле

!

в сентябре́, в октябре́, в ноябре́, в декабре́, в январе́, в феврале́

в) Когда́ кани́кулы в Росси́и? Найди́ информа́цию в Интерне́те и́ли спроси́ у партнёров по обме́ну.

2) Мой день рожде́ния ◂ Г4

а) Прочита́й. Stelle die verschiedenen Möglichkeiten zusammen, wie man Geburtstag und Geburtsort ausdrücken kann.

Моё и́мя – Ли́за. Два́дцать восьмо́е ма́я – мой день рожде́ния. Я родила́сь в Но́вгороде в ты́сяча девятьсо́т девяно́сто восьмо́м году́. (28. 5. 1998)

Я роди́лся седьмо́го декабря́ ты́сяча девятьсо́т се́мьдесят второ́го го́да в Санга́ре. Э́то в Яку́тии. Зову́т меня́ Серге́й Филипе́нко. (7. 12. 1972)

Меня́ зову́т Серёжа. Я роди́лся в Уфе́ на Ура́ле в две ты́сячи пе́рвом году́. Мой день рожде́ния семна́дцатого октября́. (17. 10. 2001)

Меня́ зову́т Екатери́на Ива́новна Шаро́ва. Я родила́сь четы́рнадцатого сентября́ ты́сяча девятьсо́т шестьдеся́т пе́рвого го́да. (14. 9. 1961)

б) Wiederhole zuerst die Ordnungszahlen. (→ 3Б/10) Gib dann an, wer wann und wo geboren wurde.

Ви́тя: 11. 11. 1989 О́мск	Ната́ша: 9. 8. 1994 Сама́ра	Мари́на: 2. 2. 1972 Псков	я, ма́ма, па́па, брат, сестра́
Лари́са: 17. 6. 1987 Со́чи	Его́р: 23. 4. 2009 Каза́нь	Ми́ша: 13. 5. 1991 Орёл	ба́бушка, де́душка, дя́дя, тётя

3) У *нас так говоря́т.* ◂ Г6

In diesen Sätzen fehlt das Subjekt. Welche Verbform wird verwendet?
Wie übersetzt man diese Verbform ins Deutsche?

Ру́сского дру́га Себа́стиана зову́т Анто́н.
У нас в семье́ о́чень лю́бят пра́здновать дни рожде́ния в рестора́не.
В росси́йских шко́лах пра́зднуют пе́рвое сентября́.

Ра́ньше Санкт-Петербу́рг называ́ли Петрогра́д и Ленингра́д.
В шко́ле № 149 не но́сят джи́нсы и футбо́лки.

4) Пра́здники в ра́зных стра́нах DE | EN

а) Как называ́ют э́ти пра́здники в Герма́нии и в А́нглии?
Когда́ их отмеча́ют?

Па́сха ★ Рождество́ ★ Тро́ица ★ Хе́ллоуин ★ Ма́сленица ★ День свято́го Валенти́на ★ Но́вый год

Pfingsten ★ Valentinstag ★ Ostern ★ Neujahr ★ Halloween ★ Weihnachten ★ Fasching/Fastnacht/Karneval

Whitsun ★ Easter ★ New Year ★ Valentine's Day ★ Christmas ★ Halloween

(П) Па́сху в Герма́нии называ́ют *Ostern*, а в А́нглии *Easter*.
Этот пра́здник отмеча́ют весно́й, в ма́рте и́ли в апре́ле.

б) Каки́е пра́здники ты ещё зна́ешь? В каки́х стра́нах их отмеча́ют и когда́? SV

5) А *у вас э́тот пра́здник отмеча́ют?* ◂ Г4

а) Прочита́йте диало́г.

Со́ня: 1 ма́я у нас в Росси́и – пра́здник. Э́тот пра́здник называ́ют Пра́здник Весны́ и Труда́.
Изабе́ль: Я зна́ю э́тот пра́здник. Его́ в Герма́нии называ́ют *Tag der Arbeit*. Э́тот день у нас то́же пра́зднуют 1 ма́я.

б) Разыгра́йте таки́е же ми́ни-диало́ги.

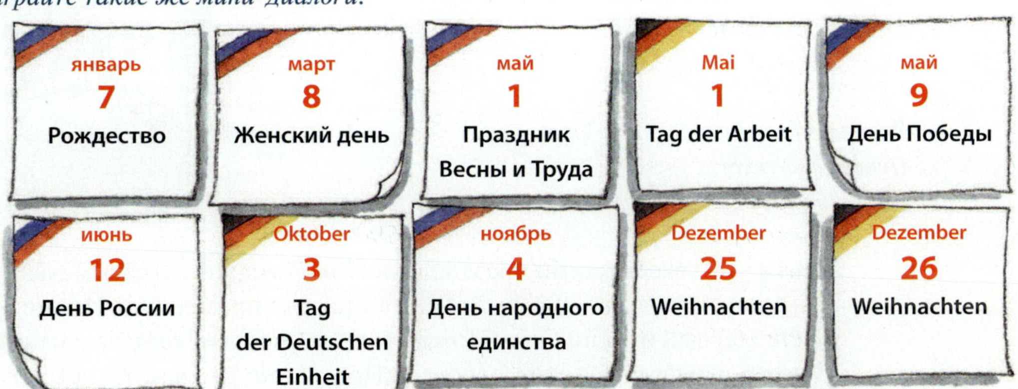

6) Поздравля́ю тебя́ с Но́вым го́дом! Жела́ю всего́ хоро́шего!

а) Прочита́й э́ти откры́тки и отве́ть на вопро́сы.

Что пи́шут в нача́ле и в конце́ откры́ток? **Кого́** поздравля́ют?
Чего́ жела́ют и **кому́**? **С чем** поздравля́ют?

Милая наша мамочка!

Поздравляем тебя с Женским днём!
Желаем тебе всего хорошего, любви, здоровья, радости, красоты!
В субботу вечером будет подарок-сюрприз!
Мы тебя крепко целуем.

Твои Лена и Миша

Дорогой господин Айхер!

Сердечно поздравляю Вас с Новым годом.
Желаю Вам всего хорошего, здоровья, счастья, успехов в работе.
От имени русской школы-партнёра,

Ирина Захарова,
директор гимназии № 41

б) Gratuliert euch gegenseitig zu den Festen, die ihr schon kennen gelernt habt.
Wünscht euch Glück, Freude, Gesundheit, alles Gute, Erfolg, Liebe, Schönheit usw.

7) Когда́ в Росси́и пра́зднуют Но́вый год?

Прослу́шай текст.
Напиши́ бу́квы А – Е в тетра́ди и поста́вь пра́вильные да́ты.

Уже́ в **А?** ве́ке в Росси́и пра́здновали Но́вый год, но тогда́ отмеча́ли э́тот пра́здник **Б?**, как э́то де́лали в Ри́ме. В **В?** году́ на́чали пра́здновать Но́вый год **Г?**. **Д?** царь Пётр Пе́рвый измени́л да́ту Но́вого го́да по европе́йскому календарю́. И тогда́ в Росси́и в пе́рвый раз отпра́здновали Но́вый год **Е?**, как э́то де́лают и сего́дня.

8) Ты ве́ришь в зна́ки зодиа́ка?

а) Прочита́й диало́г.

София и её ру́сская подру́га говоря́т о зна́ках зодиа́ка. Их те́ма: мо́жно ве́рить в зна́ки зодиа́ка?

Поли́на: Софи́я, кто ты по зна́ку зодиа́ка?

Софи́я: Знак зодиа́ка? Что это тако́е?

Поли́на: Ну, так называ́ют созве́здия[1] ме́сяца, когда́ челове́к роди́лся. Вот я, наприме́р, родила́сь 31 октября́, и я по зна́ку зодиа́ка – Скорпио́н.

Софи́я: Ах, я поняла́. Я родила́сь 22 сентября́, так я... как э́то называ́ется – де́вушка?

Поли́на: Нет. Ты по зна́ку зодиа́ка – Де́ва, как моя ба́бушка. Де́вы – споко́йные, до́брые, практи́чные лю́ди...

Софи́я: Поли́на, я не ве́рю в зна́ки зодиа́ка. Мой па́па – фи́зик, и он говори́т, что на́ши зна́ки зодиа́ка называ́ли по созве́здиям, кото́рые бы́ли две ты́сячи лет наза́д[2]. А сего́дня всё уже́ не та́к.

Поли́на: Ну, я не зна́ю. А я всё-таки[3] ве́рю в зна́ки зодиа́ка. Вот я чита́ла, что Скорпио́ны – о́чень тала́нтливые, весёлые лю́ди, как и я. Дава́й прочита́ем на́ши гороско́пы на э́ту неде́лю.

Софи́я: Гороско́пы? Ну, дава́й прочита́ем.

[1] Sternbild
[2] vor ... Jahren
[3] doch, trotzdem

б) Не все лю́ди ве́рят в зна́ки зодиа́ка.
В па́рах соста́вьте весёлые гороско́пы.

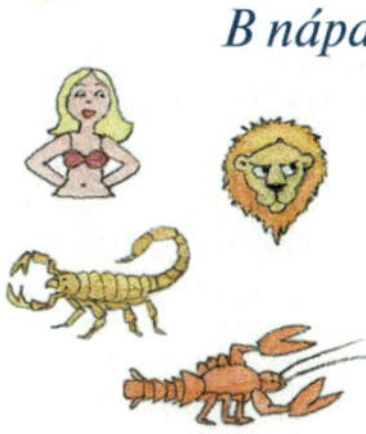

Козеро́г 22. 12–20. 01	Водоле́й 21. 01–18. 02	Ры́бы 19. 02–20. 03	О́вен 21. 03–20. 04	Теле́ц 21. 04–21. 05	Близнецы́ 22. 05–21. 06
Рак 22. 06–22. 07	Лев 23. 07–23. 08	Де́ва 24. 08–23. 09	Весы́ 24. 09–23. 10	Скорпио́н 24. 10–22. 11	Стреле́ц 23. 11–21. 12

(П) Водоле́й. Ты весёлый челове́к. Ты отли́чно уме́ешь понима́ть друзе́й. Помога́й друзья́м, когда́ у них пробле́мы. В суббо́ту у тебя́ бу́дут фина́нсовые пробле́мы. Не покупа́й дорогу́ю оде́жду! Ты мо́жешь и до́ма отли́чно отдыха́ть с мамо́й и па́пой. Твой день – понеде́льник. Твоё число́ – 195.

Э́то ты уже́ уме́ешь.

- Каки́е пра́здники отмеча́ют весно́й?
- Ско́лько неде́ль для́тся кани́кулы в ноябре́?
- Андре́й роди́лся 12 ию́ня 1997 го́да в Москве́.
- Рождество́ у нас пра́зднуют 25 декабря́.
- 8 ма́рта – Же́нский день.
- Ле́на, ты то́же родила́сь в 1997 году́?
- Поздравля́ю тебя́ с днём рожде́ния!
- Жела́ю тебе́ сча́стья и красоты́!

9) Из моéй биогра́фии (часть 3).

Ergänze deinen Lebenslauf mit genauen Angaben zu Geburtsort und Geburtstag und, wenn du möchtest, Sternzeichen. Jetzt hast du einen kompletten Lebenslauf.

1) Дневнúк

Jeder russische Schüler muss ein besonderes Heft führen – ein дневнúк.

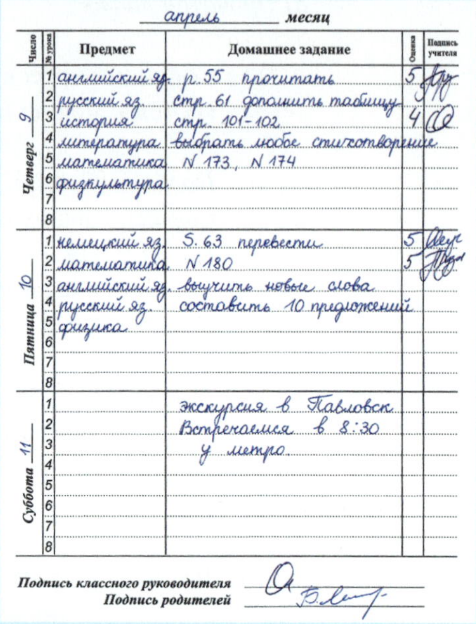

апрель месяц

Число	№ урока	Предмет	Домашнее задание	Оценка	Подпись учителя
Четверг 9	1	английский яз.	p. 55 прочитать	5	
	2	русский яз.	стр. 61 дополнить таблицу	5	
	3	история	стр. 101-102	4	
	4	литература	выбрать любое стихотворение		
	5	математика	N 173, N 174		
	6	физкультура			
	7				
	8				
Пятница 10	1	немецкий яз.	S. 63 перевести	5	
	2	математика	N 180	5	
	3	английский яз.	выучить новые слова		
	4	русский яз.	составить 10 предложений		
	5	физика			
	6				
	7				
	8				
Суббота 11	1		экскурсия в Павловск		
	2		Встречаемся в 8:30		
	3		у метро.		
	4				
	5				
	6				
	7				
	8				

Подпись классного руководителя

Подпись родителей

Es enthält
- Informationen über den Schüler selbst und über die Schulregeln,
- Angaben zu den Hausaufgaben, die der Schüler einträgt,
- wichtige Hinweise der Lehrer an die Eltern,
- Unterschrift der Eltern,
- Noten, die der Lehrer sofort einträgt.

Welche dieser Angaben enthält dein Hausaufgabenheft nicht? Welche fändest du gut, welche nicht?

2) Первоклáссники и отлúчники

а) Das Suffix -ник *kann Berufe bezeichnen, aber auch Schüler mit bestimmten Merkmalen. Um welche Schüler handelt es sich hierbei?*

отлúчник, двóечник, трóечник
первоклáссник, второклáссник, третьеклáссник, четвероклáссник, пятиклáссник, шестиклáссник, семиклáссник, восьмиклáссник, девятиклáссник

б) Bilde mit dem Suffix -ниц(а) *von den oben genannten Schülern die weibliche Form.*

в) Was verbirgt sich hinter den Wörtern хорошúст, хорошúстка?

3) Прáздники

In Russland werden an vielen Tagen bestimmte Berufe oder Einrichtungen geehrt. Dies sind zwar keine offiziellen arbeitsfreien Tage, aber auf der Arbeitsstelle und im Familien- und Freundeskreis wird durchaus gefeiert.

август
27
День кино России

а) Что здесь прáзднуют? Когдá?

январь
25
День студентов

май
7
День радио

ноябрь
10
День Милиции

октябрь
5
День учителя

декабрь
4
День информатики

б) Finde – mit Hilfe russischsprachiger Bekannter oder im Internet – weitere Feiertage dieser Art und informiere deine Mitschüler über sie. Zu vielen dieser Festtage gibt es auch spezielle Glückwunschkarten. Suche sie (im Internet oder in russischen Geschäften) und präsentiere sie deinen Mitschülern.

M 1) Но́вый учени́к из Росси́и

Ihr habt einen neuen Mitschüler aus Russland, Paul. Er spricht fast kein Deutsch und ist etwas verunsichert. Du kannst seine Fragen natürlich auf Russisch beantworten und hilfst deinem Klassenleiter beim Vermitteln der Fragen und Antworten.

Paul will Folgendes wissen:

- Пе́рвый уро́к начина́ется уже́ в семь со́рок пять?
- Когда́ в неме́цких шко́лах кани́кулы?
- Кани́кулы ле́том дли́тся то́лько пять неде́ль?
- Когда́ пе́рвый звоно́к? Каку́ю оде́жду вы но́сите в э́тот день?
- Когда́ ученики́ да́рят учителя́м цветы́?
- Где я могу́ получи́ть уче́бники? И́ли вы всегда́ покупа́ете уче́бники?
- Где первокла́ссники?
- Где и когда́ вы обе́даете?
- Отку́да ты зна́ешь ру́сский язы́к?

M 2) Кем ты хо́чешь стать?

Während eures Aufenthalts in Russland sprecht ihr mit anderen Schülern darüber, welche Berufe euch interessieren. Übersetze, was deine Mitschüler, die nicht Russisch können, sagen.

- Ich denke, dass Klara eine ausgezeichnete Journalistin wird. Sie schreibt interessant und beschäftigt sich gern mit aktuellen Fragen.
- Ich denke, Sebastian wird ein guter Politiker. Er kann gut reden und möchte den Menschen helfen.
- Ich möchte Pilot werden. Ich bin sehr sportlich, spreche gut Englisch, Französisch und Spanisch. Ich liebe die moderne Technik.
- Ich will Historikerin werden. Ich interessiere mich für Geschichte, lese viel. Ich kann genau arbeiten.

M 3) Исто́рия дня Валенти́на

Während gleichzeitig eine russische und eine englische Austauschgruppe an eurer Schule zu Besuch sind, sollt ihr ein gemeinsames Projekt zum Thema Feste durchführen. Dein Austauschpartner Sascha hat diesen Text im russischsprachigen Internet gefunden. Übersetze ihn für euer Projekt ins Deutsche und Englische. Nutze das Wörterverzeichnis.

Кто зна́ет Валенти́на?

День свято́го Валенти́на в Евро́пе отмеча́ют уже́ с XVIII ве́ка.
Валенти́н был свяще́нником в Ри́ме в III ве́ке. Когда́ в 269 году́ импера́тор Кла́вдий II запрети́л легионе́рам жени́ться, он помога́л влюблённым писа́ть пи́сьма. Валенти́на арестова́ли и казни́ли. В 496 году́ па́па ри́мский объяви́л 14 февраля́ днём свято́го Валенти́на.
В Росси́и отмеча́ют э́тот день с 1990 го́да. Люби́мому и́ли люби́мой пи́шут валенти́нки и да́рят цветы́.

Э́то на́до знать.

Г1) *Fragepronomen: Deklination*

Nom.	Gen.	Dat.	Akk.	Instr.	Präp.
кто?	кого́?	кому́?	кого́?	(с) кем?	(о) ком?
что?	чего́?	чему́?	что?	(с) чем?	(о) чём?

Г2) *Adjektive und Fragepronomen како́й: Deklination im Singular*

	m			n			f		
Nom.	как**о́й**	но́в**ый**[1]	хоро́ш**ий**[2]	как**о́е**	но́в**ое**	хоро́ш**ее**	как**а́я**	но́в**ая**	хоро́ш**ая**
Gen.	как**о́го**	но́в**ого**	хоро́ш**его**	как**о́го**	но́в**ого**	хоро́ш**его**	как**о́й**	но́в**ой**	хоро́ш**ей**
Dat.	как**о́му**	но́в**ому**	хоро́ш**ему**	как**о́му**	но́в**ому**	хоро́ш**ему**	как**о́й**	но́в**ой**	хоро́ш**ей**
Akk.	unbelebt wie Nom., belebt wie Gen.			как**о́е**	но́в**ое**	хоро́ш**ее**	как**у́ю**	но́в**ую**	хоро́ш**ую**
Instr.	как**и́м**	но́в**ым**	хоро́ш**им**	как**и́м**	но́в**ым**	хоро́ш**им**	как**о́й**	но́в**ой**	хоро́ш**ей**
Präp.	о как**о́м**	о но́в**ом**	о хоро́ш**ем**	о как**о́м**	о но́в**ом**	о хоро́ш**ем**	о как**о́й**	о но́в**ой**	о хоро́ш**ей**

[1] **!** Ebenso werden die Ordnungszahlen dekliniert.

[2] Ebenso wird die Ordnungszahl *тре́тий* dekliniert; sie erhält vor der Endung noch ein -ь- (*тре́тьего* usw.)

Г3) *Zeitangaben*

Wochentage: **в + Akk.**	Monate: **в + Präp.**	Jahreszeiten: **Instr.**
в суббо́т**у**, **в** понеде́льник__	**в** январ**е́**, **в** ма́**е**, **в** ию́л**е**	весн**о́й**, ле́т**ом**, о́сен**ью**

der 5. Mai: **Nom. Ordnungszahl + Gen. Monat**	am 5. Mai: **Gen. Ordnungszahl + Gen. Monat**
5 ма́**я** = пя́т**ое** ма́**я**	5 ма́**я** = пя́т**ого** ма́**я**
am 5. Mai 2009: **Gen. Ordnungszahl**	(im Jahr) 2009: **в + Präp. Ordnungszahl**
пя́того мая две ты́сячи **девя́того** го́д**а**	**в** две ты́сячи **девя́том** год**у́**

Г4) *Substantive, Adjektive und Fragepronomen како́й: Deklination im Plural*

	Adjektive			Substantive (1. und 2. Deklination)			
				m	n	f	
Nom.	как**и́е**	но́в**ые**	хоро́ш**ие**	предме́т**ы**	мест**а́**	шко́л**ы**	неде́л**и**
Gen.	как**и́х**	но́в**ых**	хоро́ш**их**	предме́т**ов**	мест__	шко́л__	неде́ль_
Dat.	как**и́м**	но́в**ым**	хоро́ш**им**	предме́т**ам**	мест**а́м**	шко́л**ам**	неде́л**ям**
Akk.	unbelebt wie Nom., belebt wie Gen.			unbelebt wie Nom., belebt wie Gen.			
Instr.	как**и́ми**	но́в**ыми**	хоро́ш**ими**	предме́т**ами**	мест**а́ми**	шко́л**ами**	неде́л**ями**
Präp.	о как**и́х**	о но́в**ых**	о хоро́ш**их**	о предме́т**ах**	о мест**а́х**	о шко́л**ах**	о неде́л**ях**

Г5) *Adverbien*

Adjektiv auf **-ый (ой), -ая, -ое**	Adverb auf **-о**
краси́в**ая** де́вочка	Она́ краси́в**о** поёт.
Adjektiv auf **-ский (-кий), -ая, -ое**	Adverb **по + -и**
ру́сск**ий** язы́к, неме́цк**ий** шко́льник	говори́ть **по**-ру́сск**и**, писа́ть **по**-неме́цк**и**

Г6) *Subjektlose Sätze*

3. Pers. Pl.

В Росси́и пра́зднуют Рождество́ 7 января́.
До XVIII ве́ка Но́вый год в Росси́и пра́здновали в сентябре́.

Уро́к 6 Пое́дем в Росси́ю.

6

1) *Где э́то нахо́дится?*
Ordne den Bildern die passenden Bezeichnungen zu.

Москва́ – Санкт-Петербу́рг – Чёрное мо́ре – о́зеро Байка́л – Трансси́б

2) *Что ты зна́ешь о геогра́фии Росси́и?*
Sammelt in einem „Stadt-Landschaft-Gewässer-Sehenswürdigkeit"-Spiel all eure geografischen Kenntnisse über Russland. Einigt euch vorher, welchen Preis der Sieger erhält (z. B. Mehrfachnennung: 5 Punkte; Einfachnennung: 10 Punkte; einzige Nennung: 15 Punkte).

3) *Прое́кт: В турфи́рме*
Findet mit Hilfe von Reiseprospekten, Zeitungsinseraten u. ä. Reiseziele in Russland, die deutschen Touristen angeboten werden. Gestaltet eine Collage.

6А Приходи́те к нам в го́сти!

1) До́бро пожа́ловать в Москву́! ✓ Г 1

а) Прочита́й рекла́му го́рода Москвы́.

- ***Вы хоти́те познако́миться с интере́сным го́родом?***
- ***Вы интересу́етесь исто́рией?***
- ***Вы лю́бите архитекту́ру и иску́сство?***
- ***Хоти́те де́лать шо́пинг в восто́чной столи́це мо́ды?***

Добро́ пожа́ловать в Москву́!

Столи́ца Росси́и ждёт вас! Знако́мьтесь с бога́той исто́рией го́рода в моско́вском Кремле́, на Кра́сной пло́щади, в собо́ре Васи́лия Блаже́нного. Занима́йтесь иску́сством в знамени́тых музе́ях росси́йской столи́цы: в Третьяко́вской галере́е, в музе́е им. А. С. Пу́шкина, в Кремле́. Де́лайте шо́пинг в традицио́нных магази́нах и в совреме́нных торго́вых це́нтрах: в ГУ́Ме, на Тверско́й у́лице и на Арба́те.

На́ша Москва́ – это про́сто СУ́ПЕР!

В ГУ́Ме

б) Найди́ э́ти моско́вские места́ на ка́рте го́рода.

2) Мно́го, ма́ло, не́сколько... ✓ Г 2

Скажи́, чего́ в Москве́ и в други́х города́х (о́чень) мно́го, нема́ло, не́сколько, ма́ло.

(П) В Москве́ о́чень мно́го интере́сных мест.
У нас в го́роде ма́ло па́мятников.

парк – у́лица – дом – магази́н – де́тский сад – теа́тр – кино́ – городско́й райо́н – рестора́н – остано́вка авто́буса – собо́р – шко́ла – торго́вый центр – о́зеро – бассе́йн

3) Почему́ э́то так называ́ется? ✓ Г 3

Найди́те ба́зовые слова́.

(П) Моско́в**ск**ий Кремль → Москва́
ста́нция Театра́**льн**ая → теа́тр
Истор**и́ческ**ий музе́й → исто́рия

- **-н-**: восто́ч**н**ая столи́ца, авто́бус**н**ый вокза́л, го́р**н**ый похо́д, шко́ль**н**ая футбо́лка, ме́ст**н**ая тради́ция, конце́рт**н**ый зал;
- **-онн-**: экскурси**о́нн**ый авто́бус, традици**о́нн**ый рестора́н, редакци**о́нн**ое бюро́;
- **-льн-**: танцева́**льн**ая му́зыка, чита́**льн**ый зал, музыка́**льн**ый анса́мбль;
- **-ск-**: де́т**ск**ие и́гры, Твер**ска́**я у́лица, город**ска́**я стена́, Ца́р**ск**ая ба́шня, камча́т**ск**ие вулка́ны;
- **-еск-**: класси́ч**еск**ая му́зыка, физи́ч**еск**ие экспериме́нты, техни́ч**еск**ий дире́ктор;
- **-ическ-**: географ**и́ческ**ий а́тлас, демократ**и́ческ**ая па́ртия

4) Что мы бу́дем де́лать за́втра?

а) Finde heraus, wie man Vorschläge unterbreitet und darauf reagiert.

Дава́й пойдём в ГУМ!

Дава́йте вме́сте пое́дем в Ботани́ческий сад!

Дава́йте пойдём в Истори́ческий музей!

Пойдёмте к нам в го́сти!

Кла́ссная иде́я! Коне́чно, пойдём!

А я уже вчера́ там была́. Лу́чше пое́дем в Третьяко́вскую галере́ю!

Нет, лу́чше пое́дем в Моско́вский зоопа́рк.

Вот здо́рово! Коне́чно, пойдём!

Договори́лись!

С удово́льствием!

Истори́ческий музе́й

б) Спроси́те друг дру́га и отве́тьте.

5) Приглаше́ние в го́сти

Прослу́шай приглаше́ния и отве́ть на вопро́сы.

1. Кто кого́ приглаша́ет?
2. Куда́?
3. Когда́?

6) А кого́ приглаша́ешь ты?

Напиши́ дру́гу или подру́ге приглаше́ние, е́сли хо́чешь, по e-mail.

день рожде́ния | цирк | тусо́вка | Но́вый год | юбиле́й | кафе́ | кино́ | дискоте́ка

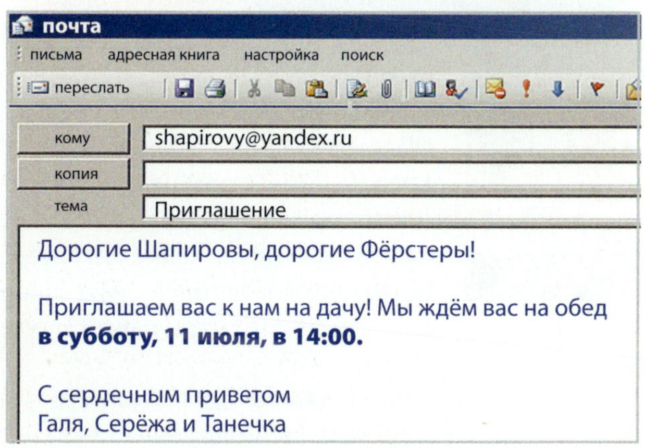

Дорогие Шапировы, дорогие Фёрстеры!

Приглашаем вас к нам на дачу! Мы ждём вас на обед **в субботу, 11 июля, в 14:00.**

С сердечным приветом
Галя, Серёжа и Танечка

7) Фёрстеры летя́т в Москву́. ◀ Г4

Erklärt, wann welches Verb verwendet wird.

Ли́за и Бернд Фёрстер летя́т в Москву́.

Они́ иду́т в Большо́й теа́тр.

Сего́дня они́ е́дут на да́чу Шапи́ровых.

Како́й сюрпри́з: Та́нечка уже́ хо́дит!

Фёрстеры лета́ли в Москву́.

Они́ ча́сто е́здили на метро́.

8) Идти́ и́ли ходи́ть?

Вставь пра́вильный глаго́л движе́ния в предложе́ния.

1. Ве́чером друзья́ [?] в кино́ на но́вый голливу́дский три́ллер. (иду́т/хо́дят)
2. Друзья́ ка́ждую неде́лю [?] в кино́. (иду́т/хо́дят)
3. Шапи́ровы лю́бят [?] на да́чу. (е́хать/е́здить)
4. – Приве́т, Ми́ша. Ты куда́ [?]? (идёшь/хо́дишь)
5. – Вчера́ мы [?] в Берли́н на рок-конце́рт. (е́хали/е́здили)
6. Англи́йский бизнесме́н ча́сто [?] в Москву́. (лети́т/лета́ет)

Собо́р Васи́лия Блаже́нного

9) Что сто́ит осмотре́ть в Москве́?

а) Послу́шай, что говори́т моско́вский экскурсово́д.

Храм Христа́ Спаси́теля

Дороги́е го́сти Москвы́, я приве́тствую вас в росси́йской столи́це. Меня́ зову́т Серге́й, я ваш экскурсово́д. В Москве́ о́чень мно́го интере́сных мест. Осмотре́ть всё про́сто невозмо́жно. Мы с ва́ми погуля́ем по Кремлю́, осмо́трим Кра́сную пло́щадь и собо́р Васи́лия Блаже́нного. Пото́м на на́шем совреме́нном авто́бусе мы доеде́м до Москвы́-Си́ти, но́вого прести́жного делово́го райо́на на Москве́-реке́, а отту́да – до Хра́ма Христа́ Спаси́теля. По́сле хра́ма мы хоти́м осмотре́ть Музе́й-панора́му «Бороди́нская би́тва» на за́паде го́рода. Мы зако́нчим на́шу экску́рсию на террито́рии Новоде́вичьего монастыря́. Отту́да на авто́бусе мы пое́дем обра́тно в центр го́рода.

б) Каки́е места́ тури́сты бу́дут осма́тривать во вре́мя экску́рсии? Покажи́ э́ти достопримеча́тельности на ка́рте го́рода.

10) Сего́дня в 10 часо́в Серге́й идёт в библиоте́ку, а вчера́ …

Finde heraus, wie das Präteritum von идти́ gebildet wird.

Спа́сская ба́шня

Вчера́ в 10 часо́в он шёл в бассе́йн.
Я позвони́ла Та́не, когда́ она́ шла в шко́лу.
Мы до́лго шли по у́лице, а пото́м поверну́ли нале́во.

11) Хамелео́н идти́ - э́то интере́сно знать.

Forme die Sätze in das Präteritum um.

По́езд идёт.

Дождь идёт.

Како́й фильм идёт?

Наш авто́бус идёт.

Снег идёт.

Часы́ иду́т.

Э́то ты уже́ уме́ешь.

– В Москве́ мно́го музе́ев и па́мятников.
– Куда́ ты е́дешь?
– Я ча́сто хожу́ в кино́.
– Дава́йте пойдём в парк.
– Приглаша́ю тебя́ ко мне в го́сти.
– Су́пер! Я с удово́льствием приду́.

12) Скажи́ по-ру́сски.

– Die Touristen gehen ins Museum.
– Wir sind im Winter in den Süden geflogen.
– Wohin ist dein Bruder gestern gefahren, als ich ihn gesehen habe?
– Sascha ist gestern in die Disco gegangen.
– Die kleine Jenny kann schon laufen.
– Der Geschäftsmann fliegt nach Sankt Petersburg.

13) Куда́ вы е́здили?

Verfasse einen kleinen Reisebericht über deine letzte längere Ferienreise.

куда́? | с кем? | где? | почему́? | как до́лго? | е́хать/е́здить | лете́ть/лета́ть | идти́/ходи́ть | достопримеча́тельности | похо́ды | архитекту́ра | экску́рсия

6Б Наш го́род-партнёр

1) Дава́йте поéдем к на́шим партнёрам в Санкт-Петербу́рг! ◂ Г 5

Прочита́й спи́сок Бри́тты и Штéфана.
Finde heraus, wie man im Russischen eine Notwendigkeit ausdrückt.

Мы гото́вимся к поéздке в Санкт-Петербу́рг.

- Нам обяза́тельно ну́жно имéть па́спорт и ви́зу. ✔
- Бри́тте ну́жно запо́лнить ра́зные формуля́ры. ✔
- Штéфану на́до организова́ть культу́рную програ́мму. ✔
- Нам на́до купи́ть но́вый фотоаппара́т. ✔
- Штéфан до́лжен вы́учить ещё бо́льше ру́сских слов. ☹
- Бри́тта хорошо́ зна́ет ру́сский. Она́ должна́ сказа́ть привéтствие. ✔
- Мы должны́ хорошо́ подгото́виться к поéздке. ✔

ну́жно/на́до verwendet man, wenn man aufgrund objektiver Umstände etwas tun muss, *до́лжен/должна́/должны́* dagegen, wenn eine moralische Verpflichtung besteht.

2) На́до или до́лжен? ◂ Г 6

Скажи́, что лю́дям на́до (ну́жно) сдéлать или что они́ должны́ сдéлать.

А Идёт но́вый, интерéсный фи́льм о Санкт-Петербу́рге.
Б Ма́ленькая Да́ша ещё не умéет чита́ть.
В Санкт-Петербу́рг – э́то тако́й краси́вый го́род!
Г У Ни́ко ещё нет ви́зы.
Д Роди́тели ждут звонка́ по телефо́ну.

1. Ка́тя должна́ позвони́ть им.
2. Вам обяза́тельно на́до идти́ в кино́.
3. Ему́ на́до éхать за ней в ко́нсульство.
4. Вы должны́ уви́деть его́.
5. Па́па до́лжен прочита́ть ей расска́з.

3) Мне ну́жно, тебé не на́до, а ему́ нельзя́.

Прочита́й предложéния и сравни́.

– Мне ну́жно купи́ть путеводи́тель по Санкт-Петербу́ргу, а ка́рту мне не ну́жно покупа́ть, потому́ что ка́рта у меня́ ужé есть.
– Нам нельзя́ забыва́ть слова́рь.
– Вам 16 лет, вам мо́жно смотрéть э́тот фильм, а Ма́ше нельзя́ – ей то́лько 8 лет.

4) Скажи́ по-ру́сски.

– Sie müssen noch Flugtickets kaufen.
– Ihr müsst euch unbedingt mit unseren Freunden treffen.
– Morgen kann man das Museum leider nicht besichtigen.
– Du darfst den Reiseführer nicht vergessen.
– Heute muss sie keine Ansichtskarte mehr schreiben.
– Zum Flughafen? Da müssen Sie mit dem Taxi oder der U-Bahn fahren.
– Wir müssen unseren Eltern noch die Telefonnummer aufschreiben.

5) Цель пое́здки – Се́верная Вене́ция.

а) Прочита́й текст о Санкт-Петербу́рге и скажи́, почему́ го́род называ́ют Се́верной Вене́цией.

Е́хать или лете́ть в Санкт-Петербу́рг ну́жно в ию́не. Э́то осо́бенное вре́мя: в Пи́тере бе́лые но́чи. Поэ́тому в го́род приезжа́ют ты́сячи тури́стов. Они́ хотя́т уви́деть бе́лые но́чи, погуля́ть по го́роду и посмотре́ть, как открыва́ются мосты́ че́рез ре́ку Неву́. Им нра́вится осма́тривать достопримеча́тельности го́рода под ночны́м не́бом. Они́ лю́бят ходи́ть по у́лицам и моста́м. Мосто́в в Санкт-Петербу́рге о́чень мно́го, потому́ что на террито́рии го́рода бо́льше[1] 120 рек и кана́лов. Архитекту́ра го́рода интере́сная – пе́рвые дворцы́, дома́ и мосты́ в истори́ческом це́нтре Санкт-Петербу́рга бы́ли постро́ены[2] в сти́ле баро́кко.

[1] mehr als
[2] wurden erbaut

б) Прое́кт: Sammle Informationen über Sankt Petersburg.

6) Санкт-Петербу́рг – это го́род, у кото́рого бы́ли ра́зные назва́ния. Г 7

а) Finde heraus, wie das Relativpronomen кото́рый *verwendet wird.*

Мои́ роди́тели бы́ли в го́роде, кото́рый называ́лся Ленингра́д.
Они́ осмотре́ли Петропа́вловскую кре́пость, кото́рая нахо́дится на о́строве.
Петрогра́д – э́то назва́ние, кото́рое го́родноси́л не́сколько лет в нача́ле XX ве́ка.
Есть мно́го петербу́ржцев, кото́рые называ́ют го́род про́сто Пи́тер.

б) Wie wird das Relativpronomen in anderen Sprachen verwendet, die du kennst? SV

7) Кто э́то?

(П) Москви́чка – э́то же́нщина, кото́рая живёт в Москве́.

актёр | пенсионе́ры | пари́жанин | учи́тельница | спортсме́н | тури́сты

8) Дороги́е го́сти, э́то вам на́до знать.

Ordne die passenden Satzteile einander zu und übersetze ins Deutsche.

А Вы бу́дете жить в Не́вском райо́не,
Б Мы пое́дем туда́ на маршру́тке,
В Там вас ждут ва́ши партнёры,
Г За́втра мы с ва́ми е́дем на экску́рсию,
Д А в сре́ду вы посети́те Эрмита́ж,
Е Ва́ша культу́рная програ́мма бу́дет сюрпри́зом на пра́здник,

1 кото́р**ая** идёт от аэропо́рта.
2 на кото́р**ой** вы уви́дите па́мятники го́рода.
3 кото́р**ый** бу́дет в проща́льный ве́чер.
4 о кото́р**ом** вы, наве́рное, уже́ мно́го слы́шали.
5 кото́р**ый** нахо́дится на восто́ке го́рода.
6 с кото́р**ыми** вы мо́жете говори́ть по-неме́цки, по-англи́йски и, коне́чно, по-ру́сски.

9) В Янта́рной ко́мнате.

а) Прослу́шай разгово́р.

– Дороги́е го́сти, сего́дня вас ждёт сюрпри́з. Мы с ва́ми е́дем в Ца́рское Село́.
– Неуже́ли мы уви́дим Янта́рную ко́мнату?!
– Да, дава́йте пое́дем. Авто́бус нас ждёт.
... че́рез два часа́ ...
– Ой, смотри́, кака́я красота́!
– Да, про́сто удиви́тельно!
– Янта́рную ко́мнату на́чали реконструи́ровать в 1976 году́. У мастеро́в бы́ли то́лько чёрно-бе́лые фотогра́фии.
– Есть лю́ди, кото́рые хотя́т найти́ оригина́льную Янта́рную ко́мнату у нас в Саксо́нии.
– Пра́вда? Э́то меня́ удивля́ет. Ра́зве Янта́рная ко́мната не сгоре́ла во вре́мя войны́?

б) Прое́кт: Собери́ информа́цию об исто́рии Янта́рной ко́мнаты (в ви́де стенгазе́ты и́ли презента́ции).

10) По́сле осмо́тра ✔ Г 8, 9

Прочита́й и переведи́.

– Э́того ги́да я почти́ всегда́ понима́ла.
– Он расска́зывал мно́го интере́сного об э́той краси́вой ко́мнате.
– А я осо́бенно интересу́юсь э́тими мастера́ми, кото́рые реконструи́ровали ко́мнату.
– Вам понра́вилась програ́мма э́того дня?

11) Кого́ ты ви́дишь?

Отве́ть на вопро́с.

Я ви́жу (э́тот экскурсово́д, э́ти музыка́нты, э́тот ма́стер, э́та тури́стка).

12) Разыгра́йте ми́ни-диало́ги.

Ⓟ – Ра́зве ты сде́лал уро́ки на за́втра?
– Сде́лал.
– Удиви́тельно!

Mit diesen Wendungen kann man Be-/Verwunderung ausdrücken:
Ра́зве? Неуже́ли? Действи́тельно? Удиви́тельно! Ой! У́жас!

Ситуа́ции: о́чень краси́вый пода́рок | снег в а́вгусте | приглаше́ние в Росси́ю | но́вое расписа́ние уро́ков | приглаше́ние на день рожде́ния | стереоаппарату́ра сто́ит совсе́м ма́ло

Э́то ты уже́ уме́ешь.

- Ты до́лжен (должна́) за́втра пойти́ в апте́ку.
- Нам на́до дать им наш но́вый а́дрес.
- В Санкт-Петербу́рг мо́жно пое́хать и на по́езде.
- Тебе́ не ну́жно поку́пать биле́ты, я уже́ купи́ла.
- Тебе́ нельзя́ забыва́ть авиабиле́ты!
- Эрмита́ж – э́то музе́й, в кото́ром 3 миллио́на экспона́тов.
- Неуже́ли реконстру́кция сто́ила не́сколько миллио́нов до́лларов?

13) Приезжа́йте к нам в го́сти!

Напиши́ приглаше́ние ру́сским партнёрам, в кото́ром есть и програ́мма визи́та.

план | в суббо́ту | вам на́до | вы мо́жете | вы бу́дете жить | конце́рт | партнёры | экску́рсия

14) Помоги́ мне, пожа́луйста! M

Deine Eltern sind mit ihrem Sportverein bei dessen russischem Partnerverein. Leider klappt die Verständigung mit ihren Gastgebern nicht immer. Hilf ihnen telefonisch.

– Sag ihnen bitte, dass wir gern die Eremitage besichtigen möchten, und frage, ob sie uns dorthin begleiten und die Tickets kaufen würden.
– С удово́льствием. А когда́ они́ хотя́т пойти́ в Эрмита́ж?
– Wir wollen am Donnerstag dorthin und möchten die beiden anschließend zum Essen einladen. Frag bitte auch, ob sie ein Restaurant kennen, in das sie immer schon einmal gehen wollten.
– Э́то большо́й сюрпри́з. Да, в четве́рг вре́мя есть. Рестора́н *Ёлки-па́лки* – э́то рестора́н традицио́нной ру́сской ку́хни. Он до́лжен вам понра́виться.
– Abgemacht. Sehr schön.

15) Wie könntest du Touristen für deine Heimat werben?

Erstelle einen russischen Reiseprospekt.

1) «Сла́вное мо́ре, свяще́нный Байка́л»

а) Прочита́й текст.

Байка́л – «бога́тое мо́ре» – так э́то чу́до приро́ды и́здавна называ́ли жи́тели Сиби́ри. Э́то прекра́сное о́зеро – о́зеро реко́рдов. Оно́ занима́ет 31,5 тыс. км^2. Э́то са́мое ста́рое о́зеро на Земле́ – ему́ 25 миллио́нов лет. Э́то са́мое глубо́кое о́зеро на Земле́ – 1637 м. Э́то са́мый большо́й приро́дный резервуа́р пре́сной воды́[1] – 22 % пре́сной воды́ ми́ра. На Байка́ле есть мно́го живо́тных, кото́рые живу́т то́лько здесь, наприме́р, байка́льская не́рпа[2]. В Байка́л впада́ет[3] 336 рек, а вытека́ет[4] то́лько одна́ – Ангара́.

Быть на Байка́ле – мечта́[5] мно́гих, и э́ту мечту́ мо́жно реализова́ть. Коне́чно, ка́ждый мо́жет пое́хать тури́стом на Байка́л, но есть лю́ди, кото́рые ду́мают, что э́то сли́шком ску́чно. Они́ хотя́т быть акти́вными, они́ хотя́т не то́лько отдыха́ть, но и помога́ть жи́телям Байка́льского регио́на. Э́ти лю́ди уча́ствуют в созда́нии[6] Большо́й Байка́льской Тропы́ (ББТ). ББТ – междунаро́дный прое́кт, в кото́ром уча́ствуют и ру́сские, и иностра́нцы. Цель э́того прое́кта – не то́лько созда́ние тропы́, но и разви́тие[7] экотури́зма в Байка́льском регио́не, охра́на окружа́ющей среды́[8]. Лю́ди, кото́рые уча́ствуют в прое́кте и прово́дят там кани́кулы, должны́ жить в пала́тках и са́ми[9] гото́вить.

[1] Süßwasser
[2] Baikalrobbe
[3] fließen hinein
[4] strömt heraus
[5] Traum
[6] Anlegung, Schaffung
[7] Entwicklung
[8] Umweltschutz
[9] selbst

9.00	завтрак
10.00–13.00	работа на тропе
13.00–15.00	обед и отдых
15.00–18.00	работа на тропе
19.00	ужин, песни у костра [1], игры…

[1] Lieder am Lagerfeuer

б) Denkt euch Fragen zum Text aus. Stellt und beantwortet sie gegenseitig.

(П) – Ско́лько лет Байка́лу? – О́зеру 25 миллио́нов лет.

2) Из «Кни́ги реко́рдов» ✔ Г 10

а) Finde heraus, wie im Russischen der zusammengesetzte Superlativ gebildet wird.

Са́мая больша́я страна́ ми́ра – это Росси́я.
Ты уже́ был в са́мом большо́м го́роде Росси́и – в Москве́?
Мно́гие тури́сты лю́бят отдыха́ть на берега́х са́мого глубо́кого и са́мого ста́рого о́зера ми́ра – на берега́х Байка́ла.

б) Скажи́, каки́е реко́рды ты зна́ешь.

(П) – Са́мый большо́й контине́нт ми́ра – э́то А́зия.
– Са́мая высо́кая гора́ на Земле́ – э́то Джомолу́нгма.

3) В *Сиби́рь на по́езде*

а) Прослу́шай разгово́р и отве́ть на вопро́сы.

1. Как дела́ у Же́ни?
2. Каки́е у него́ пла́ны на ле́то?
3. Где Же́ня был в про́шлом году́?
4. Что Же́ня де́лал во вре́мя пое́здки?
5. Ско́лько дней Же́ня е́хал в по́езде?
6. Почему́ Ник и Же́ня хотя́т встре́титься по́сле пое́здки?

б) Прое́кт: Sammle Informationen über die Transsibirische Eisenbahn.

4) А *ско́лько часо́в в Красноя́рске?*

(П) – Когда́ в Москве́ 10 часо́в, в Красноя́рске 14 часо́в.

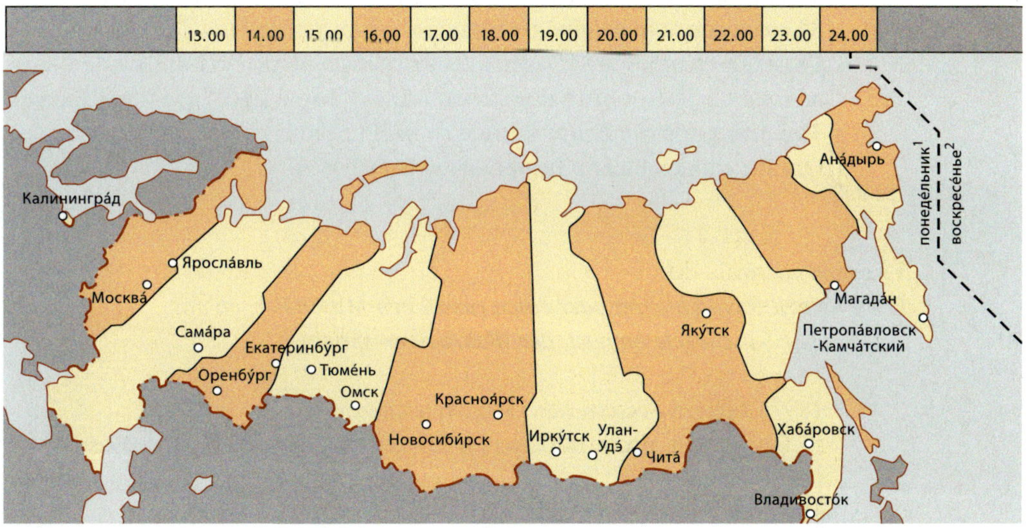

В Москве́:

Ско́лько часо́в в э́тих города́х?

Омск – Владивосто́к – Екатеринбу́рг – Улан-Удэ́ – Новосиби́рск – Яросла́вль – Тюме́нь – Ирку́тск – Хаба́ровск – Чита́

5) Зна́ешь ли ты, что ..? ✔ Г 11, 12

а) Прочита́й предложе́ния.

Entscheidungsfragen werden mit der Partikel *ли* an zweiter Stelle der Frage eingeleitet.

Зна́ешь ли ты,
– что ле́том у шко́льников в Росси́и ми́нимум 2, и ма́ксимум 3 ме́сяца кани́кул?
– что на кани́кулах в теа́трах иду́т спекта́кли специа́льно для дете́й?
– что в ла́гере шко́льники не то́лько отдыха́ют, но и у́чатся?
– что в Росси́и есть субтро́пики?

б) А что интере́сного в твоём регио́не?
Скажи́ и́ли напиши́, что, по-тво́ему, на́до знать о нём.

(П) По-мо́ему, на́до знать, что у нас в го́роде са́мая краси́вая ра́туша Герма́нии.

6) Почему́ Со́чи?

а) Sage, was du aus dem Wappen Sotschis über die Stadt erfährst.

Где нахо́дится Со́чи?

б) Прочита́й текст.

Ка́ждый год ле́том миллио́ны россия́н е́дут на Чёрное мо́ре. Осо́бенно тури́сты лю́бят куро́рт Со́чи, потому́ что здесь мо́жно занима́ться и го́рным, и во́дным спо́ртом, мо́жно пла́вать, купа́ться и загора́ть на со́лнце, мо́жно ходи́ть в похо́ды и занима́ться фи́тнесом. Кли́мат здесь о́чень хоро́ший, поэ́тому в го́роде мно́го санато́риев. Здесь ча́сто хоро́шая пого́да. Температу́ра ле́том в Со́чи приме́рно 30 гра́дусов, а недалеко́ от го́рода в гора́х лежи́т снег. Вы лю́бите приро́ду? В гора́х Кавка́за вы уви́дите альпи́йские цветы́ и чуде́сные водопа́ды. Вы лю́бите ве́село отдыха́ть? Тогда́ посети́те парк Ривье́ра. Там есть спорти́вные и танцева́льные площа́дки, карусе́ли и аттракцио́ны. Одни́м сло́вом, Со́чи понра́вится всем!

7) Пра́вда ли, что... M

Frage deinen Russischlehrer oder einen russischen Mitschüler, ob das, was du über Sotschi gelesen hast, der Wahrheit entspricht.

(П) 1897 lebten in Sotschi nur 1300 Menschen.
– Пра́вда ли, что в 1897 году́ в Со́чи жи́ли то́лько 1300 челове́к?

In Sotschi leben heute etwa 400 000 Menschen.
Sotschi ist die längste Stadt Europas.
In Sotschi finden 2014 die Olympischen Winterspiele statt.
Sotschi liegt in der Taiga.
Das größte Problem Sotschis sind die Verkehrsstaus (про́бки).

8) Куда́ сто́ит пое́хать на ле́тних кани́кулах?

а) Разыгра́йте диало́ги.

(П) – По-мо́ему, на кани́кулах сто́ит пое́хать в Скандина́вию.
– А почему́?
– Ле́том там бе́лые но́чи, прекра́сная приро́да, ма́ло тури́стов. Э́то кла́ссный о́тдых. А куда́, по-тво́ему, сто́ит пое́хать?
– Я ду́маю, что сто́ит...

б) Wie lautet das Wort für Ferien in anderen dir bekannten Sprachen? Informiere dich über die Herkunft und die ursprüngliche Bedeutung dieser Wörter. SV

9) **Ле́то.**

а) Прослу́шай и прочита́й стихотворе́ние о ле́те.

Ле́то

– Что ты мне пода́ришь, ле́то?	
– Мно́го со́лнечного све́та!	
В не́бе ра́дугу-дугу́!	
И рома́шки на лугу́!	…
– Что ещё пода́ришь мне?	
– Ключ, звеня́щий в тишине́,	– Eine Quelle, die im Stillen plätschert,
Со́сны, клёны и дубы́,	…
Земляни́ку и грибы́!	
Подарю́ тебе́ куку́шку,	…
Что́бы, вы́йдя на опу́шку,	damit du, zum Waldrand spazierend,
Ты погро́мче кри́кнул ей:	ihm laut zurufen magst:
«Погада́й мне поскоре́й!»	„Sag mir schnell, wie alt ich werd'!“
И она́ тебе́ в отве́т	…
Нагада́ла мно́го лет!	

Влади́мир Орло́в

б) Fertigt mit Hilfe eines Wörterbuchs eine deutsche Übertragung an oder gestaltet auf Grundlage einer vorgegebenen Übertragung eine Illustration (z. B. als „Fotoreportage“, Bildergeschichte o. ä.).

Э́то ты уже́ уме́ешь.

- Пра́вда ли, что Енисе́й – са́мая дли́нная река́ в Росси́и?
- На кани́кулы сто́ит пое́хать в го́ры.
- По-мо́ему, са́мая краси́вая дере́вня в ми́ре – э́то на́ша! А по-тво́ему?

10) **А каки́е у тебя́ пла́ны на кани́кулы?**

Разыгра́йте диало́ги.

(П)
- Скажи́, каки́е у тебя́ пла́ны на кани́кулы?
- Мы с бра́том хоти́м пое́хать на Балти́йское мо́ре. Там мы бу́дем жить в пала́тке. Бу́дем игра́ть в волейбо́л, купа́ться и загора́ть. А ты что бу́дешь де́лать на кани́кулах?
- Мы с роди́телями пое́дем в А́льпы, бу́дем ходи́ть в похо́ды.
- Ра́зве э́то не ску́чно?
- Нет, совсе́м не ску́чно, я о́чень люблю́ го́ры.

11) **Пое́здка, о кото́рой я мечта́ю.**

Stelle dein Traumreiseziel vor. Begründe, warum du ausgerechnet dorthin reisen willst.

1) На пóезде.

а) Wenn du mit dem Zug z. B. von Berlin nach Moskau fährst, hast du in der Stadt Brest immer einen etwa zweistündigen Aufenthalt. Finde die Begründung für diesen langen Halt.

б) Auf Bahnsteigen in Russland stehen häufig zwei Uhren, die verschiedene Zeiten anzeigen: die Moskauer Zeit und die des jeweiligen Ortes. Überlege, warum das wohl so ist.

2) Росси́я – странá контрáстов

Russland ist nicht nur ein Land mit großen geografischen und klimatischen Unterschieden, sondern auch ein Staat mit großen sozialen und wirtschaftlichen Kontrasten. Sammle Informationen über solche Kontraste und stelle sie deinen Mitschülern in einer Präsentation vor.

Gerade in den nördlichen Bereichen Sibiriens ist der Hubschrauber oder das Kleinflugzeug im Sommer das Hauptverkehrsmittel. Im Winter hingegen fährt man auch viel mit Pkw oder LKW, um große Strecken zu überwinden.

3) Лéтом на вертолёте [1], а зимóй на маши́не

Begründe diesen Unterschied.

[1] Hubschrauber

M 1) Конь

Ты с роди́телями слу́шаешь пе́сню «Конь» гру́ппы «Любэ́». Твои́м роди́телям э́та пе́сня о́чень нра́вится. Они́ хотя́т знать, о чём она́. Переведи́ текст на неме́цкий язы́к с по́мощью словаря́.

1. Вы́йду но́чью в по́ле с конём,
Но́чкой тёмной ти́хо пойдём.
Мы пойдём с конём по по́лю вдвоём,
Мы пойдём с конём по по́лю вдвоём.

2. Но́чью в по́ле звёзд благода́ть...
В по́ле никого́ не вида́ть.
То́лько мы с конём по по́лю идём,
То́лько мы с конём по по́лю идём.

3. Ся́ду я верхо́м на коня́,
Ты неси́ по по́лю меня́.
По бескра́йнему по́лю моему́,
По бескра́йнему по́лю моему́.

4. Да́й-ка я разо́к посмотрю́,
Где рожда́ет по́ле зарю́.
Ай, брусни́чный цвет, а́лый да рассве́т,
А́ли есть то ме́сто, а́ли его́ нет.

5. По́люшко моё, родники́,
Да́льних дереве́нь огоньки́,
Золота́я рожь да кудря́вый лён –
Я влюблён в тебя́, Росси́я, влюблён.

6. Бу́дет до́брым год-хлеборо́д,
Бы́ло вся́ко, вся́ко пройдёт.
Пой злата́я рожь, пой кудря́вый лён,
Пой о том, как я в Росси́ю влюблён!
Пой злата́я рожь, пой кудря́вый лён...

Мы идём с конём по по́лю вдвоём.

M 2) На кани́кулах в Герма́нии

Du fährst zusammen mit deinem besten Freund/deiner besten Freundin im Zug an die Ostsee zum Zelten. Auf der langen Fahrt lernt ihr den russischen Jungen Alexej kennen, der seine Verwandten in Deutschland besucht. Dein Freund/deine Freundin möchte natürlich am Gespräch teilnehmen.

Алексе́й:	Моё и́мя Алексе́й, но зови́те меня́ Лёша.
Freund(in):	Und woher kommst du?
Алексе́й:	Я из О́мска, э́то го́род в Сиби́ри.
Freund(in):	Das ist weit weg. Bist du hierher geflogen oder mit dem Zug gefahren?
Алексе́й:	Лете́л. Но мо́жно и е́хать сюда́ на по́езде.
Du:	А почему́ ты в Герма́нии?
Алексе́й:	Я в гостя́х у дя́ди и тёти. Дя́дя живёт в Ка́сселе, а тётя в Швери́не. А вы куда́ е́дете?
Freund(in):	Wir fahren in die Ferien, zur Ostsee. Wir wollen dort zelten, Rad fahren, baden und schwimmen. Und uns natürlich sonnen.

6 А
6 Б
6 В
6 Г

M 3) А э́то что зна́чит?

Hilf Alexej beim Verstehen der Zugdurchsage.

Э́то на́до знать.

Г1) *Substantiv 3. Deklination: Nominativ, Akkusativ, Präpositiv Singular; Nominativ Plural*

Alle Substantive der 3. Deklination sind feminin.

	Nom. Sg.	Akk. Sg.	Präp. Sg.	Nom. Pl.
f	пло́щадь_	пло́щадь_	о пло́щади	пло́щади

Г2) *Unbestimmte Zahlwörter*

unbestimmte Zahlwörter	Gen. Pl.
ма́ло, не́сколько, немно́го, нема́ло, мно́го	собо́ров, музе́ев, у́лиц, матрёшек, озёр, пи́сем

Г3) *Adjektive: Bildung durch Suffigierung*

Suffixe	Beispiele	Suffixe	Beispiele
-ск-	моско́вский, берли́нский, байка́льский	-онн-	традицио́нный, экскурсио́нный, редакцио́нный
-н-	конце́ртный, восто́чный, шко́льный	-еск-	техни́ческий, класси́ческий, физи́ческий
-льн-	чита́льный, купа́льный, музыка́льный	-ическ-	географи́ческий, демократи́ческий, хими́ческий

Г4) *Verben der Bewegung: Unvollendete Verbpaare*

bestimmtes Verb der Bewegung	unbestimmtes Verb der Bewegung
Die Bewegung ist zielgerichtet. Die Bewegung ist einmalig.	Der Hin- und Rückweg steht im Vordergrund. Die Bewegung beschreibt Hin- und Rückweg. Die Bewegung (Hin- und Rückweg) findet mehrmalig (oft, gewohnheitsmäßig) statt. Die Bewegung ist nicht zielgerichtet, findet also ohne bestimmtes Ziel statt. Die Fähigkeit zu einer bestimmten Bewegungsart wird ausgedrückt.
Сейча́с И́горь е́дет на стадио́н.	Вчера́ И́горь е́здил на стадио́н. Он ча́сто туда́ е́здит. Тури́сты е́здили по го́роду. Ма́ленький Пе́тя уже́ хо́дит.

Г5) *Modalität: Möglichkeit, Notwendigkeit und Verbot*

(nicht) möglich	notwendig, verpflichtend	nicht notwendig	(nicht) erlaubt
мо́жно сде́лать я могу́ сде́лать нельзя́ сде́лать	он до́лжен (она́ должна́; они́ должны́) сде́лать *кому́?* ну́жно (на́до) сде́лать	он не до́лжен де́лать не ну́жно (на́до) де́лать	мо́жно де́лать *кому́?* нельзя́ де́лать

Г6) *Personalpronomen: Deklination*

	ich	du	er/es	sie	wir	ihr	sie
Nom.	я	ты	он/оно́	она́	мы	вы	они́
Gen.	меня́	тебя́	(н)[1] его́	(н)её	нас	вас	(н)их
Dat.	мне	тебе́	(н)ему́	(н)ей	нам	вам	(н)им
Akk.	меня́	тебя́	(н)его́	(н)её	нас	вас	(н)их
Instr.	мной	тобо́й	(н)им	(н)ей	на́ми	ва́ми	(н)и́ми
Präp.	обо мне	о тебе́	о нём	о ней	о нас	о вас	о них

[1] **!** Steht vor einer Form der 3. Person eine Präposition, wird dieser Form in der Regel ein *н-* vorgesetzt.

Пе́сни

Уро́к 1

Alphabetlied

→ а бэ вэ гэ дэ е (ё)
жэ зэ и (й) ка эль
эм эн о пэ эр эс тэ das lernt sich schnell.
Schwerer geht schon у эф ха.
Merkt euch gut цэ че ша ща
Und zum Schluss ganz einfach (ъ) ы (ь) э ю я.

(Nach der Melodie: *Ein Männlein steht im Walde*)

Е́сли ве́село живётся

Е́сли ве́село живётся, хло́пай так...	(2×) *Klatschen*
Е́сли ве́село живётся,	
мы друг дру́гу улыбнёмся,	
Е́сли ве́село живётся, хло́пай так...	(2×) *Klatschen*
Е́сли ве́село живётся, то́пай так...	(2×) *Trampeln*
Е́сли ве́село живётся,	
мы друг дру́гу улыбнёмся,	
Е́сли ве́село живётся, то́пай так...	(2×) *Trampeln*
Е́сли ве́село живётся, де́лай так...	(2×) *Schnippen mit dem Finger*
Е́сли ве́село живётся,	
мы друг дру́гу улыбнёмся,	
Е́сли ве́село живётся, де́лай так...	(2×) *Schnippen mit dem Finger*
Е́сли ве́село живётся, хорошо́, хорошо́...	(2×) *Schüler rufen хорошо́, хорошо́*
Е́сли ве́село живётся,	
мы друг дру́гу улыбнёмся,	
Е́сли ве́село живётся, хорошо́, хорошо́.	(2×) *хорошо́*
Е́сли ве́село живётся, де́лай всё...	(2×) *Klatschen/Trampeln/Schnippen/хорошо́*
Е́сли ве́село живётся,	
мы друг другу́ улыбнёмся,	
Е́сли ве́село живётся, де́лай всё...	(2×) *Klatschen/Trampeln/Schnippen/хорошо́*

(Nach der Melodie: *Von den blauen Bergen kommen wir ... /*
Wenn du Lust hast, klatsche in die Hand ...)

С днём рожде́ния тебя́

С днём рожде́ния тебя́.
С днём рожде́ния тебя́.
С днём рожде́ния тебя́, (Ка́трин),
С днём рожде́ния тебя́.

Поздравля́ем тебя́.
Поздравля́ем тебя́.
Поздравля́ем тебя, (Ка́трин),
Поздравля́ем тебя́.

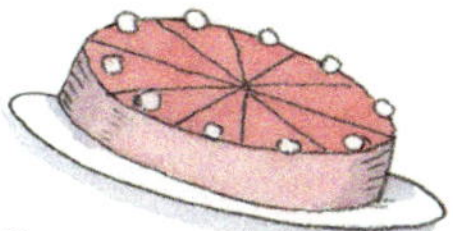

Мы жела́ем тебе́.
Мы жела́ем тебе́.
Мы жела́ем тебе́ сча́стья,
И здоро́вья тебе́.

(Nach der Melodie: *Happy Birthday to you*)

Бра́тец Я́ков

Бра́тец Я́ков, бра́тец Я́ков,
что ты спишь? Что ты спишь?
Ко́локол уж звони́т, ко́локол уж звони́т:
дин-дан-до́н, дин-дан-до́н!

(Nach der Melodie: *Bruder Jakob / Frère Jaques*)

Уро́к 2

Али́са

Али́са не хо́дит в шко́лу,
Али́са лю́бит спать.
На э́то всем знако́мым
Давно́ уж наплева́ть.

Припе́в:
Бай-ба́й, Али́са,
Бай-бай-бай-ба́й
Не хо́дишь в шко́лу –
Зна́чит, засыпа́й.

Али́са не лю́бит ко́шек,
Али́са лю́бит соба́к.
На э́то всем, похо́же,
Давно́ уж так-так-та́к.

Припе́в:
Бай-ба́й, Али́са,
Бай-бай-бай-ба́й
Не лю́бишь ко́шек –
Зна́чит, лай, лай, лай.

Али́са не хо́дит в шко́лу,
Али́са лю́бит спать.
На э́то всем знако́мым
Давно́ уж наплева́ть.

Припе́в:
Бай-ба́й, Али́са,
Бай-бай-бай-ба́й.
Бай-ба́й, Али́са,
Бай-бай-бай-ба́й.
Бай-ба́й, Али́са,
Али́са, бай-бай-ба́й!

Уро́к 3

А у реки́

Слова́: Д. Саркися́н, А. Ре́пников
Му́зыка: А. Ре́пников

Припев:
А у реки́, а у реки́, а у реки́
Гуля́ют де́вки и гуля́ют мужики́.
А у реки́, а-а а у реки́,
А у реки́, а у реки́, а у реки́,
А у реки́, а у реки́, а у реки́
Гуля́ют де́вки и гуля́ют мужики́.
А у реки́, а-а а у реки́,
А у реки́, а у реки́, а у реки́...

Ско́рость набира́я по доро́ге мы помча́лись,
Все пробле́мы оставля́я, где но́чью тусова́лись.
Отдыха́ли, танцева́ли, зажига́ли – всё, уста́ли.
На пикни́к, приро́ду, ре́чку
Е́дем – есть одно́ месте́чко.
Там подру́ги ве́рные,
Де́вочки мане́рные.
Маникю́р, прики́д как на́до,
Всё в поря́дке с не́рвами.
Пролета́ло вре́мя бы́стро,
Вдруг круты́е берега́.
Па́рни, э́то на́ше ме́сто,
На́ша река́.

Припе́в

Е́дем бы́стро, ку́рим мо́лча,
Сло́вно мы от ста́и во́лчьей
Убега́ем, улета́ем, на звонки́ не
отвеча́ем.
Надое́ло в го́роде, на жаре́ и хо́лоде.
Го́род, пыль, пробле́мы, про́бки
Как в мозгу́ заклёпки
А приро́да – это де́ло.
Во́здух, со́лнце – ды́шит те́ло.
Де́вушки хотя́т купа́ться,
Улыба́ться, целова́ться.
Так, мечта́я, е́дем да́льше,
Вдруг круты́е берега́.
Па́рни, э́то на́ша те́ма,
На́ша река́.

Припе́в

Дава́й, танцу́й с на́ми,
Чу́вствуй кура́ж, со́лнце.
Зажига́й весно́й, ле́том.
Дава́й, танцу́й с на́ми,
Чу́вствуй кура́ж, со́лнце.
Зажига́й весно́й, ле́том.

Припе́в

Уро́к 4

33 коро́вы

Слова́: Н. О́лев
Му́зыка: М. Дунае́вский

В це́нтре го́рода большо́го,
Где трави́нки не растёт,
Жил поэ́т – волше́бник сло́ва,
Вдохнове́нный рифмоплёт.
Рифмова́л он что попа́ло,
Про́сто вы́бился из сил.
И в дере́вню на попра́вку,
Где коро́вы щи́плют тра́вку,
Отдыха́ть отпра́влен был.

Припе́в:
Три́дцать три коро́вы,
Три́дцать три коро́вы,
Три́дцать три коро́вы –
Све́жая строка́.
Три́дцать три коро́вы,
Стих роди́лся но́вый,
Как стака́н парно́го молока́.
Три́дцать три коро́вы,
Стих роди́лся но́вый,
Как стака́н парно́го молока́.

Г 7) *Relativpronomen:* кото́рый, -ая, -ое; -ые

Das Relativpronomen stimmt mit seinem Bezugswort in Genus, Numerus und Kasus überein.

Я прочита́л кни́гу, (*Sg.f*) ↓ о кото́рой (*Präpositivobjekt*) я уже́ мно́го слы́шал.	Ich habe das Buch gelesen, (*Sg. n*) ↓ von dem (*Dativobjekt*) ich schon so viel gehört habe.

Г 8) *Substantive: Belebtheit/Unbelebtheit*

	Belebt: Akk. = Gen.		Unbelebt: Akk. = Nom.		
	m	f	m	f	n
Nom. Sg.	тури́ст	тури́стка	парк_	да́ча	о́зеро
Gen. Sg.	тури́ста	тури́стки	па́рка	да́чи	о́зера
Akk. Sg.	тури́ста	тури́стку	парк_	да́чу	о́зеро
Nom. Pl.	тури́сты	тури́стки	па́рки	да́чи	озёра
Gen. Pl.	тури́стов	тури́сток_	па́рков	дач	озёр_
Akk. Pl	тури́стов	тури́сток_	па́рки	да́чи	озёра

Г 9) *Demonstrativpronomen* этот: *Deklination*

	Sg.			Pl.
	m	f	n	
Nom.	э́тот	э́та	э́то	э́ти
Gen.	э́того	э́той	э́того	э́тих
Dat.	э́тому	э́той	э́тому	э́тим
Akk.	э́тот, э́того	э́ту	э́то	э́ти, э́тих
Instr.	э́тим	э́той	э́тим	э́тими
Präp.	об э́том	об э́той	об э́том	об э́тих

Г 10) *Adjektiv: Bildung des zusammengesetzten Superlativs*

Positiv	Superlativ
Цу́гшпитце – э́то высо́кая гора́ в А́льпах.	Монбла́н – э́то са́мая высо́кая гора́ в А́льпах.
Я уже́ был на э́той высо́кой горе́.	Ты уже́ был на са́мой высо́кой горе́ в А́льпах?

Г 11) *Fragesatz: Entscheidungsfrage mit der Partikel* ли

ли ist dem Bezugswort stets nachgestellt.

– Зна́ете ли вы, что Санкт-Петербу́рг и Дре́зден – города́-партнёры?
– Пра́вда ли, что Транссиб са́мая дли́нная желе́зная доро́га в ми́ре?
– Не ску́чно ли отдыха́ть на мо́ре?

Г 12) *Objektsätze mit* что

– Са́ша слы́шал, что друзья́ прие́хали.
– Все зна́ют, что ско́ро бу́дут кани́кулы.
– А я ду́маю, что са́мый краси́вый го́род ми́ра – э́то Санкт-Петербу́рг.

Урóк 1

Alphabetlied

→ а бэ вэ гэ дэ е (ё)
жэ зэ и (й) ка эль
эм эн о пэ эр эс тэ das lernt sich schnell.
Schwerer geht schon у эф ха.
Merkt euch gut цэ че ша ща
Und zum Schluss ganz einfach (ъ) ы (ь) э ю я.

(Nach der Melodie: *Ein Männlein steht im Walde*)

Éсли вéсело живётся

Éсли вéсело живётся, хлóпай так... (2×) *Klatschen*
Éсли вéсело живётся,
мы друг дрýгу улыбнёмся,
Éсли вéсело живётся, хлóпай так... (2×) *Klatschen*

Éсли вéсело живётся, тóпай так... (2×) *Trampeln*
Éсли вéсело живётся,
мы друг дрýгу улыбнёмся,
Éсли вéсело живётся, тóпай так... (2×) *Trampeln*

Éсли вéсело живётся, дéлай так... (2×) *Schnippen mit dem Finger*
Éсли вéсело живётся,
мы друг дрýгу улыбнёмся,
Éсли вéсело живётся, дéлай так... (2×) *Schnippen mit dem Finger*

Éсли вéсело живётся, хорошó, хорошó... (2×) *Schüler rufen хорошó, хорошó*
Éсли вéсело живётся,
мы друг дрýгу улыбнёмся,
Éсли вéсело живётся, хорошó, хорошó. (2×) *хорошó*

Éсли вéсело живётся, дéлай всё... (2×) *Klatschen/Trampeln/Schnippen/хорошó*
Éсли вéсело живётся,
мы друг другý улыбнёмся,
Éсли вéсело живётся, дéлай всё... (2×) *Klatschen/Trampeln/Schnippen/хорошó*

(Nach der Melodie: *Von den blauen Bergen kommen wir ... / Wenn du Lust hast, klatsche in die Hand ...*)

С днём рожде́ния тебя́

С днём рожде́ния тебя́.
С днём рожде́ния тебя́.
С днём рожде́ния тебя́, (Ка́трин),
С днём рожде́ния тебя́.

Поздравля́ем тебя́.
Поздравля́ем тебя́.
Поздравля́ем тебя, (Ка́трин),
Поздравля́ем тебя́.

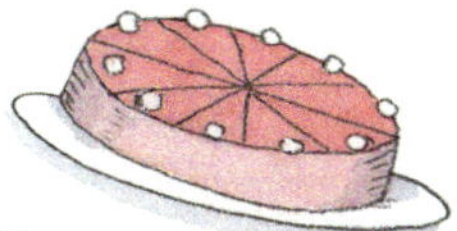

Мы жела́ем тебе́.
Мы жела́ем тебе́.
Мы жела́ем тебе́ сча́стья,
И здоро́вья тебе́.

(Nach der Melodie: *Happy Birthday to you*)

Бра́тец Я́ков

Бра́тец Я́ков, бра́тец Я́ков,
что ты спишь? Что ты спишь?
Ко́локол уж звони́т, ко́локол уж звони́т:
дин-дан-до́н, дин-дан-до́н!

(Nach der Melodie: *Bruder Jakob / Frère Jaques*)

Уро́к 2

Али́са

Али́са не хо́дит в шко́лу,
Али́са лю́бит спать.
На э́то всем знако́мым
Давно́ уж наплева́ть.

Припе́в:
Бай-ба́й, Али́са,
Бай-бай-бай-ба́й
Не хо́дишь в шко́лу –
Зна́чит, засыпа́й.

Али́са не лю́бит ко́шек,
Али́са лю́бит соба́к.
На э́то всем, похо́же,
Давно́ уж так-так-та́к.

Припе́в:
Бай-ба́й, Али́са,
Бай-бай-бай-ба́й
Не лю́бишь ко́шек –
Зна́чит, лай, лай, лай.

Али́са не хо́дит в шко́лу,
Али́са лю́бит спать.
На э́то всем знако́мым
Давно́ уж наплева́ть.

Припе́в:
Бай-ба́й, Али́са,
Бай-бай-бай-ба́й.
Бай-ба́й, Али́са,
Бай-бай-бай-ба́й.
Бай-ба́й, Али́са,
Али́са, бай-бай-ба́й!

Уро́к 3

А у реки́

Слова́: Д. Саркися́н, А. Ре́пников
Му́зыка: А. Ре́пников

Припев:
А у реки́, а у реки́, а у реки́
Гуля́ют де́вки и гуля́ют мужики́.
А у реки́, а-а а у реки́,
А у реки́, а у реки́, а у реки́,
А у реки́, а у реки́, а у реки́
Гуля́ют де́вки и гуля́ют мужики́.
А у реки́, а-а а у реки́,
А у реки́, а у реки́, а у реки́...

Ско́рость набира́я по доро́ге мы помча́лись,
Все пробле́мы оставля́я, где но́чью тусова́лись.
Отдыха́ли, танцева́ли, зажига́ли – всё, уста́ли.
На пикни́к, приро́ду, ре́чку
Е́дем – есть одно́ месте́чко.
Там подру́ги ве́рные,
Де́вочки мане́рные.
Маникю́р, прики́д как на́до,
Всё в поря́дке с не́рвами.
Пролета́ло вре́мя бы́стро,
Вдруг круты́е берега́.
Па́рни, э́то на́ше ме́сто,
На́ша река́.

Припе́в

Е́дем бы́стро, ку́рим мо́лча,
Сло́вно мы от ста́и во́лчьей
Убега́ем, улета́ем, на звонки́ не
отвеча́ем.
Надое́ло в го́роде, на жаре́ и хо́лоде.
Го́род, пыль, пробле́мы, про́бки
Как в мозгу́ заклёпки
А приро́да – это де́ло.
Во́здух, со́лнце – ды́шит те́ло.
Де́вушки хотя́т купа́ться,
Улыба́ться, целова́ться.
Так, мечта́я, е́дем да́льше,
Вдруг круты́е берега́.
Па́рни, э́то на́ша те́ма,
На́ша река́.

Припе́в

Дава́й, танцу́й с на́ми,
Чу́вствуй кура́ж, со́лнце.
Зажига́й весно́й, ле́том.
Дава́й, танцу́й с на́ми,
Чу́вствуй кура́ж, со́лнце.
Зажига́й весно́й, ле́том.

Припе́в

Уро́к 4

33 коро́вы

Слова́: Н. О́лев
Му́зыка: М. Дунае́вский

В це́нтре го́рода большо́го,
Где трави́нки не растёт,
Жил поэ́т – волше́бник сло́ва,
Вдохнове́нный рифмоплёт.
Рифмова́л он что попа́ло,
Про́сто вы́бился из сил.
И в дере́вню на попра́вку,
Где коро́вы щи́плют тра́вку,
Отдыха́ть отпра́влен был.

Припе́в:
Три́дцать три коро́вы,
Три́дцать три коро́вы,
Три́дцать три коро́вы –
Све́жая строка́.
Три́дцать три коро́вы,
Стих роди́лся но́вый,
Как стака́н парно́го молока́.
Три́дцать три коро́вы,
Стих роди́лся но́вый,
Как стака́н парно́го молока́.

В пять утра́ встава́л он ро́вно,
Э́то бы́ло нелегко́.
Он чита́л стихи́ коро́вам,
Те дава́ли молоко́.
День за днём промча́лось ле́то,
О́чень вы́рос наш поэ́т,
Ведь моло́чная дие́та
Благотво́рна для поэ́тов
Е́сли им всего́ шесть лет.

Припе́в

Уро́к 5

После́дний звоно́к

Слова́: Д. Панфи́лов, И. Кресто́вский
Му́зыка: В. Дро́быш, И. Кресто́вский

Нам с тобо́ю не позабы́ть пе́рвый звоно́к.
Бо́льше никогда́ не учи́ть шко́льный уро́к.
В про́шлое верну́ться нельзя́.
Ста́ли нам почти́ как друзья́
Стро́гие когда́-то для нас учителя́.

Припе́в:
После́дний звоно́к и шко́льный уро́к
Оста́лись уже́ позади́.
После́дний звоно́к и но́вый уро́к
Гото́вит нам жи́знь впереди́.
После́дний звоно́к и шко́льный уро́к
Оста́лись уже́ позади́.
После́дний звоно́к и жи́зни уро́к
Нас ждёт впереди́.

Бо́льше никогда́ не игра́ть в шко́льном дворе́.
Бе́лым ме́лом нам не писа́ть, вы́йдя к доске́.
Это бы́ло то́лько вчера́,
Но сейча́с друга́я пора́.
И наза́втра но́вая жизнь встре́тит тебя́.

Уро́к 6

Сла́вное мо́ре – свяще́нный Байка́л

Слова́: Д. Давы́дов

Му́зыка: наро́дная

Сла́вное мо́ре – свяще́нный Байка́л,
Сла́вный кора́бль – омулёвая бо́чка.
Эй, баргузи́н, пошеве́ливай вал,
Мо́лодцу плыть недале́чко.

До́лго я тя́жкие це́пи влачи́л,
До́лго скита́лся в гора́х Акату́я,
Ста́рый това́рищ бежа́ть пособи́л,
О́жил я, во́лю почу́я.

Шёл я и в ночь, и средь бе́лого дня,
Близ городо́в озира́лся я зо́рко,
Хле́бом корми́ли крестья́нки меня́,
Па́рни снабжа́ли махо́ркой.

Сла́вное мо́ре – свяще́нный Байка́л,
Сла́вный мой па́рус – кафта́н дырова́тый...
Эй, баргузи́н, пошеве́ливай вал,
Слы́шатся гро́ма раска́ты.
Эй, баргузи́н, пошеве́ливай вал,
Слы́шатся гро́ма раска́ты.

Sprachmittel zur Realisierung der Redeabsichten

	Kommunikative Ziele	Sprachliche Mittel
1 А	– sich begrüßen	– Приве́т! – Здра́вствуй(те)!
	– sich verabschieden	– Пока́! – До свида́ния!
	– sich oder jemanden vorstellen	– Я Вади́м, а э́то Све́та.
	– nach Personen fragen	– Э́то Толсто́й? – Да, э́то Толсто́й. (Нет, э́то Левита́н.)
1 Б	– sich zu verschiedenen Tageszeiten begrüßen	– До́брый день! (До́брый ве́чер.)
	– den (Familien)Namen erfragen	– Как тебя́ зову́т? Как твоя́ фами́лия? – А ты кто?
	– den (Familien)Namen nennen	– Меня́ зову́т О́ля. Моя́ фами́лия Ивано́ва.
	– nach Personen fragen	– Кто э́то? Э́то О́ля?
	– nach Gegenständen fragen	– Что э́то? Э́то рюкза́к?
	– zählen, die Ziffern 1–19 benennen	– 1–19
	– nach dem Alter fragen	– Ско́лько тебе́ лет? А тебе́?
	– das eigene Alter (5–19 J.) angeben	– Мне 14 лет.
1 В	– jemanden vorstellen (Familie, Freunde, bekannte Persönlichkeiten)	– Э́то моя́ семья́ (мой па́па, моя́ ма́ма). Э́то на́ши тётя и дя́дя (мои́ друзья́).
	– nach dem Namen und Beruf eines Dritten fragen	– Как его́ (её) зову́т? Кто он (она́)?
	– den Namen nennen und sagen, was er (sie) ist	– Её зову́т А́нна Нетре́бко. Она́ певи́ца.
1 Г	– fragen und sagen, woher jemand kommt und wo er wohnt	– Ты отку́да? Где ты живёшь? – Я из Герма́нии, из Берли́на. Я живу́ в Те́геле.
	– sich nach dem Befinden erkundigen	– Как дела́? – Хорошо́.
	– Sprachkenntnisse erfragen und benennen	– Ты говори́шь по-англи́йски? – Да, немно́го.
	– Ortsangaben erfragen	– Где твой брат?
	– Ortsangaben machen	– Он на по́чте.
	– fragen und angeben, was es wo gibt	– Что есть в го́роде? – В го́роде есть теа́тр.
1 Д	– erfragen, was jemand (nicht) mag	– Ты лю́бишь бале́т?
	– sagen, was man (nicht) mag	– Я люблю́ кино́.
	– erfragen und sagen, was jemand (nicht) essen (trinken) möchte	– Что ты хо́чешь есть (пить) на обе́д? – Я хочу́ пи́ццу и во́ду.
	– nach unbekannten Wörtern fragen	– Как по-ру́сски Brot?

	Kommunikative Ziele	Sprachliche Mittel
2 А	– Besitz und Nichtvorhandensein ausdrücken – Zahlenangaben (1 – 19) machen – Alter von Personen (1 – 19) angeben – Grüße ausrichten	– У меня́ есть брат. У Ка́ти нет кота́. – одна́ сестра́, два бра́та, две ко́шки – Ма́ше оди́н год, Анто́ну три го́да, Серге́ю 13 лет. – Переда́й Ни́не приве́т.
2 Б	– nach Freizeitinteressen fragen und Auskunft darüber geben – fragen und sagen, was man oder jmd. (nicht) oft (selten) macht und mit wem	– Что вы лю́бите де́лать в свобо́дное вре́мя? – Я люблю́ танцева́ть. – Ты ча́сто сиди́шь в Интерне́те? – Я ре́дко говорю́ с ба́бушкой. – Мы с Оле́гом не игра́ем в ша́хматы.
2 В	– fragen und sagen, wann etwas geschieht – sich nach der Uhrzeit erkundigen – die Uhrzeit angeben – sich zu verschiedenen Tageszeiten begrüßen – Zahlenangaben von 20 – 199 machen – sagen, dass man etwas nicht richtig verstanden hat – um Wiederholung bitten	– Когда́ ты у́тром за́втракаешь? – В семь часо́в. – Кото́рый час? Ско́лько сейча́с вре́мени? – 21 час 15 мину́т. – До́брое у́тро! (До́брый день! До́брый ве́чер! Споко́йной но́чи!) – Мой но́мер телефо́на – 172-51-89-44. – Я не по́нял. (Я не поняла́.) – Повтори́, пожа́луйста.
3 А	– Wohnort erfragen und benennen – geographische Lage angeben – Eigenschaften erfragen und benennen	– Где ты живёшь? – Мой родно́й го́род называ́ется Ро́сток. – Он нахо́дится на се́веро-восто́ке Герма́нии. – Кака́я река́ Ока́? – Ока́ – э́то небольша́я река́.
3 Б	– erfragen und sagen, wie man wohnt – etwas nummerieren, Reihenfolge angeben	– У вас большо́й дом? – Нет, у нас ма́ленькая кварти́ра на пя́том этаже́. – пе́рвый, второ́й, тре́тий эта́ж – 1-й – 199-й
3 В	– eine fremde Person ansprechen – sich entschuldigen – den Weg erfragen – den Weg erklären – sich für einen Gefallen bedanken und auf den Dank reagieren	– Скажи́те, пожа́луйста... – Извини́те, ... – Как дойти́ (дое́хать) до зоопа́рка? – Где здесь ста́нция метро́? – Иди́те пря́мо по у́лице, а пото́м поверни́те напра́во. Туда́ мо́жно дойти́ пешко́м. Э́то недалеко́ отсю́да. – Большо́е спаси́бо. – Не за что.

	Kommunikative Ziele	Sprachliche Mittel
4 А	– den Preis erfragen und nennen – sagen, was man kaufen (nehmen) möchte – fragen und sagen, welche Kleidung jemand trägt – Gefallen und Missfallen ausdrücken (in Bezug auf Kleidung, Souvenirs, Farben)	– Ско́лько сто́ят э́ти брю́ки? – 800 рубле́й, 10 копе́ек. – Я возьму́ вот э́ту блу́зку. – Ты лю́бишь ходи́ть в джи́нсах? – Я ношу́ кроссо́вки. – Зелёное кольцо́ мне (не) нра́вится.
4 Б	– erfragen und sagen, wo jemand war und wann er etwas getan hat – ausdrücken, wofür man sich interessiert und womit man sich beschäftigt – Möglichkeit und Fähigkeit (Fertigkeit) ausdrücken	– Где ты была́ вчера́ ве́чером? – Я была́ на конце́рте. – Чем ты интересу́ешься? – Я занима́юсь спо́ртом. – Ты мо́жешь показа́ть мне го́род? – Ро́ма не уме́ет игра́ть в хокке́й.
4 В	– erfragen und sagen, was man machen wird – schildern, was man längere Zeit getan hat und sagen, was man geleistet hat	– Что мы бу́дем де́лать за́втра? – Влад бу́дет игра́ть на конце́рте. – За́втра по́сле обе́да Ни́на встре́тится с Ла́рой, а пото́м она́ сде́лает уро́ки. – Вчера́ я це́лый день чита́ла журна́лы. Я прочита́ла журна́лы *Нео́н* и *Ли́за*.
5 А	– fragen und sagen, in welche Schule und Klasse man geht – Wochentage angeben und über den Stundenplan sprechen – über Zensuren sprechen – über Schulfächer sprechen	– В како́й шко́ле и в како́м кла́ссе ты у́чишься? – Я учу́сь в гимна́зии, в восьмо́м кла́ссе. – Каки́е предме́ты у тебя́ в сре́ду? – У меня́ 7 уро́ков в день. – Ле́на ча́сто получа́ет пятёрки. – Чем ты интересу́ешься? – Ру́сским языко́м. – Мой люби́мый предме́т – биоло́гия.
5 Б	– um etwas bitten – Bedauern und Freude ausdrücken – fragen und sagen, was jemand werden möchte – nach dem Grund fragen und den Grund nennen – über Eigenschaften einer Sache (Person) bzw. Art und Weise einer Handlung sprechen	– Дай мне, пожа́луйста, тетра́дь. – У меня́, к сожале́нию, нет ма́ркера. – К сча́стью, в суббо́ту у нас нет уро́ков. – Кем ты хо́чешь стать? – Я хочу́ стать юри́стом. – Почему́ ты не занима́ешься пе́нием? – Потому́ что я не музыка́льный. – Ты интересу́ешься иностра́нными языка́ми? – Она́ акти́вный челове́к. – Я уме́ю краси́во писа́ть.

	Kommunikative Ziele	Sprachliche Mittel
5 В	– Jahreszeit, Monat und Jahr nennen – Datum angeben – Geburtstag und -ort erfragen und angeben – Feiertage benennen, vorstellen – Aussagen darüber machen, was „man“ tut – jemandem gratulieren, Glückwünsche formulieren	– У вас есть кани́кулы о́сенью, в ноябре́? – В э́том году́ нет. – пе́рвое апре́ля, 25 декабря́ – Мой день рожде́ния – в ию́не. – Я родила́сь 12 ию́ня 1997 го́да в Москве́. – А где ты роди́лся? – Пе́рвое сентября́ – э́то пра́здник, нача́ло уче́бного го́да. – Рождество́ у нас пра́зднуют 25 декабря́. – В Росси́и то́же отмеча́ют Пе́рвое ма́я, как и в Герма́нии. – Поздравля́ю тебя́ с днём рожде́ния. – Жела́ю тебе́ сча́стья и здоро́вья!
6 А	– jmdn. einladen und auf eine Einladung reagieren – ungefähre Mengen angeben – Vorschläge unterbreiten und darauf reagieren. – Arten der Fortbewegung ausdrücken	– Приглаша́ю тебя́ ко мне в го́сти. – Я с удово́льствием приду́. – В Москве́ мно́го музе́ев, а у нас ма́ло. – Дава́йте пойдём в кино́. – Договори́лись. (С удово́льствием.) – Куда́ ты е́дешь? – Я ча́сто хожу́ в кино́.
6 Б	– Verpflichtung, Notwendigkeit, Möglichkeit, Erlaubnis und Verbot ausdrücken – nähere Angaben zu einem Begriff machen – Verwunderung ausdrücken	– Нам на́до дать им наш но́вый но́мер телефо́на. – Тебе́ не ну́жно покупа́ть биле́т – я уже́ купи́л. – В Москву можно полететь или поехать на поезде. – Нельзя́ входи́ть в кинозА́л без биле́та. – Эрмита́ж – музе́й, в кото́ром 3 миллио́на экспона́тов. – Ра́зве вы не зна́ете? – Пра́вда? – Удиви́тельно! – Неуже́ли э́то так?
6 В	– Reisewünsche erfragen und angeben – Reiseziele in Russland benennen und geografisch einordnen – eigene Meinung darstellen und die Meinung eines anderen erfragen	– Каки́е у вас пла́ны на ле́то? – На кани́кулы сто́ит пое́хать в го́ры. – Са́мый большо́й го́род Евро́пы – э́то Москва́. – Енисе́й – са́мая дли́нная река́ Росси́и. – По Транссибу мо́жно е́хать от Москвы́ до Пеки́на. – По-мо́ему, э́то са́мая краси́вая дере́вня в ми́ре. А по-тво́ему?

Reflexion

– Der Vortrag (die Präsentation) hat mir (nicht) gefallen.	– Докла́д (презента́ция) мне (не) понра́вился (понра́вилась).
– Das Poster gefällt mir sehr (nicht).	– По́стер мне (не) о́чень нра́вится.
– Die Bilder sind (nicht) sehr schön.	– Карти́нки (не) о́чень краси́вые.
– Die Stunde fand ich heute langweilig (sehr interessant).	– Сего́дня уро́к был ску́чный (о́чень интере́сный).
– Das haben wir sehr (nicht) gut gemacht.	– Мы сде́лали э́то (не) о́чень хорошо́.
– Es gab viele Fehler.	– Бы́ло мно́го оши́бок.
– Sie haben sehr (nicht) ordentlich gearbeitet.	– Они́ (не) о́чень аккура́тно рабо́тали.
– Sie haben sich sehr (nicht) gut vorbereitet.	– Они (не) о́чень хорошо́ подгото́вились.
– Sie (er) hat (sehr) schnell (leise) gesprochen.	– Он (она́) говори́л(а) (о́чень) бы́стро (ти́хо).

Zahlwörter

Grundzahlwörter 0 – 199			
0 ноль			
1 оди́н	11 оди́ннадцать		21 два́дцать оди́н
2 два	12 двена́дцать	20 два́дцать	32 три́дцать два
3 три	13 трина́дцать	30 три́дцать	43 со́рок три
4 четы́ре	14 четы́рнадцать	40 со́рок	54 пятьдеся́т четы́ре
5 пять	15 пятна́дцать	50 пятьдеся́т	65 шестьдеся́т пять
6 шесть	16 шестна́дцать	60 шестьдеся́т	76 се́мьдесят шесть
7 семь	17 семна́дцать	70 се́мьдесят	87 во́семьдесят семь
8 во́семь	18 восемна́дцать	80 во́семьдесят	98 девяно́сто во́семь
9 де́вять	19 девятна́дцать	90 девяно́сто	199 сто девяно́сто де́вять
10 де́сять		100 сто	

Ordnungszahlwörter 1. – 199.			
1. пе́рвый	11. оди́ннадцатый		21. два́дцать пе́рвый
2. второ́й	12. двена́дцатый	20. двадца́тый	32. три́дцать второ́й
3. тре́тий	13. трина́дцатый	30. тридца́тый	43. со́рок тре́тий
4. четвёртый	14. четы́рнадцатый	40. сороково́й	54. пя́тьдесят четвёртый
5. пя́тый	15. пятна́дцатый	50. пятидеся́тый	65. шестьдеся́т пя́тый
6. шесто́й	16. шестна́дцатый	60. шестидеся́тый	76. се́мьдесят шесто́й
7. седьмо́й	17. семна́дцатый	70. семидеся́тый	87. во́семьдесят седьмо́й
8. восьмо́й	18. восемна́дцатый	80. восьмидеся́тый	98. девяно́сто восьмо́й
9. девя́тый	19. девятна́дцатый	90. девяно́стый	199. сто девяно́сто девя́тый
10. деся́тый		100. со́тый	

Урóк 1 А–Б

Schreiben will gekonnt sein!

Beim Erlernen der kyrillischen Schrift hast du die Chance, bewusst deine eigene Handschrift zu nutzen und ggf. zu verbessern. Schau dir bei einer Schriftprobe mit deutschem oder englischem Text genau an, wie du die Buchstaben im lateinischen Alphabet formst. Sind *a, o, u* deutlich zu unterscheiden? Wo sind die Verbindungslinien, wenn du Buchstaben aneinander reihst? Oder schreibst du manche Buchstaben grundsätzlich nicht mit anderen Buchstaben verbunden?

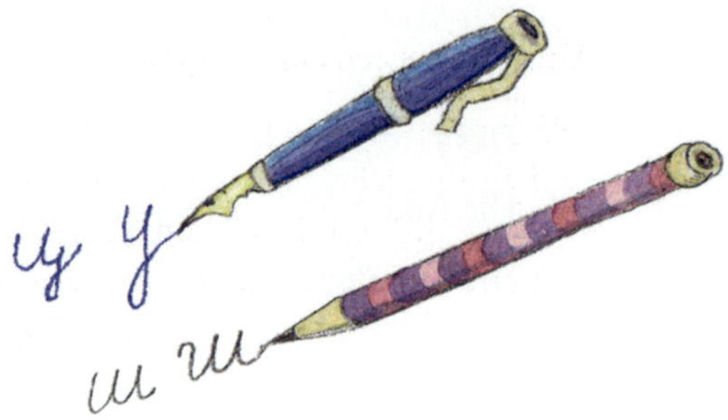

Im Russischen machen oft minimale Unterschiede das Geschriebene erst eindeutig lesbar. Es macht zum Beispiel einen Unterschied, ob ein Buchstabenansatz oben spitz oder rund ist! Vergleiche, wie in deiner Schreibschrift *ли* (zusammen geschrieben) neben dem *ш* aussieht. Wenn sie gleich aussehen, stimmt der Buchstabenansatz nicht! Übe Wörter in einem Zug zu schreiben.

Setze einen Strich unter das *ш* und über das *т*, wenn diese Buchstaben in deiner Handschrift einander sehr ähnlich sind. Beachte auch, dass es im kyrillischen Alphabet kleinere und größere Unterlängen gibt: *ц* und *у* sollten sich deutlich voneinander unterscheiden. Frage ggf. deinen Lehrer / deine Lehrerin, ob er/sie dir Schreibschrift-Varianten anbieten kann, die deine Handschrift besser lesbar machen.

Manche Buchstaben kommen selten oder nie als Großbuchstaben vor. Schau sie dir ab und zu im Buch an, um ihre Schreibschriftvariante nicht zu vergessen. Oft ist es aber auch möglich, den Druckbuchstaben an Stelle des Schreibschrift-Großbuchstabens zu verwenden.

Probier einmal aus, wie es aussieht, wenn du russische Wörter mit dem Fuß in den Sand oder Schnee schreibst, mit nassem Finger auf einen trockenen Schul- oder Küchentisch schreibst, oder einen Kuchen mit Zuckerguss aus einer Spritztüte dekorierst! In Übergröße siehst du vielleicht selbst besser, wo du deine Schrift verbessern kannst.

Урóк 1 А–Д

Vokabeln lernen macht Spaß!

Beim Vokabellernen überlege dir, ob die Techniken, die du bisher in anderen Fremdsprachen angewandt hast, bewirkt haben, dass die Wörter und Ausdrücke „saßen". Ja? Dann weiter so.
Nein? Oder immer das gleiche System wird allmählich langweilig? Dann versuche einmal etwas anderes. Steige vom Vokabelheft auf Lernkärtchen um oder umgekehrt, nimm die Wörter selbst als Sprecher in einer Tonaufnahme auf, schreibe sie am Computer, suche zu neuen Wörtern Abbildungen oder mache dir selbst Zeichnungen dazu. Versuche, dir ein Bild vorzustellen, in dem die Wörter einer „Ration" möglichst alle enthalten sind.

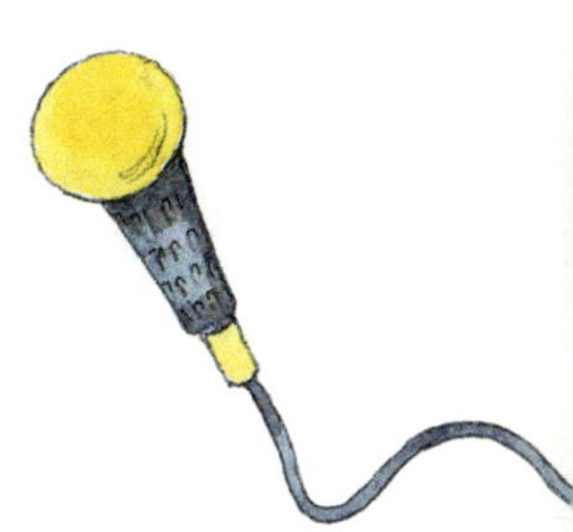

Wenn du Wörter lernst, präge dir die Betonung gut ein. Ein falsch betontes Wort bedeutet u. U. etwas ganz anderes, als was du sagen wolltest. Wenn es dir schwer fällt, ein Wort in allen zu lernenden Formen richtig zu betonen, versuche, den Rhythmus mit der Hand auf den Tisch (oder einen Resonanzkörper!) zu klopfen. Oder gehe herum – pro Silbe einen Schritt – und stampfe bei der betonten Silbe auf den Boden. Wenn es dir Spaß macht, verwandle die Silben in Sprünge – unbetont = kleiner Hüpfer oder Schritt, betont = großer Sprung oder Ausfallschritt. Setze auf diese Weise auch Lektionstexte aus dem Buch in Bewegung um!

Vokabeln oder Grammatik lernen muss nicht *still sitzen* heißen! Zungenbrecher, Gedichte und Liedtexte sind ideal, um ein Gefühl für den Sprachrhythmus zu bekommen.

Урóк 2

Neue Fremdsprache und doch vertraut!

Im Russischen gibt es viele Lehnwörter, Fremdwörter und Internationalismen. Viele davon sind sehr einfach zu verstehen. Beachte aber, dass es auch „falsche Freunde" gibt: z. B. *бутербрóд* schreibt sich ein wenig anders, ist im Russischen männlich und bedeutet eigentlich „belegtes Brot"! Wenn du die Unterschiede kennst, sie vielleicht sogar erklären kannst, kannst du Fehler vermeiden.

Wenn du andere slawische und indoeuropäische Sprachen mit dem Russischen vergleichst, stellst du noch mehr Gemeinsamkeiten, aber auch Unterschiede fest. Welche Lautgesetze, Wortbildungsregeln und Grammatikentwicklungen die einzelnen Sprachen geprägt haben, ist Gegenstand der historischen Sprachwissenschaft.
Du kannst dir die Sprachverwandtschaft aber auch zunutze machen. Frage Mitschüler mit anderen Muttersprachen, sieh ein dich interessierendes Wort in mehrsprachigen/anderssprachigen Wörterbüchern, ggf. im Internet nach (z. B. Englisch – Russisch, Französisch – Russisch, Polnisch – Russisch usw.). Eine große Familie ist zwar manchmal irritierend und verwirrend, oft aber auch nützlich. Man ist nie allein ... und es ist immer was los.

Уро́к 3

Wo kommen wir hin und wie?

Alle Wege führen nach Rom? Stimmt nicht: *Язы́к до Ки́ева доведёт!*
Wenn du das Gefühl hast, du kannst etwas nicht richtig sagen, du machst zu viele Fehler oder dir fehlen die Worte: Gib nicht auf, versuche, mit Mimik und Gestik, mit allen Mitteln beim Anderen anzukommen. Du hast ja noch nicht so viel Zeit zum Üben gehabt, da ist es ganz normal, dass du Fehler machst oder ins Stocken gerätst. Allmählich wirst du dich sicherer fühlen – vor allem, wenn du früher Gelerntes immer wieder wiederholst und neben dem Neuen anwendest.

Was du in dieser Lektion gelernt hast, ist auf jeden Fall Wert, so bald wie möglich am lebenden Objekt erprobt zu werden. Du kannst sicher Menschen in deiner Stadt, in deiner Schule, auf der Straße, im Bus, bei einer Veranstaltung oder beim Einkaufen Russisch sprechen hören. Sprich doch mal jemanden an, wenn er/sie dir sympathisch ist! Frag mal jemanden nach dem Weg... auch wenn du selber weißt, wo es lang geht. Beim Sprachenlernen gilt das alte Sprichwort *Reden ist Silber, Schweigen ist Gold* nicht!

Aspekt: Es kommt auf die Sicht der Dinge an.

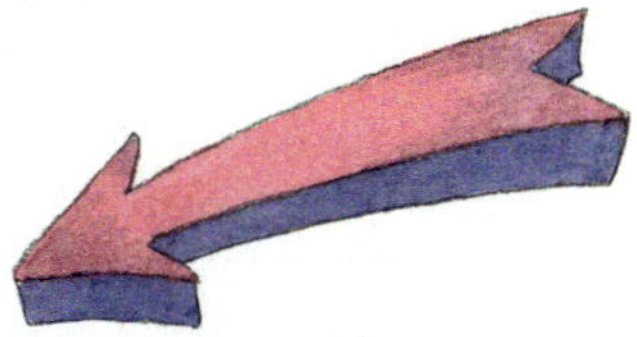

In dieser Lektion hast du das russische Aspektsystem kennen gelernt. Das ist etwas ganz Besonderes, für Menschen mit deutscher Muttersprache zunächst Fremdes, ein Phänomen, das dir vielleicht besonders kompliziert erscheint. In Wirklichkeit ist es aber ganz einfach.

Wenn kleine Kinder in Russland das – ohne groß nachzudenken – lernen können, kannst du das auch! Nur dass du eben kein „unbeschriebenes Blatt" mehr bist und dich von dem frei machen musst, was du schon über Tempussysteme aus anderen Sprachen weißt.
Merke dir einfach nur:
Vom vollendeten Verb gibt es kein Präsens, nur Infinitiv, Futur, Imperativ und Präteritum.
Vom unvollendeten Verb gibt es auch Präsensformen.

Warum?
Weil der **vollendete Aspekt** immer die **Veränderung** einer Situation anspricht – entweder war früher mal was anders als zu einer anderen Zeit, oder die Veränderung soll oder wird erst noch eintreten, in der Zukunft.
Und der **unvollendete Aspekt** hebt eben **keine Veränderung** hervor, lässt die Handlung als „normal" erscheinen – er besagt „so ist das halt und so blieb/bleibt das auch".
Du wirst sehen, es stimmt.

Du hast schon eine ganze Reihe Verben gelernt, ohne zu wissen, welchem Aspekt sie zuzuordnen sind. Schlage nun einmal in der Aspektpartnerliste auf S. 130 nach, welcher Aspekt an welcher Stelle in den Lektionen 1–3 verwendet wurde. Es ging, wenn eine Form des vollendeten Aspekts stand, immer darum, dass etwas anders wurde, oder künftig anders wird!

Und ist es nicht praktisch – dank dem Aspekt muss man im Russischen nur ganz wenige Verbformen lernen:
es gibt kein Plusquamperfekt (braucht man nicht),
kein Futur II (braucht man nicht),
keine besonderen Konjunktivformen (braucht man nicht),
keine besonderen Verbformen für die indirekte Rede (braucht man nicht)!
Und doch kann man all das ausdrücken – mit einem einzigen Verb-Aspektpaar.

Уро́к 5

In Form sein bei der Formenlehre!

Während das Verbsystem im Russischen eher sparsam mit Formen ausgestattet ist (s. Lektion 4), bringen Substantive und Adjektive wieder eine reich ausgeprägte Formenvielfalt ins Spiel. Irgendwo muss es ja den Ausgleich geben ... Hier heißt es einfach üben, üben, üben.

Es ist nicht verboten, die Grammatikpunkte Г 1–2–3 auswendig zu lernen und sich ggf. beim Überlegen der passenden Endung das Schema aufzusagen, bis man an der richtigen Stelle angekommen ist – und dann STOP! Da haben wir die Endung. Empfehlenswert ist auch, die *Hüpfmethode* aus dem Lerntipp zu Lektion 1 nun zum Lernen der Deklinationen zu verwenden.

Ein kleiner Trost für die Mühen: Auf Russisch ist es besonders leicht zu reimen, denn die Wortstellung ist fast ganz frei, man kann also relativ leicht passende Zeilenenden mit gleichem oder ähnlichem Klang finden – alles Nötige an Beziehungen zwischen den Worten wird ja durch die Endungen ausgedrückt.
Aber achte auf die Betonung! Unbetonte Endungen klingen oft anders als die gleiche, aber betonte Endung!
Wenn du nicht selber reimen willst, suche dir Lieder aus, die dir vom Klang her gefallen, und singe oder sprich mit (Karaoke).

Уро́к 6

Der Weg ist das Ziel!

In dieser Lektion hast du viel über Russlands Städte und Landschaften erfahren. Das ist aber erst der Anfang! Denn jetzt, wo du einen Überblick über die wichtigsten Grammatikkapitel und schon einiges an Wortschatz zur Verfügung hast, kannst du ernsthaft ans Reisen denken (und sei es auch nur im Internet, mit Filmen, Büchern oder Zeitungen/Zeitschriften).

Mach dir klar, wie weit du nun schon im Russischen fortgeschritten bist – in wichtigen Alltagssituationen kannst du dich verständigen, und was du über Land und Leute weißt, ist beachtlich! Nächstes Jahr darfst du aber nicht alles wieder vergessen haben, denn Einiges kommt doch noch dazu. Dazu brauchst du ein festes Fundament – nimm dir deshalb immer wieder das Buch, dein Arbeitsheft, ggf. die Hör-CD und dein Vokabelheft/ deine Lernkartei vor, lies deine Hefte und dein Dossier durch, stöbere im Anhang.

Markiere dir in deinen eigenen Materialien die Stellen, die dir besonders wichtig erscheinen. Überlege dir, was du deinen Freunden auf Russisch über die Ferien erzählen kannst. Wenn du in den Ferien dazu Gelegenheit findest, **SPRICH RUSSISCH!**

Man muss nicht alles wissen, aber man muss wissen wo es steht!

Wörterbücher können dir beim Lesen helfen, die Bedeutung eines Wortes zu erschließen, oder beim Übersetzen, das passende Wort zu finden.
Sie helfen dir aber auch herauszufinden, wie man ein Wort im Satz verwendet und in welchen Wendungen es vorkommt. Solche Fragen hast du in anderen Fremdsprachen auch schon mit Hilfe von Wörterbüchern gelöst.
Für das Russische bieten dir Wörterbücher aber noch mehr Hilfestellungen an.
So zeigen sie dir zum Beispiel,

- welchen Kasus ein Verb regiert,
- welches Geschlecht ein Substantiv hat,
- ob das Wort in der Umgangssprache üblich oder eher selten ist und gestelzt wirkt,
- ob es Slang, veraltet oder gar ein Schimpfwort ist, das du besser vermeiden solltest.

Ein gutes Wörterbuch verrät dir auch, wie ein Wort in all seinen Formen betont wird. Du weißt, die Betonung kann sich je nach Kasus, Numerus und Genus verschieben. Und eine falsche Betonung kann bedeuten, dass du etwas ganz anderes gesagt hast, als du eigentlich sagen wolltest.

Ganz toll ist es, wenn du Zugang zu Internetwörterbüchern mit Tonausgabe hast, die es ermöglichen, die entsprechenden Worte und Formen auch zu hören. Und zwar so oft du willst! Der Computer hat ja unendlich viel Geduld; dem ist es gleich, wie oft du dir Hilfe holst.
Oft sind zusätzliche Angaben und Hilfen im Wörterbuch etwas versteckt, mit Abkürzungen oder Symbolen dargestellt, oder es wird mit Kürzeln und Ziffern auf ein Kapitel am Anfang oder Ende verwiesen. Man sieht dann nicht immer gleich, was für Besonderheiten mit dem Wort verknüpft sind. Aber es lohnt sich, im Wörterbuch zu blättern und zu schauen, wo und wie Zusatzangaben „versteckt“ sind. Vielleicht markierst du diese Seiten zum schnelleren Nachschlagen mit einem eingeklebten Zettel.

Aspektpartner zu Verben aus den Lektionen 1–3

(alphabetisch geordnet nach Wortanfang im unvollendeten Aspekt)

! Einige Verben, die eine lang andauernde Handlung bzw. einen Zustand ausdrücken, haben keinen vollendeten Aspekt. Wenn sie präfigiert werden, ändert sich ihre Bedeutung.
Bei Verben ohne Betonungsbesonderheiten oder Konsonantenwechsel ist nur die Endung der 1. und 2. Pers. Sg. und 3. Pers. Pl. angegeben.
Bei unregelmäßigen Verben **(!)** sind **alle** Formen aufgeführt!

Unvollendeter Aspekt (Präsens)	Vollendeter Aspekt (Futur)	Bedeutung
брать берý, берёшь; берýт	**взя́ть** возьмý, возьмёшь; возьмýт	nehmen
висе́ть *1./2. Pers. ungebr.*, он (онá, онó) виси́т; они́ вися́т	–	hängen
говори́ть говорю́, говори́шь; говоря́т	**сказáть** скажý, скáжешь; скáжут	*v.* sagen *uv.* reden, sprechen
дéлать дéлаю, -ешь; -ют	**сдéлать** сдéлаю, -ешь; -ют	machen, tun
есть ем, ешь, ест ! еди́м, еди́тс, едя́т !	**съесть** съем, съешь, съест ! съеди́м, съеди́те, съедя́т !	essen, verspeisen
жить живý, живёшь; живýт	–	leben, wohnen
зáвтракать зáвтракаю, -ешь; -ют	**позáвтракать** позáвтракаю, -ешь; -ют	frühstücken
звать зовý, зовёшь; зовýт	–	rufen, nennen > heißen
знать знáю, -ешь; -ют	–	kennen, wissen
идти́ идý, идёшь; идýт	–	gehen
извиня́ть извиня́ю, -ешь; -ют	**извини́ть** извиню́, -и́шь; -ят	entschuldigen
катáться катáюсь, -ешься; -ются	**покатáться** покатáюсь, -ешься; -ются	*(Rollschuh etc.)* fahren
лежáть лежý, лежи́шь; лежáт	–	liegen
люби́ть люблю́, лю́бишь; лю́бят	–	mögen, gern haben
называ́ться *1./2. Pers. ungebr.!* он называ́ется; они́ называ́ются	**назвáться** *1./2. Pers. ungebr.!* он назовётся; они́ назовýтся	heißen
находи́ться нахожýсь, нахóдишься; нахóдятся	–	sich befinden
обéдать обéдаю, -ешь; -ют	**пообéдать** пообéдаю, -ешь; -ют	zu Mittag essen
отдыхáть отдыхáю, -ешь; -ют	**отдохнýть** отдохнý, отдохнёшь; отдохнýт	sich erholen, ausruhen
передавáть передаю́, передаёшь; передаю́т	**передáть** передáм, передáшь, передáст; передади́м, передади́те, передадýт!	überbringen, übermitteln

Unvollendeter Aspekt (Präsens)	Vollendeter Aspekt (Futur)	Bedeutung
писáть пишý, пи́шешь; пи́шут	**написáть** напишý, напи́шешь; напи́шут	schreiben
пить пью́, пьёшь; пьют	–	trinken
поворáчивать поворáчиваю, -ешь; -ют	**повернýть** повернý, повернёшь; повернýт	abbiegen
повторя́ть повторя́ю, -ешь; -ют	**повтори́ть** повторю́, -ишь; -я́т	wiederholen
предложи́ть предложý, предлóжишь; предлóжат	**предлагáть**	vorschlagen
рабóтать рабóтаю, -ешь; -ют	–	arbeiten
рисовáть рисýю, рисýешь; рисýют	**нарисовáть** нарисýю, нарисýешь; нарисýют	zeichnen
сидéть сижý, сиди́шь; сидя́т	–	sitzen
слýшать слýшаю, -ешь; -ют	–	zuhören, anhören
смотрéть смотрю́, смóтришь; смóтрят	**посмотрéть** посмотрю́, посмóтришь; посмóтрят	anschauen
спать сплю, спишь; спят	–	schlafen
стоя́ть стою́, стои́шь; стоя́т	–	stehen
танцевáть танцýю, танцýешь; танцýют	**станцевáть** станцýю, станцýешь; станцýют	tanzen
ýжинать ýжинаю, -ешь; -ют	**поýжинать** поýжинаю, -ешь; -ют	zu Abend essen
учи́ть учý, ýчишь; ýчат	**вы́учить** вы́учу, вы́учишь; вы́учат	*(Vokabeln, etwas auswendig)* lernen
фотографи́ровать фотографи́рую, -уешь; фотографи́руют	**сфотографи́ровать** сфотографи́рую, -уешь; сфотографи́руют	fotografieren
хотéть хочý, хóчешь, хóчет ! хоти́м, хоти́те, хотя́т !	–	wollen
читáть читáю, -ешь; -ют	**прочитáть** прочитáю, -ешь; -ют	lesen

Поуро́чный слова́рь

Das *Поуро́чный слова́рь* hilft dir beim selbstständigen Lernen der neuen Wörter. Du kennst diese Lektionswörterverzeichnisse bereits aus deinen anderen Fremdsprachenlehrwerken und weißt, dass du nicht alle Wörter mit dem gleichen Aufwand lernen musst.
Die neuen Wörter sind in der Regel in der Reihenfolge ihres Auftretens angegeben und fett gedruckt. Um dir das Einprägen und Ordnen von Vokabeln zu erleichtern, wurden aber *thematische Wortfelder* zusammengefasst.
Wörter, die du nicht unbedingt alle lernen musst, aber für deine eigenen Redeabsichten benötigst, wurden nicht fett gedruckt.
Und dann gibt es noch Vokabeln, deren deutsche Bedeutung du ganz leicht erschließen kannst, weil sie im Deutschen und in anderen Sprachen gleich oder ähnlich klingen. Sie stehen zum leichteren Auffinden alphabetisch sortiert am Ende eines jeden Abschnitts.
An einigen Stellen findest du Merkhilfen, die dich auf Besonderheiten, die du im Unterricht gelernt hast, noch einmal aufmerksam machen möchten. Ebenso gibt es bei einigen Wörtern Ausspracheinweise, wenn du das Wort anders aussprechen musst als es geschrieben wird.

Am Ende des Lektionswörterverzeichnisses findest du eine Übersicht über die Schreibweise deutscher Namen im Russischen und russischer Namen im Deutschen.

Уро́к 1 А Приве́т! Я Ни́на.

Приве́т!	Hallo!	Приве́т, Макси́м!
я	ich	Я Ни́на.
а	und, aber	
э́то	das	Это Лу́кас, а это Мари́я.
и	und	Ни́на и Бори́с
ма́ма	Mama, Mutti	
те́ма	Thema	
тест	Test	
текст	Text	
кака́о *nicht dekl.*	Kakao	
е́вро *m, nicht dekl.*	Euro	
самова́р	Samowar	
рестора́н	Restaurant	
кафе́ *nicht dekl.*	Café	
кио́ск	Kiosk, Verkaufsstand	
телефо́н	Telefon	
авто́бус	Bus	
футбо́л	Fußball *(Spiel)*	
кто?	wer?	Кто э́то?
да	ja	

нет	nein	
не	nicht	Э́то не Ва́ля, а На́дя.
вот	Das ist...	Вот Ка́тя, а вот Оле́г.
Здра́вствуй!	Guten Tag! Begrüßung von Personen, die man duzt, unabhängig von der Tageszeit	Здра́вствуй, Оле́г!
Здра́вствуйте!	Guten Tag! Begrüßung von mehreren Personen oder von Personen, die man siezt, unabhängig von der Tageszeit	Здравствуйте, Анна Петровна!
ребя́та *Pl.*	Kinder, Jugendliche Oft auch in der Anrede gebräuchlich.	Здравствуйте, ребята!
Пока́! *ugs.*	Tschüss! Bis dann!	Пока́, Ди́ма!
До свида́ния.	Auf Wiedersehen.	До свида́ния, Та́ня!
ка́рта	Karte, Landkarte, Stadtplan	
теа́тр	Theater	

rezeptive Lexik

ананáс, аптéка, банкомáт, бар, брáво, вáнна, икóна, интернет-клу́б, кáктус, ки́ви (*n, nicht dekl.*), клуб, кóбра, кóсмос, крóна, мáрка, нóта, ноутбу́к, óпера, óптика, ромáн, сорт, старт, су́мма, такт, торт, трáктор, туалéт

Уро́к 1 Б Меня́ зову́т Лу́кас.

меня́ зову́т	ich heiße	Меня́ зову́т Катя.
До́брый день!	Guten Tag!	До́брый день, Светла́на Ива́новна!
До́брый ве́чер!	Guten Abend!	
день *m*, *Pl.* дни	Tag	
ве́чер, *Pl.* вечера́	Abend	
как?	wie?	
Как тебя́ зову́т?	Wie heißt du?	
фами́лия	Familienname, Zu- oder Nachname	Vorsicht, nicht verwechseln mit *Familie*, das Wort dafür lernst du im Abschnitt B.
твоя́ фами́лия	dein Nachname	Как твоя́ фами́лия?
моя́ фами́лия	mein Nachname	Моя́ фами́лия – Добро́в.
бага́ж	Gepäck	
рюкза́к	Rucksack	
журна́л	Zeitschrift, Magazin	
гита́ра	Gitarre	
му́зыка	Musik	
что?	was?	Что э́то?

борщ	Borschtsch	Suppe aus Weißkohl und Roten Beeten
щи *nur Pl.*	russische Kohlsuppe	
матрёшка	Matrjoschka	
хо́бби *n, nicht dekl.*	Hobby	
ноль *m*	Null	
ты	du	
мы	wir	
вы	ihr, Sie	
маши́на	Auto	
регистра́ция	Anmeldung	
С Но́вым го́дом!	Frohes neues Jahr! Alles Gute zum neuen Jahr!	
биле́т	Eintrittskarte, Fahrkarte, Ticket	Вот биле́т.
пожа́луйста ! пожа́[лу]ста	bitte	Биле́т, пожа́луйста!
спаси́бо	danke	
ско́лько?	Wie viel?	
Ско́лько тебе́ лет?	Wie alt bist du?	
Мне … лет.	Ich bin … Jahre alt.	Мне де́сять лет.
алфави́т	Alphabet	
фо́то *ugs., nicht dekl.*	Foto	

Zahlen

оди́н	1
два	2
три	3
четы́ре	4
пять	5
шесть	6
семь	7
во́семь	8
де́вять	9
де́сять	10

оди́ннадцать	11
двена́дцать	12
трина́дцать	13
четы́рнадцать	14
пятна́дцать	15
шестна́дцать	16
семна́дцать	17
восемна́дцать	18
девятна́дцать	19

rezeptive Lexik

апельси́н, бана́н, мю́сли (*nicht dekl.*), чи́збургер, шашлы́к, шокола́д, шпина́т;
антило́па, боа́ (*m, nicht dekl.*), дельфи́н, жира́ф, зе́бра, крокоди́л, лев, попуга́й, стра́ус, тигр, фаза́н, хамелео́н;
гео́лог, журнали́ст, инжене́р, контролёр;
гара́ж, гло́бус, жалюзи́ (*nicht dekl.*), конце́рт, лото́ (*nicht dekl.*), меню́ (*n, nicht dekl.*), ми́нус, объе́кт, па́спорт, плюс, субъе́кт, те́хника, фильм, центр, цирк, чемпио́н, шеф

Уро́к 1 В Это моя́ семья́.

семья́, *Pl.* се́мьи	Familie	
ба́бушка	Oma, Großmutter	
де́душка *m*	Opa, Großvater	
па́па m	Papa, Vati	
роди́тели *Pl.*	Eltern	Вот мои́ роди́тели: ма́ма Та́ня и па́па Андре́й.
тётя	Tante	
дя́дя *m*	Onkel	
сестра́, *Pl. сёстры*	Schwester	
брат, *Pl. бра́тья*	Bruder	
её зову́т	sie heißt	Её зову́т А́нна Ива́новна.
его́ зову́т	er heißt	Его́ зову́т Никола́й Ива́нович.
он, она́, оно́; они	er, sie, es; sie	
мой, моя́, моё; мои́	mein(e)	мои́ ба́бушка и де́душка
твой, твоя́, твоё; твои́	dein(e)	твой дя́дя, твои́ друзья́
наш, на́ша, на́ше; на́ши	unser(e)	наш де́душка, на́ше кафе́, на́ши дя́дя и тётя
ваш, ва́ша, ва́ше; ва́ши	euer(e), Ihr(e)	ва́ша семья́, ва́ше фо́то
уже́ *Adv.*	schon	Мне уже́ пятна́дцать лет.
студе́нт	Student	
студе́нтка	Studentin	
учени́к	Schüler	То́ля – учени́к.
учени́ца	Schülerin	Да́ша – учени́ца.
пенсионе́р, *Pl.* пенсионе́ры	Rentner	
друг, *Pl.* друзья́	Freund	Степа́н – мой друг.
подру́га	Freundin	Ната́ша – моя́ подру́га.
актёр	Schauspieler	
актри́са	Schauspielerin	
певе́ц, *Pl.* певцы́	Sänger	
певи́ца	Sängerin	

rezeptive Lexik

бистро́ (*nicht dekl.*), бюро́ (*nicht dekl.*), ко́фе (*m, nicht dekl.*), ла́мпа, моде́ль (*f* ! мо[дэ́]ль), поли́тик, пробле́ма, спортсме́н, такси́ (*n, nicht dekl.*)

Уро́к 1 Г Я из Герма́нии.

отку́да?	woher?	Отку́да ты?
из *mit Gen.*	aus	
Росси́я из Росси́и	Russland	Со́ня из Росси́и.
Герма́ния из Герма́нии	Deutschland	Ни́ко из Герма́нии.

язы́к	Sprache	
говори́ть, говорю́, говори́шь; говоря́т	sprechen	
хорошо́ *Adv.*	gut	Он хорошо́ говори́т по-ру́сски.
немно́го *Adv.*	nicht viel, ein bisschen	Дени́с немно́го говори́т по-неме́цки.

по-ру́сски	russisch, auf Russisch	по-испа́нски	spanisch, auf Spanisch
по-неме́цки	deutsch, auf Deutsch	по-италья́нски	italienisch, auf Italienisch
по-англи́йски	englisch, auf Englisch	по-по́льски	polnisch, auf Polnisch
по-францу́зски	französisch, auf Französisch		

где?	wo?	Где учи́тель?
в *mit Präp.*	in, an	в Росси́и, в Герма́нии
жить, живу́, живёшь; живу́т	wohnen	Где ты живёшь?
Алло́!	Begrüßung am Telefon	
Как дела́?	Wie geht's?	
ещё *Adv.*	noch	
на *mit Präp.*	auf, in, an	на по́чте, на конце́рте
ско́ро *Adv.*	bald	
там *Adv.*	dort	Ты уже́ там?
сего́дня *Adv.* ! се[во́]дня	heute	Сего́дня Мари́на и Сла́ва в шко́ле.
дом, *Pl.* дома́	Haus	
до́ма *Adv.*	zu Hause	Ба́бушка до́ма.
дом 	дома́ 	до́ма  домо́й 
апте́ка	Apotheke	апте́ке
аэропо́рт ! в аэропорту́	Flughafen	аэропорту́
бассе́йн	Schwimmbad, Schwimmhalle	бассе́йне
библиоте́ка	Bibliothek	библиоте́ке
го́род, *Pl.* города́	Stadt	го́роде
зоопа́рк	Zoo	зоопа́рке
кинотеа́тр	Kino	кинотеа́тре
класс	Klassenraum, Klasse	в — кла́ссе
кремль *m*	Stadtfestung, Kreml	кремле́
магази́н	Laden, Geschäft	магази́не
музе́й, *Pl.* музе́и	Museum	музе́е
парк	Park	па́рке
спортко́мплекс	Sportzentrum, Sporthalle	спортко́мплексе
собо́р	Kathedrale	собо́ре
шко́ла	Schule	шко́ле

вокза́л	Bahnhof	на вокза́ле
дискоте́ка	Disko(thek)	на дискоте́ке
по́чта	Post	на по́чте
стадио́н	Stadion	на стадио́не
фестива́ль *m*	Festival	на фестива́ле
футля́р	Etui, Futteral	
воро́на	Krähe	
компью́тер ! компью[тэ]р	Computer	
тури́ст	Tourist	Тури́ст в кремле́.
ру́чка	Kugelschreiber, Stift	Ру́чка в рюкзаке́.
почтальо́н	Briefträger	
учи́тель *m, Pl.* учителя́	Lehrer	
есть	es gibt, es ist vorhanden	В го́роде есть зоопа́рк.

rezeptive Lexik

альбо́м, база́р, банк, ваго́н, пассажи́р, президе́нт, суперма́ркет, университе́т, фле́йта

Уро́к 1 Д Я люблю́ спаге́тти.

люби́ть, люблю́, лю́бишь; лю́бят	mögen, lieben	Ты лю́бишь сок?
Как по-неме́цки...?	Wie heißt ... auf Deutsch?	Как по-неме́цки молоко́?
Как по-ру́сски...?	Wie heißt ... auf Russisch?	Как по-ру́сски Tee?
о́чень *Adv.*	sehr	Э́ля о́чень лю́бит квас.
совсе́м *Adv.*	überhaupt	Я совсе́м не люблю́ фру́кты.
хоте́ть, хочу́, хо́чешь; хотя́т	möchten, wollen	Я хочу́ сок и пи́ццу.
есть	essen	Я люблю́ есть мя́со.
пить	trinken	Он лю́бит пить молоко́.
сейча́с *Adv.*	jetzt	Сейча́с в рестора́не обе́д.
кино́ *nicht dekl., ugs.*	Kino, Film	Све́та и И́горь лю́бят кино́.
шо́пинг	Shopping, Einkaufen	
за́втрак на за́втрак	Frühstück, zum Frühstück	На за́втрак Ми́ша лю́бит пить чай.
обе́д на обе́д	Mittagessen, zum Mittagessen	На обе́д моя́ ма́ма лю́бит есть ку́рицу.
у́жин на у́жин	Abendbrot, zum Abendbrot	На у́жин я люблю́ пельме́ни.

Lebensmittel

хлеб	Brot	су́шка	Kringel *(Gebäck)*
бу́лочка	Brötchen	ватру́шка	Quarkplunder
пирожо́к, *Pl.* пирожки́	Pirogge	**бутербро́д**	belegtes Brot

колбаса́, *Pl.* колба́сы	Wurst
сыр	Käse
сала́т, *Pl.* сала́ты	Salat
суп, *Pl.* супы́	Suppe
соля́нка	Soljanka
горя́чие блю́да *Pl.*, *Sg.* горя́чее блю́до	warme Gerichte, Hauptgerichte
блины́ *Pl.*, *Sg.* блин	Bliny *(Eierkuchen, Pfannkuchen)*
котле́та	Bulette, Fleischklops, Frikadelle Aufgepasst, nicht verwechseln mit dem deutschen *Kotelett*.
ку́рица	Huhn, Hühnchen
мя́со	Fleisch
пельме́ни *Pl.*	Pelmeni *(gefüllte Teigtaschen)*
пи́цца	Pizza
ры́ба	Fisch
соси́ски *Pl.*, *Sg.* соси́ска	Würstchen
шни́цель *m*	Schnitzel
гарни́р	Beilage
карто́фель фри *m, nur Sg.*	Pommes frites
рис	Reis

десе́рт	Dessert
варе́нье	Warenje *(dick eingekochte Beeren oder Früchte, eine Art Konfitüre)*
конфе́ты *Pl.*, *Sg.* конфе́та	Konfekt, Praline, Bonbon
мармела́д *nur Sg.*	Geleefrüchte, -konfekt Aufgepasst, nicht verwechseln mit der deutschen *Marmelade*.
моро́женое	(Speise)Eis
руле́т	Biskuitrolle
фру́кты *Pl.*, *Sg.* фрукт	Obst, Früchte
напи́тки *Pl.*, *Sg.* напи́ток	Getränke
вода́	Wasser
квас	Kwas(s) *(traditionelles russisches Erfrischungsgetränk)*
ко́ла	Cola
компо́т	*Getränk aus (gekochtem) Obst*
молоко́	Milch
сок	Saft
чай	Tee

Sport

спорт	Sport
бокс	Boxen
баскетбо́л	Basketball
волейбо́л	Volleyball
гандбо́л	Handball
стритбо́л	Streetball
гимна́стика	Turnen, Gymnastik
дзюдо́ *nicht dekl.*	Judo
карате́ *nicht dekl.* ! кара[тэ́]	Karate
сноубо́рдинг	Snowboarding
те́ннис ! [тэ́]ннис	Tennis

rezeptive Lexik

би́гос, бульо́н, гаспа́чо (*m, nicht dekl.*), йо́гурт, кеба́б, круасса́н, лимона́д, макаро́ны, пахлава́ (*nur Sg.*), пюре́ (*nicht dekl.* ! пю[рэ́]), спаге́тти (*nicht dekl.*), стейк (! с[тэ]йк), чи́псы, штру́дель (*m*)
бале́т, мо́да, Олимпиа́да, рок-му́зыка, рэп, спортза́л, фо́рум, хип-хо́п

Дава́й познако́мимся!	Machen wir uns miteinander bekannt!	
У кого́ есть ...?	Wer hat ...?	У кого́ до́ма есть попуга́й?
у меня́ есть	ich habe	У меня́ есть брат.
у тебя́ есть	du hast	У тебя́ есть сестра́?
у нас есть	wir haben	У нас есть крокоди́л.
у меня́ нет *mit Gen.*	ich habe nicht, ich habe kein(-e, -en)	У меня́ нет сестры́.
e-mail ! [имэ́йл]	E-Mail Offiziell wird dieses Wort mit lateinischen Buchstaben geschrieben und wie im Englischen immer klein.	
партнёр (по обме́ну)	(Austausch)partner	Я твой партнёр по обме́ну.
и́ли	oder	У тебя́ есть сестра́ и́ли брат?
учи́ть, учу́, у́чишь; у́чат	lernen	
ру́сский	russisch	ру́сский язы́к
неме́цкий	deutsch	
англи́йский	englisch	→ Seite 190
лати́нский	lateinisch, Latein-	
пока́	bisher	Я учу́ ру́сский язы́к пока́ то́лько оди́н год.
то́лько	nur, erst	
то́же	auch	Я то́же говорю́ по-англи́йски.
год, *Gen.* го́да, *Gen. Pl.* **лет**	Jahr	оди́н год, два го́да, пять лет
слу́шать, слу́шаю, слу́шаешь; слу́шают	(zu)hören	Мы лю́бим слу́шать рэп.
игра́ть, игра́ю, игра́ешь; игра́ют 1. на *чём? mit Präp.* 2. во *что? mit Akk.*	spielen 1. auf etw. spielen *(Musikinstrument, Computer)* 2. etw. *(z. B. Spiel)* spielen	игра́ть на фле́йте, игра́ть на компью́тере, игра́ть в волейбо́л
де́лать, де́лаю, де́лаешь; де́лают	tun, machen	Что ты лю́бишь де́лать?
Пиши́.	Schreibe.	
Ско́лько ... лет? *mit Dat.*	Wie alt ist (bist, seid, sind) ...? Du kennst bereits aus Урок 1Б *Ско́лько тебе́ лет?*	Ско́лько Тоби́асу лет?
два *m/n,* **две** *f mit Gen. Sg.*	zwei — Die männlichen Formen kennst du bereits aus Уро́к 1Б.	два сте́йка, два меню́, две пи́ццы
оди́н *m,* **одна́** *f,* **одно́** *n*	ein(e, s)	оди́н шни́цель, одна́ соля́нка, одно́ кака́о
гость *m, Pl.* го́сти	Gäste	У нас го́сти из Росси́и.
Ну, ла́дно. *ugs.*	Na, macht nichts. Na gut.	
Переда́й(те) ... приве́т! *mit Dat.*	Grüße (Grüßt) ...! Bestelle (Bestellt) ... einen Gruß!	Переда́й ба́бушке приве́т! Переда́йте Кири́ллу приве́т!

Хорошо́, переда́м.	Gut, das werde ich machen. *(wörtl.: Gut, ich werde bestellen.)*	
Поня́тно.	Alles klar. Aha, ich habe verstanden.	– Оле́га нет до́ма. – Поня́тно.

Tiere

кот	Kater	ло́шадь *f*	Pferd
ко́шка	Katze	канаре́йка	Kanarienvogel
соба́ка	Hund	попуга́й	Papagei *(auch Wellensittich)*
кро́лик	Kaninchen	ры́бка	Zierfisch
хомя́к, *Gen.* хомяка́	Hamster	черепа́ха	Schildkröte
мышь *f, Pl.* мы́ши	Maus	змея́, *Pl.* зме́и	Schlange
кры́са	Ratte		

Уро́к 2 Б Я люблю́ игра́ть в футбо́л.

вре́мя *n*	Zeit (~punkt; ~dauer)	свобо́дное вре́мя
свобо́дное вре́мя	Freizeit	Что вы лю́бите де́лать в свобо́дное вре́мя?
чита́ть	lesen	Что Ми́ша лю́бит чита́ть?
с *кем? mit Instr.*	mit	с Ле́ной, с Ива́ном
с кем?	mit wem?	С кем ты лю́бишь игра́ть в ша́хматы?
вме́сте *Adv.*	zusammen	
да́льше *Adv.*	weiter	Я не хочу́ чита́ть да́льше.
сиде́ть, сижу́, сиди́шь; сидя́т	sitzen	Кот сиди́т на сту́ле.
сиде́ть в ча́те	chatten	В свобо́дное вре́мя я сижу́ в ча́те с подру́гой.
сиде́ть в Интерне́те	im Internet surfen	Лю́да и Я́ша сидя́т в Интерне́те.
Aufgepasst, *Интерне́т* wird groß geschrieben.		
писа́ть, пишу́, пи́шешь; пи́шут	schreiben	Ва́ля лю́бит писа́ть дру́гу из А́нглии.
смотре́ть, смотрю́, смо́тришь; смо́трят	schauen, gucken	В свобо́дное вре́мя ребя́та смо́трят телеви́зор.
смотре́ть телеви́зор	fernsehen	
смотре́ть кино́	Filme gucken	Мы лю́бим смотре́ть кино́.
телеви́зор	Fernseher	
танцева́ть	tanzen	Ка́тя лю́бит танцева́ть.
говори́ть по телефо́ну	telefonieren	На́стя говори́т по телефо́ну с И́рой.
рисова́ть	zeichnen, malen	Ребя́та лю́бят рисова́ть.
кни́га	Buch	

óчень *Adv.*	sehr	Изабéль óчень хорошó говорúт по-рýсски.
все	alle	Все говорят по-немéцки.
пианúно *nicht dekl.*	Klavier	Жéня хóчет игрáть на пианúно.
саксофóн	Saxofon	Игрáть на саксофóне непрóсто.
фортепиáно = пианúно *nicht dekl.* ! фор[тэ]пиáно	Klavier *(Oberbegriff für Klavier und Flügel)*	Олéг игрáет на фортепиáно с утрá до вéчера.
урóк **дéлать урóки**	1. Unterrichtsstunde 2. Hausaufgabe Hausaufgaben machen	Ýтром у нас всегдá 6 урóков. Мы не óчень лю́бим дéлать урóки.
журналúст(ка)	Journalist(in)	Что говорúт журналúстка?
нам интерéсно	es interessiert uns	Нам интерéсно, как ты живёшь.
у вас (Вас) есть	ihr habt; Sie haben	У вас есть хóбби?
ну	nun, also	Ну, я óчень люблю́ рисовáть.
чáсто *Adv.*	oft	Я чáсто сижý в чáте.
рéдко *Adv.*	selten	Мы рéдко смóтрим телевúзор.
с утрá до вéчера	von morgens bis abends	Моя́ подрýга говорúт по телефóну с утрá до вéчера.
фотографúровать	fotografieren	Журналúст óчень хорошó фотографúрует.
ýлица	Straße	Онá чáсто рисýет ýлицы Пúтера.
прóсто	einfach	Рисовáть черепáху – это прóсто.
лю́ди *nur Pl.*	Leute, Menschen	Как живýт лю́ди в Россúи?
поп-звездá	Popstar	
дéти *nur Pl.*	Kinder	Что дéлают дéти в свобóдное врéмя?
плóхо *Adv.*	schlecht	
знать, знáю, знáешь; знáют	kennen, wissen	Ты знáешь подрýгу Андрéя?
здесь *Adv.*	hier	Вы здесь живёте?
мáло *Adv.*	wenig	Дéти сегóдня óчень мáло читáют.

rezeptive Lexik

бóулинг, вундеркúнд (! вун[дэ]ркúнд), интервью́ (*n, nicht dekl.*, ! ин[тэ]рвью́), поэ́т, прéсса, процéнт, редáкция, сáмба, фэ́нтези (*n, nicht dekl.*, ! фэ́н[тэ]зи), шáхматы (*nur Pl.*)

у́тро	der Morgen	У́тро. Анто́н уже́ смо́трит телеви́зор.
у́тром *Adv.*	morgens	У́тром я за́втракаю в 7 часо́в.
днём *Adv.*	tagsüber	Днём я в шко́ле.
ве́чером *Adv.*	abends	Ве́чером я ча́сто сижу́ в ча́те.
за́втракать	frühstücken	
обе́дать	zu Mittag essen	Она́ ре́дко обе́дает до́ма.
у́жинать	zu Abend essen	Мы у́жинаем в 8 часо́в.

когда́?	wann?	Когда́ вы у́жинаете?
в *mit Akk.*	um *(zeitlich)*	в 15 часо́в 30 мину́т
	Du kennst *в* schon in räumlicher Bedeutung, z. B. *в Герма́нии.*	
час, *Gen. Pl.* часо́в	Stunde	Мы у́жинаем уже́ в 6 часо́в.
мину́та, *Gen. Pl.* мину́т	Minute	одна́ мину́та, две мину́ты, де́вять мину́т
Кото́рый час? **Ско́лько (сейча́с) вре́мени?** *ugs.*	Wieviel Uhr ist es? Wie spät ist es?	
ро́вно *Adv.*	genau *(Zeit, Menge)*	Сейча́с ро́вно час.
то́чно *Adv.*	genau	
то́чное вре́мя	die genaue Zeit	То́чное вре́мя – 13 ч. 30 м.
моско́вское вре́мя	Moskauer Zeit	Моско́вское вре́мя – 11 ч.
	Da es in Russland 12 Zeitzonen (mit Kaliningrad) gibt, wird bei offiziellen Nachrichten zur Orientierung diese Zeit angegeben.	
всегда́ *Adv.*	immer	Я всегда́ де́лаю уро́ки ве́чером.
обы́чно *Adv.*	gewöhnlich	В свобо́дное вре́мя я обы́чно чита́ю.
по́сле *чего́? mit Gen.*	nach *(zeitlich)*	по́сле шко́лы, по́сле футбо́ла
отдыха́ть	sich ausruhen, erholen	Как ты отдыха́ешь по́сле шко́лы?
ката́ться на *чём? mit Präp.* ката́ться на ро́ликах	fahren, sich auf etw. bewegen Inliner *(Rollschuh)* fahren	Де́ти о́чень лю́бят ката́ться на ро́ликах.
спать, сплю, спишь; спят	schlafen	В 7 часо́в я ещё сплю.
До́брое у́тро!	Guten Morgen!	
Споко́йной но́чи!	Gute Nacht!	

Zahlen

два́дцать	20	**се́мьдесят**	70
три́дцать	30	**во́семьдесят**	80
со́рок	40	**девяно́сто**	90
пятьдеся́т	50	**сто**	100
шестьдеся́т	60		

пра́вильно *Adv.*	richtig	Мы пра́вильно говори́м по-ру́сски.
(Я) (не) по́нял. *m* **(Я) (не) поняла́.** *f*	Ich habe (nicht) verstanden.	Анто́н: Я не по́нял. Ни́на: Я не поняла́.
Повтори́.	Wiederhole.	
пока́ нет	noch nicht	У Со́ни пока́ нет дру́га.
но́мер телефо́на	Telefonnummer	
моби́льник	Handy	У Ни́ны нет моби́льника.
телепрогра́мма	Fernsehprogramm	Ты зна́ешь телепрогра́мму на сего́дня?
сериа́л	Serie	Я ча́сто смотрю́ сериа́л *Атланти́да*.
худо́жественный фильм	Spielfilm	
коме́дия	Komödie	Я люблю́ коме́дию *Курье́р*.
мультфи́льм	Zeichentrickfilm	
чемпиона́т	Meisterschaft	чемпиона́т Герма́нии
пряма́я трансля́ция	Liveübertragung	Вы сейча́с не хоти́те посмотре́ть футбо́л? Э́то пряма́я трансля́ция.
шо́у *n, nicht dekl.*	Show	Мы не лю́бим шо́у.
хит-пара́д	Hitparade	Кто обы́чно смо́трит хит-пара́д?
ру́сская деся́тка	die russischen Top Ten	
посмотре́ть *v.*	(an)schauen	Что вы хоти́те сего́дня посмотре́ть?
	wird nach *хоте́ть* benutzt, wenn man konkret etwas anschauen möchte	

rezeptive Lexik

буфе́т, ге́ний, до́ктор, интернет-кафе́, ка́нцлер, Ко́меди клаб, курье́р, ма́стер, пиццери́я

Уро́к 3 A Мой родно́й го́род

родно́й, -а́я, -о́е; -ы́е	Heimat-, heimatlich	родно́й го́род, родна́я дере́вня
называ́ться	heißen, genannt werden	Го́род называ́ется Смоле́нск.
	Aufgepasst, darf nicht bei Personen verwendet werden.	
столи́ца	Hauptstadt	Столи́ца Росси́и – Москва́.
земля́	1. Erde 2. Bundesland	на Земле́ – auf der Erde в земле́ – im Bundesland
находи́ться, нахо́дится; нахо́дятся *где? mit Präp.*	sich befinden	Гано́вер нахо́дится в це́нтре страны́.
страна́, *Pl.* стра́ны	Land, Staat	

на	1. auf, an, in *(örtlich) mit Präp.* 2. zum *(z. B. zum Frühstück) mit Akk.* 3. mit *(Transportmittel) mit Präp.*	1. на столé, на стадиóне, на ю́ге, Фрáнкфурт-на-Óдере 2. на зáвтрак, на обéд, на десéрт 3. на автóбусе
рекá, *Akk.* рéку	Fluss	Штýтгарт нахóдится на рекé Нéккаре.
недалекó *Adv.* **недалекó** от *mit Gen.*	nicht weit unweit von, nicht weit von	Э́то совсéм недалекó. Кинó нахóдится недалекó от теáтра.
далекó *Adv.*	weit	
горá, *Pl.* гóры в горáх	Berg, *Pl.* Gebirge in den Bergen, im Gebirge	Гросглóкнер – горá в А́льпах. Я люблю́ отдыхáть в горáх.
мóре, *Pl.* моря́ на мóре	Meer am Meer	Сóчи нахóдится на мóре.
расскáзывать *что? mit Akk.; о чём? mit Präp.*	erzählen, berichten	Бáбушка расскáзывает скáзку. Мáша расскáзывает о Гáмбурге.
расскáз	Erzählung, Geschichte	расскáз о Ломонóсове
большóй, -áя, -óе; -и́е	groß, bedeutend	Большóй теáтр
мáленький, -ая, -ое; -ие	klein, unbedeutend	мáленькая рекá
востóк	Osten (Präposition *на* in Verbindung mit Himmelsrichtungen)	востóке
зáпад	Westen	зáпаде
сéвер	Norden	сéвере
сéверо-востóк	Nordosten	на – сéверо-востóке
сéверо-зáпад	Nordwesten	сéверо-зáпаде
юг	Süden	ю́ге
ю́го-востóк	Südosten	ю́го-востóке
ю́го-зáпад	Südwesten	ю́го-зáпаде
дерéвня	Dorf	Он лю́бит роднýю дерéвню.
гóрод-партнёр, *Pl.* городá-партнёры	Partnerstadt	
о *ком? (чём?) mit Präp.* **об** *(vor Vokalen)*	über, von	расскáз о Москвé, кни́га об Итáлии
какóй, -ая, -ое; -ие	welcher?, was für ein?	Какáя э́то кни́га?
стáрый, -ая, -ое; -ые	alt	стáрый собóр
нóвый, -ая, -ое; -ые	neu	нóвый дом
небольшóй, -áя, -óе; -и́е	klein	небольшóй зоопáрк
интерéсный, -ая, -ое; -ые	interessant	интерéсные хóбби
краси́вый, -ая, -ое; -ые	schön *(auf Äußeres bezogen)*	Натáлья краси́вая
глáвный, -ая, -ое; -ые	Haupt-, hauptsächlich	глáвная ýлица
люби́мый, -ая, -ое; -ые	beliebt, geliebt, Lieblings-	моя́ люби́мая поп-грýппа
хорóший, -ая, -ее !; -ие	gut	

проспéкт	Prospekt *(breite, gerade Straße)*	Nicht verwechseln mit (Werbe)Prospekt!
гости́ница	Hotel	Гости́ница *Комéта* нахóдится на проспéкте Ми́ра.
конéчно *Adv.* ! конé[ш]но	natürlich, selbstverständlich	Конéчно, я люблю́ дéлать шóпинг.
	Конéчно wird immer in Kommata eingeschlossen.	
óзеро, *Pl.* озёра	See	Я люблю́ отдыхáть на óзере.
мéсто	Platz, Ort, Stelle	Э́то моё люби́мое мéсто.

Sehenswürdigkeiten

достопримечáтельность *f*, *Pl.* достопримечáтельности	Sehens-würdigkeit
крéпость *f*	Festung
зáмок, *Gen.* зáмка, *Pl.* зáмки	Schloss
дворéц, *Gen.* дворцá, *Pl.* дворцы́	Palast, Palais
рáтуша	Rathaus
пáмятник	Denkmal
галерéя	Galerie

вы́ставка	Ausstellung
я́рмарка	Messe
(теле)бáшня	(Fernseh) Turm
городскáя стенá	Stadtmauer
ворóта *nur Pl.*	Tor
порт	Hafen
планетáрий	Planetarium

rezeptive Lexik

А́зия, институ́т, континéнт

Урóк 3 Б Моя́ кварти́ра

предлагáть	vorschlagen	
кварти́ра	Wohnung	Кварти́ра нахóдится на пя́том этажé.
этáж, *Gen.* этажá	Etage, Stockwerk	
	In Russland bezeichnet man das Erdgeschoss als 1. Etage, das 1. OG als 2. Etage usw.	
кóмната	Zimmer, Raum	В кварти́ре четы́ре кóмнаты.
спáльня	Schlafzimmer	
дéтская, *Gen.* -ой	Kinderzimmer	Hier wurde *кóмната* weggelassen, daher ist das ursprüngliche Adjektiv substantiviert worden.
гости́ная, *Gen.* -ой	Wohnzimmer	
вáнная, *Gen.* -ой	Bad	
ку́хня	Küche	на ку́хне
балкóн	Balkon	отдыхáть на балкóне
ую́тный, -ая, -ое; -ые	gemütlich, wohnlich	У меня́ ую́тная кóмната.
отсю́да *Adv.*	von hier (aus)	Шкóла недалекó отсю́да.
ти́хий, -ая, -ое; -ие	still, ruhig, friedlich	ти́хий вéчер
и т. д. (и так дáлее)	usw. (und so weiter)	
окнó, *Pl.* óкна	Fenster	В кóмнате три окнá.

у́гол, *Präp.* в углу́	Ecke	В углу́ стои́т па́льма.
спра́ва *Adv.*	rechts	Спра́ва от шка́фа стои́т по́лка.
сле́ва *Adv.*	links	Сле́ва вы ви́дите Кре́мль.
ря́дом *с чем? mit Instr.*	neben	ря́дом с ку́хней, ря́дом со шко́лой
за *чем? mit Instr.*	hinter	За по́лкой стои́т дива́н.
над *чем? mit Instr.*	über	Над сто́ликом виси́т ла́мпа.
под *чем? mit Instr.*	unter	Ру́чка лежи́т под столо́м.
пе́ред *чем? mit Instr.*	vor	Пе́ред столо́м стои́т стул.
ме́жду *чем? mit Instr.*	zwischen	Ме́жду реко́й и собо́ром нахо́дится небольшо́й парк.
напро́тив *чего́? mit Gen.*	gegenüber	Напро́тив ку́хни – ва́нная.
шкаф, *Präp.* шкафу́, *Pl.* шкафы́	Schrank	в шкафу́, на шкафу́
стол, *Gen.* стола́ пи́сьменный стол	Tisch Schreibtisch	на пи́сьменном столе́
стул	Stuhl	
по́лка	Regal	Aufgepasst, im Russischen heißt es *на по́лке.*
дива́н дива́н-крова́ть *m*	Couch Schlafcouch	
карти́на	Bild, Gemälde	
по́стер ! по́с[тэ]р	Poster	

стоя́ть, стою́, стои́шь; стоя́т	stehen	
лежа́ть, лежу́, лежи́шь; лежа́т	liegen	На столе́ лежи́т гита́ра.
висе́ть, виси́т; craftя́т	hängen	Над дива́ном вися́т карти́ны.
пол, ! на полу́	(Fuß-)Boden	Я люблю́ сиде́ть на полу́.
ковёр, *Gen.* ковра́	Teppich	
парке́т	Parkettfußboden	
табуре́т(ка)	Hocker	
сто́лик	Couchtisch, Tischchen	
зе́ркало	Spiegel	
сте́нка	Anbauwand, Schrankwand	
кни́жная по́лка	Bücherregal	
куше́тка	Liege	
компью́терный стол	Computertisch	
стереоаппарату́ра	Stereoanlage	но́вая стереоаппарату́ра
га́зовая плита́	Gasherd	
электроплита́	Elektroherd	
холоди́льник	Kühlschrank	

микроволно́вка *ugs.*	Mikrowelle
посудомо́йка *ugs.*	Geschirrspüler
стира́льная маши́на	Waschmaschine

Ordnungszahlen

пе́рвый, -ая, -ое	**1.**
второ́й, -ая, -ое	**2.**
тре́тий, -ья, -ье **!**	**3.**
четвёртый, -ая, -ое	**4.**
пя́тый, -ая, -ое	**5.**
шесто́й, -ая, -ое	**6.**
седьмо́й, -ая, -ое	**7.**
восьмо́й, -ая, -ое	**8.**
девя́тый, -ая, -ое	**9.**
деся́тый, -ая, -ое	**10.**

оди́ннадцатый, -ая, -ое	**11.**
двена́дцатый, -ая, -ое	**12.**
трина́дцатый, -ая, -ое	**13.**
четы́рнадцатый, -ая, -ое	**14.**
пятна́дцатый, -ая, -ое	**15.**
шестна́дцатый, -ая, -ое	**16.**
семна́дцатый, -ая, -ое	**17.**
восемна́дцатый, -ая, -ое	**18.**
девятна́дцатый, -ая, -ое	**19.**
двадца́тый, -ая, -ое	**20.**
два́дцать пе́рвый, -ая, -ое	**21.**
два́дцать второ́й, -ая, -ое	**22.**
тридца́тый, -ая, -ое	**30.**
три́дцать пе́рвый, -ая, -ое	**31.**
сороково́й, -ая, -ое	**40.**
пятидеся́тый, -ая, -ое	**50.**
шестидеся́тый, -ая, -ое	**60.**
семидеся́тый, -ая, -ое	**70.**
восьмидеся́тый, -ая, -ое	**80.**
девяно́стый, -ая, -ое	**90.**
со́тый, -ая, -ое	**100.**

rezeptive Lexik

ками́н, коридо́р, ма́клер, ме́бель *(f, nur Sg.)*, па́льма

Уро́к 3 В Иди́те нале́во, а пото́м напра́во.

идти́	gehen	Куда́ вы идёте?
напра́во *Adv.*	nach rechts	
нале́во *Adv.*	nach links	
пря́мо *Adv.*	geradeaus	Иди́те пря́мо, а пото́м нале́во.
пото́м *Adv.*	danach	
извини́ть	entschuldigen	Извини́те, пожа́луйста!
дое́хать	fahren *(bis zu einem bestimmten Ziel)*	Как дое́хать до ци́рка?
Как доехать...?	Wie kommt man...?	
до *чего́? mit Gen.*	bis	
туда́ *Adv.*	dorthin	
мо́жно	man kann	
дойти́	gehen *(bis zu bestimmtem Ziel)*	Туда́ мо́жно дойти́ пешко́м.
пешко́м *Adv.*	zu Fuß	
по *чему́? mit Dat.*	entlang; entsprechend; laut	по у́лице, по мосту́

поверну́ть	abbiegen, sich wenden	Пото́м поверни́те напра́во.
повтори́ть	wiederholen	Повтори́те, пожа́луйста!
	In diesem Wort steckt eine Ordnungszahl. Erkennst du, welche?	
сказа́ть, скажу́, ска́жешь; ска́жут	sagen	Скажи́те, пожа́луйста, где ста́нция метро́?
метро́ *nicht dekl.*	U-Bahn, Metro	
трамва́й	Straßenbahn	В Мю́нхене трамва́й есть, а в Лю́беке трамва́я нет.
тролле́йбус	Trolleybus, O-Bus *(Oberleitungsbus)*	Тролле́йбусы в Герма́нии есть то́лько в города́х Эберсва́льде, Зо́лингене и Э́сслингене-на-Не́ккаре.
маршру́тка	Marschrutka *(eine Art Linientaxi, Kleinbus)*	*маршру́тка = маршру́тное такси́*
электри́чка	Vorortzug, Nahverkehrszug *(elektrisch betrieben)*	
ста́нция, *Gen.* ста́нции	Station *(gilt für die U-Bahn)*	на ста́нции метро́
остано́вка	Haltestelle *(gilt für Bus, Straßenbahn, O-Bus und Taxi)*	на остано́вке трамва́я
Не за что.	Keine Ursache. Gern geschehen.	Aufgepasst, hier wird *не* betont.
че́рез что? *mit Akk.*	über (… hinüber)	Иди́те пря́мо че́рез мост.
мост	Brücke	
сквер	Grünanlage, kleiner Park	
удо́бный, -ая, -ое; -ые	bequem	У меня́ удо́бный дива́н.
ка́ждый, -ая, -ое; -ые	jeder	ка́ждый день
скульпту́ра	Skulptur, Plastik	В скве́ре есть скульпту́ры.
горожа́нин, горожа́нка	Städter, Städterin	
москви́ч, москви́чка	Moskauer, Moskauerin	
мю́нхенец, мю́нхенка	Münchner, Münchnerin	
ло́ндонец, ло́ндонка	Londoner, Londonerin	
парижа́нин, парижа́нка	Pariser, Pariserin	
россия́нин, россия́нка	Russe, Russin *(Staatsangehörigkeit)*	
не́мец, не́мка	Deutscher, Deutsche	
англича́нин, англича́нка	Engländer, Engländerin	

Уро́к 4 A Я люблю́ ходи́ть по магази́нам.

ходи́ть, хожу́, хо́дишь; хо́дят	1. gehen wohin? в, на *mit Akk.* 2. bummeln wo? по *mit Dat.* 3. tragen *(Kleidung)* в *mit Präp.*	1. ходи́ть пешко́м, ходи́ть в кино́, ходи́ть на конце́рт 2. ходи́ть по го́роду 3. ходи́ть в джи́нсах
ходи́ть по магази́нам	einkaufen	

купи́ть *что? mit Akk.* за *ско́лько? mit Akk.*	kaufen	В суперма́ркете мо́жно купи́ть хлеб за 1 е́вро.
оде́жда *nur Sg.*	Kleidung	магази́н оде́жды
о́бувь f, *nur Sg.*	Schuhwaren	магази́н о́буви
кни́жный, -ая, -ое; -ые	Buch-	кни́жный магази́н
музыка́льный -ая, -ое; -ые	Musik-, musikalisch	музыка́льный магази́н
това́р	Ware	това́ры для до́ма
спорттова́ры *Pl.*	Sportartikel *Pl.*	
ГУМ (Гла́вный универса́льный магази́н) ! als ein Wort gesprochen [гум]	GUM *(das bekannteste Kaufhaus in Moskau)*	
мно́го чего́? *mit Gen.*	viel	У нас есть мно́го фи́льмов.
исто́рия	Geschichte	исто́рия Росси́и
совреме́нный, -ая, -ое; -ые	modern, gegenwärtig	В Москве́ есть совреме́нные магази́ны.
изве́стный, -ая, -ое; -ые	berühmt, bekannt	Ники́та Михалко́в – это изве́стный актёр.
торго́вый центр	Einkaufszentrum	ГУМ – это большо́й торго́вый центр.
сувени́р	Souvenir, Andenken	Я хочу́ купи́ть ру́сский сувени́р.
ювели́рные изде́лия *Pl.*	Juwelierwaren	
электротова́ры	Elektrogeräte	
демонстрацио́нный зал	Ausstellungshalle	
продаве́ц, *Pl.* продавцы́	Verkäufer	
для *кого? чего? mit Gen.*	für	ме́сто для о́тдыха
о́тдых	Erholung, Entspannung	
показа́ть, покажу́, пока́жешь; пока́жут *кому́? mit Dat.; что? mit Akk.*	zeigen	Покажи́те мне, пожа́луйста, э́ти кни́ги.
э́тот, э́та, э́то; э́ти	dieser, diese, dieses; diese	Э́та оде́жда о́чень краси́вая.
шкату́лка	Schatulle, Dose	
ло́жка	Löffel	
сто́ить *сколько? mit Akk.* сто́ит *что де́лать? mit Inf.*	1. kosten 2. sich lohnen	1. Ско́лько сто́ит самова́р? 2. Э́тот фильм сто́ит посмотре́ть.
де́ньги *nur Pl.*	Geld	
ру́бль *m*	Rubel	Конфе́ты сто́ят 50 рубле́й.
копе́йка	Kopeke	Оди́н рубль = сто копе́ек.
цена́, *Pl.* це́ны	Preis	Цена́ биле́та – 300 рубле́й.
взя́ть, возьму́, возьмёшь; возьму́т	nehmen (auch kaufen)	Я возьму́ сок и молоко́.
так *Partikel*	so	Так, сейча́с иду́ домо́й.
гжель *f*	(hand)bemalte Keramik mit blauem Muster	

хохлома́	lackbemalte Löffel, Dosen etc. aus Holz	
тогда́	1. dann 2. damals	Ко́лы здесь нет. Тогда́ я возьму́ сок.
росси́йский, -ая, -ое; ие	russisch *(bezogen auf den Staat Russland)*	Рубль и копе́йка – э́то росси́йские де́ньги.

Zahlen

две́сти	200
трistá	300
четы́реста	400
пятьсо́т	500

шестьсо́т	600
семьсо́т	700
восемьсо́т	800
девятьсо́т	900
ты́сяча	1000

Kleidung

джи́нсы *nur Pl.*	Jeans
брю́ки *nur Pl.*	Hose
футбо́лка	T-Shirt
блу́зка	Bluse
пла́тье	Kleid
руба́шка	Hemd
ю́бка	Rock

сви́тер ! сви́[тэ]р, *Pl.* сви́теры	Pullover
ту́фля, *Pl.* **ту́фли**	Schuh, Schuhe
кроссо́вка, *Pl.* **кроссо́вки**	Turnschuh, Turnschuhe

всего́	1. nur 2. insgesamt	Биле́ты в кино́ сто́ят всего́ 200 рубле́й.
за *mit Akk.*	für *(Preisangabe)*	сви́тер за 800 рубле́й
су́пер- *ugs.*	Super-	суперце́ны, суперодежда
носи́ть, ношу́, но́сишь; но́сят *что? mit Akk.*	*(hier Kleidungsstücke)* tragen	Я ношу́ джи́нсы.
цвет, *Pl.* цвета́	Farbe	Э́тот цвет мне нра́вится.
актуа́льный, -ая, -ое; -ые	aktuell	актуа́льный цвет сезо́на
натура́льный, -ая, -ое; -ые	Natur-	натура́льные цвета́
я́ркий, -ая, -ое; -ие	bunt, leuchtend	я́ркие цвета́

Farben

бе́лый, -ая, -ое; -ые	weiß
чёрный, -ая, -ое; -ые	schwarz
се́рый, -ая, -ое; -ые	grau
кра́сный, -ая, -ое; -ые	rot
зелёный, -ая, -ое; -ые	grün
ро́зовый, -ая, -ое; -ые	pink, rosa
ора́нжевый, -ая, -ое; -ые	orange

жёлтый, -ая, -ое; -ые	gelb
голубо́й, -а́я, -о́е; -ы́е	hellblau
си́ний, -ая, -ое; -ие	dunkelblau
фиоле́товый, -ая, -ое; -ые	violett
кори́чневый, -ая, -ое; -ые	braun
бе́жевый, -ая, -ое; -ые	beige

наприме́р *Adv.*	zum Beispiel	В э́том магази́не мо́жно купи́ть о́бувь, наприме́р, кроссо́вки и́ли ту́фли.

DVD *nicht dekl.* ! [ди-ви-ди́]	DVD	
почему́?	warum?	
тако́й, -а́я, -о́е; -и́е	so ein, ein solcher	Таки́е мо́дные ве́щи есть то́лько у нас.
дешёвый, -ая, -ое; -ые	billig, preiswert	Э́та футбо́лка дешёвая.
дорого́й, -а́я, -о́е; -и́е	teuer	Сувени́ры о́чень дороги́е.
ски́дка	Ermäßigung, Rabatt	В э́том магази́не сего́дня ски́дки.
кольцо́, *Pl.* ко́льца	Ring	Како́е краси́вое кольцо́.
кла́ссный *ugs.*, -ая, -ое; -ые	1. toll, cool 2. Klassen-	– Ты ви́дел фильм *12*? – Да, это кла́ссный фильм. кла́ссная рабо́та

rezeptive Lexik

аудиоте́хника, бути́к, видеоте́хника, дета́ль *(f)*, диза́йнер, насто́льный те́ннис, сало́н, сезо́н, сноубо́рд, сувени́рный, шик, я́хта

Уро́к 4 Б Вчера́ мы бы́ли в кино́.

дневни́к	1. Tagebuch 2. Hausaufgabenheft	
вчера́	gestern	Вчера́ мы бы́ли в зоопа́рке.
се́рия	Folge	Мы смотре́ли но́вую се́рию фи́льма.
у *mit Gen.*	bei *(örtlich)*	у меня́ до́ма, у кинотеа́тра
гото́вить, гото́влю, гото́вишь; гото́вят	1. vorbereiten 2. (Essen) zubereiten	1. гото́вить конце́рт 2. гото́вить у́жин
фотогра́фия	Lichtbild, Fotografie	На э́той фотогра́фии мои́ ма́ма и ба́бушка.
быть	sein	Вчера́ мы были на конце́рте.
звони́ть *кому́? mit Dat.* звоню́, звони́шь, звони́т; звоня́т	1. jmdn. anrufen 2. klingeln	1. звони́ть дру́гу 2. Телефо́н звони́т.
спортце́нтр	Sportzentrum	
Ничего́. *ugs.*	(Ganz) OK. Gut.	– Как у тебя́ дела́? – Ничего́. А у тебя́? – Не о́чень.
Не о́чень. *ugs.*	Nicht besonders gut.	
До ве́чера!	Bis (heute) Abend! vgl. До свида́ния!	
обы́чный, -ая, -ое; -ые	gewöhnlich	
Скуча́ть будет не́когда!	Es wird keine Zeit für Langeweile bleiben!	

ла́герь, *Pl.* лагеря́	Lager *(hier Ferienlager, aber auch Feld-, Gefangenenlager)*	Я люблю́ отдыха́ть в ла́гере.
театра́льный, -ая, -ое; -ые	Theater-	театра́льный сезо́н
сту́дия	Studio, Werkstatt	театра́льная сту́дия
велосипе́д	Fahrrad	И́ра уме́ет ката́ться на велосипе́де.
стреля́ть из лу́ка	Bogenschießen	В ла́гере мы стреля́ли из лу́ка.
спорти́вный	sportlich, Sport-	спорти́вный ла́герь
игра́, *Pl.* и́гры	Spiel	компью́терная игра́, видеои́гры
музыка́льный, -ая, -ое; -ые	musikalisch, Musik-	музыка́льный журна́л
петь, пою́, поёшь; пою́т	singen	петь пе́сни
карао́ке *n, nicht dekl.* пе́ть под карао́ке	Karaoke	В свобо́дное вре́мя я иногда́ пою́ под карао́ке.
рабо́та	Arbeit, Job	Моя ма́ма рабо́тает в шко́ле. Она́ говори́т, что э́то интере́сная рабо́та.
кани́кулы *nur Pl.*	Ferien	На кани́кулах мы лю́бим отдыха́ть в гора́х.
шко́льник, шко́льница	Schüler, Schülerin	У нас есть рабо́та для шко́льников и студе́нтов.
интересова́ться *mit Instr.*	sich interessieren für etw.	Па́вел интересу́ется му́зыкой.
уме́ть, уме́ю, уме́ешь; уме́ют	können, fähig sein etwas zu tun	Я уме́ю игра́ть на гита́ре.
счита́ть	rechnen, zählen	Вы уме́ете счита́ть де́ньги?
занима́ться *mit Instr.*	sich beschäftigen mit etw., (Sport) treiben	Моя́ сестра́ занима́ется те́ннисом.
проду́кты *Pl.*	Lebensmittel	В суперма́ркете мо́жно купи́ть проду́кты.
велоспо́рт	Radport	Я интересу́юсь спо́ртом, занима́юсь велоспо́ртом.
хокке́й	Eishockey, Hockey	Они́ игра́ют в хокке́й.
джаз	Jazz	Моя́ ма́ма интересу́ется рок-му́зыкой и джа́зом.
кла́ссика	Klassik	Я люблю́ слу́шать му́зыку, наприме́р, кла́ссику.
мо́чь, могу́, мо́жешь; мо́гут *Prät.* мог, могла́; могли́	können	– Ты мо́жешь позвони́ть мне ве́чером? – Нет, не могу́. Я бу́ду в теа́тре.
подари́ть, подарю́, пода́ришь; пода́рят	schenken	На Но́вый год мой друг подари́л мне видеоигру́.
плака́т	Plakat	
пла́вать	schwimmen	пла́вать в о́зере
похо́д	Wanderung	В гора́х мы мо́жем ходи́ть в похо́ды.

rezeptive Lexik

альпини́зм, виндсёрфинг, диза́йн, инстру́ктор, интерье́р, ка́сса, колла́ж, курс, проекти́ровать, равио́ли *(Pl.)*, реце́пт, роллердро́м, са́уна, сервис-за́л, сортирова́ть, специа́льный, тури́зм, турфи́рма, фи́тнес, хит, ша́нс, экску́рсия

Уро́к 4 В Мои́ пла́ны на за́втра

плани́ровать что? на когда́?	etw. planen	Что вы плани́руете на за́втра?
музыка́нт	Musiker	
репети́ровать	proben	
быть бу́ду, бу́дешь, бу́дет; бу́дем, бу́дете, бу́дут	1. sein (siehe 4Б) 2. Hilfsverb zur Bildung des zusammengesetzten Futurs	
за́втра *Adv.*	morgen	За́втра мы бу́дем игра́ть в баскетбо́л.
послеза́втра *Adv.*	übermorgen	Конце́рт бу́дет послеза́втра.
До за́втра!	Bis morgen!	
До послеза́втра!	Bis übermorgen!	
план	Plan	
дли́нный, -ая, -ое; -ые	lang	Сего́дня был дли́нный день.
снача́ла *Adv.*	zuerst	
опера́тор	1. hier: Techniker 2. Kameramann	
ждать *uv. mit Akk.*, жду, ждёшь; ждут	(er)warten	За́втра Михаи́л бу́дет ждать Ли́зу в сту́дии.
пое́хать/е́хать е́хать: е́ду, е́дешь, е́дет; е́дем, е́дете, е́дут	fahren	Сего́дня я не могу́ пое́хать к ба́бушке.
пойти́ *v.* пойду́, пойдёшь; пойдём *Prät.* пошёл, пошла́; пошли́	gehen	Мы пойдём в кино́.
поду́мать/ду́мать	denken	Я ду́маю, что наш конце́рт был интере́сный.
отве́тить/отвеча́ть *кому́? mit Dat. на что? mit Akk.* отве́тить: отве́чу, отве́тишь, отве́тят	antworten auf etw.	Учени́к отвеча́ет на вопро́с. Почему́ ты не отве́тил дру́гу?
дать/дава́ть *кому́? mit Dat. что? mit Akk.* дать: дам, дашь, даст; дади́м, дади́те, дадут дава́ть: даю́, даёшь, даёт; даём, даёте, даю́т	geben	Поп-звёзды лю́бят дава́ть интервью́.
рекла́ма	Werbung	

встре́титься/встреча́ться с *mit Instr.* встре́титься: встре́чусь, встре́тишься; встре́тятся	sich treffen mit jmdm.	Шко́льники встреча́ются с актри́сой Чулпа́н Хама́товой.
поуча́ствовать/уча́ствовать в *mit Präp.*	teilnehmen an etw.	Са́ша поуча́ствует в игре́. Мы уча́ствуем в прое́кте.
поигра́ть *v.*	spielen	Снача́ла мы поигра́ем в те́ннис, а пото́м пообе́даем.
режи́м режи́м дня	Betrieb, Regime, Modus Tagesablauf	
зате́м *Adv.*	danach	Снача́ла мы поигра́ем в футбо́л, а зате́м в те́ннис.
погуля́ть/гуля́ть	spazieren gehen	Снача́ла мы погуля́ем в па́рке, а зате́м посмо́трим но́вый музе́й.
написа́ть *v.*	schreiben	Све́та напи́шет письмо́ подру́ге.
нарисова́ть *v.*	malen, zeichnen	Мы нарису́ем плака́т.
ката́ться на *mit Präp. v.*	fahren	За́втра я снача́ла поката́юсь на ро́ликах, о пото́м напишу́ текст.
позвони́ть *v.*	anrufen	Я позвоню́ дру́гу по телефо́ну.
пообе́дать *v.*	Mittag essen	За́втра я пообе́даю у ба́бушки.
пригото́вить *v.*	1. vorbereiten 2. (Essen) zubereiten	1. Оле́г пригото́вит презента́цию. 2. Та́ня пригото́вит обе́д.
до́лго *Adv.*	lange	А́ня до́лго писа́ла письмо́.
сде́лать *v.*	machen, tun	Мы уже́ сде́лали уро́ки.
встре́ча	Treffen	встре́ча со шко́льниками
рассказа́ть *v.*	erzählen	Па́вел Фёдорович рассказа́л о кинофестива́ле.
вы́учить *v.* вы́учу, вы́учишь; вы́учат	lernen	Са́ша вы́учил но́вые пе́сни.
эски́з	Skizze, Entwurf	
рекла́мный, ая, -ое; -ые	Werbe-	рекла́мный плака́т
интере́сно *Adv.*	interessant	
портфе́ль *m*	Aktentasche	
му́льтик *ugs.*	Zeichentrickfilm (*vgl.* мультфильм)	
газе́та	Zeitung	чита́ть газе́ты и журна́лы
кинока́мера	Filmkamera	
детекти́в	Krimi	Бори́с Аку́нин пи́шет детекти́вы.

доклáд	Vortrag	читáть доклáд
Дýма	Staatsduma *(russisches Parlament)*	
цéлый, -ая, -ое; -ые	ganz	цéлый день
баскетбóльный, -ая, -ое; -ые	Basketball-	
матч	sportlicher Wettkampf, Wettspiel	баскетбóльный матч Россúи с Гермáнией
минúстр *чегó? mit Gen.*	Minister	минúстр спóрта
Олимпúйские úгры, *Pl.*	Olympische Spiele	

rezeptive Lexik

аэрохоккéй, вéрсия, вúдео (*nicht dekl.*), вокáл, грýппа, диск, кенгурý, кинофестивáль (*m*), лотерéя, микрофóн, монтúровать, нон-стóп, презентáция, спúкер, фан-клýб, финáл, флáер

Урóк 5 A Я учýсь в гимнáзии.

учúться, учýсь, ýчишься; ýчатся *nur uv.*	1. lernen, studieren 2. (in eine Schule, eine Klasse) gehen в *mit Präp.*	Я учýсь хорошó. Úра ýчится в гимнáзии, в 9-м клáссе.
гимнáзия	Gymnasium	
ведь *Partikel*	doch *(verstärkend; betont, dass etw. bekannt ist)*	Вы ведь ужé встречáлись.
крóме *когó? чегó? mit Gen.*	außer	Что он хóчет есть, крóме ры́бы?
получúть/получáть	bekommen, erhalten	В Россúи немéцкие ученикú получúли мнóго сувенúров.
оцéнка	(Schul)note	Áня получúла хорóшие оцéнки.
вид спóрта	Sportart	Какúм вúдом спóрта ты интересýешься?
шкóльный	Schul-	Вы поёте в шкóльном хóре?
начáльная шкóла	Grundschule	
стáршие клáссы *Pl.*	Oberstufe	
срáзу *Adv.*	sofort, direkt	Когдá я бýду дóма, я срáзу тебé позвоню́.
подарúть/дарúть дарю́, дáришь; дáрят	schenken	
цветы́ *Pl., Sg.* цветóк	Blumen, Blume	Пáпа чáсто дáрит мáме цветы́.
лéтом *Adv.*	im Sommer	Я люблю́ отдыхáть на мóре.
длúться *nur uv.*	dauern	Концéрт длúлся 2 часá.
мéсяц, *Gen. Pl.* мéсяцев	Monat	два мéсяца

когда́	wenn, als Die Bedeutung *wann?* ist dir bereits aus Уро́к 2B bekannt.	Когда́ у нас кани́кулы, мы обы́чно отдыха́ем на мо́ре. Когда́ у нас бы́ли кани́кулы, мы бы́ли в Испа́нии.
едини́ца	↔ оди́н	В Росси́и ученики́ ре́дко получа́ют едини́цы.
дво́йка, *Gen. Pl.* дво́ек	↔ два	
тро́йка, *Gen. Pl.* тро́ек	↔ три	
четвёрка, *Gen. Pl.* четвёрок	↔ четы́ре	
пятёрка, *Gen. Pl.* пятёрок	↔ пять	

Zensuren in Deutschland	Russland
1	5
2	4
3	3
4, 5	2
6	1

отли́чно *Adv.*	ausgezeichnet	Пятёрка в Росси́и – э́то отли́чно.
удовлетвори́тельно *Adv.*	zufriedenstellend	Тро́йка – это удовлетвори́тельно.
серьёзный	ernst(haft)	серьёзная пробле́ма
да́же	sogar	Я́на о́чень интересу́ется Япо́нией, она́ да́же у́чит япо́нский язы́к.
сле́дующий, -ая, -ее; -ие **в сле́дующем году́**	nächster (-e, -es; -e) im nächsten Jahr	В сле́дующем году́ я пое́ду в Росси́ю на три ме́сяца.
учёбник	Lehr-, Schulbuch	но́вые учёбники
учёбный	Lehr-, Schul-	но́вая учёбная програ́мма
уче́ние	Lehre	уче́ние Да́рвина
учи́тельница	Lehrerin Die männliche Bezeichnung kennst du aus Уро́к 1B.	Вы дари́ли но́вой учи́тельнице цветы́?
стра́нный	merkwürdig, komisch	стра́нный вид спо́рта
ма́льчик	Junge	Э́ти ма́льчики отли́чно у́чатся.
неде́ля	Woche	две неде́ли
большинство́	Mehrheit	большинство́ ученико́в

расписа́ние	Zeitplan
расписа́ние уро́ков	Stundenplan
предме́т	Unterrichtsfach
факультати́в	Wahlkurs
а́лгебра	Algebra
In Russland wird Mathematik in zwei Fächern unterrichtet: *а́лгебра* und *геоме́трия*.	
геоме́трия	Geometrie
матема́тика	Mathematik
информа́тика	Informatik

есте́ственные нау́ки	Naturwissenschaften
биоло́гия	Biologie
фи́зика	Physik
хи́мия	Chemie
геогра́фия	Geografie
обществове́дение	Gesellschaftskunde, Sozialkunde
эконо́мика	Wirtschaft
пра́во	Recht(skunde)

литерату́ра	Literatur
In Russland wird Russisch in zwei Fächern unterrichtet: *ру́сский язы́к* und *литерату́ра*.	
рели́гия	Religion

э́тика	Ethik
иностра́нный язы́к	Fremdsprache
рисова́ние	Zeichnen
физкульту́ра	Sport

часть *f*	Teil	ма́ленькая часть
ра́но *Adv.*	früh	Мы за́втракаем ра́но у́тром.
У́жас! *ugs.*	(Wie) schrecklich!	Нача́ло в 6:30? У́жас!
сча́стье, к сча́стью	Glück, zum Glück	К сча́стью, ско́ро кани́кулы!
действи́тельно *Adv.*	tatsächlich	Э́то действи́тельно интере́сно!
понеде́льник	Montag	**в** ***mit Akk.*** в понеде́льник,
вто́рник	Dienstag	во вто́рник,
среда́	Mittwoch	в сре́ду,
четве́рг	Donnerstag	в четве́рг,
пя́тница	Freitag	в пя́тницу,
суббо́та	Samstag	в суббо́ту,
воскресе́нье	Sonntag	в воскресе́нье

rezeptive Lexik

а́втор, поп-му́зыка, хор

Уро́к 5 Б Пе́рвый звоно́к

звоно́к, *Gen.* звонка́ звоно́к по телефо́ну	Klingel(zeichen) Anruf	В Росси́и все лю́бят Пе́рвый звоно́к.
	Erstes Klingeln – Tradition am 1. Schultag (1. 9.)	
потому́ что	weil	Он не поёт в хо́ре, потому́ что не уме́ет петь.
ва́жный	wichtig	ва́жные предме́ты
нача́ло	Beginn, Anfang	нача́ло неде́ли
пра́здник	Feiertag	Э́то важный праздник.
пра́здничный	feierlich, festlich	пра́здничная оде́жда
зна́ние, *Gen. Pl.* зна́ний	Wissen, Kenntnis	У Тоби́аса хоро́шие зна́ния ру́сского языка́.
	День зна́ний – это пра́здник. *Tag des Wissens* – offizielle Bezeichnung des 1. Schultags	
де́вочка, *Gen. Pl.* де́вочек	(kleines) Mädchen	Э́то кроссо́вки для де́вочки.
де́вушка, *Gen. Pl.* де́вушек	junges Mädchen	Ско́лько де́вушек у вас в кла́ссе?
бант, *Pl.* ба́нты	Schleife	У де́вочек бе́лые ба́нты.
во́лосы *Pl., Gen. Pl.* воло́с	Haare	ба́нты в волоса́х
краси́во *Adv.*	schön	Вы краси́во поёте!

ру́ка́, *Pl.* ру́ки	Hand	Они́ игра́ют на пиани́но в четы́ре руки́.
плечо́, *Pl.* пле́чи	Schulter	Кто сиди́т на плеча́х ма́льчика?
стихи́ *Pl.*, *Sg.* стих	Gedicht(e), (der einzelne) Vers	Я люблю́ чита́ть стихи́.
организова́ть	organisieren	Дава́йте организу́ем вме́сте ве́чер му́зыки
весёлый	heiter, fröhlich	
к сожале́нию	leider	К сожале́нию, я не был на ва́жных встре́чах.
про́шлый, -ая, -ое; -ые в про́шлом году́	vergangener, letzter im letzten Jahr	на про́шлых кани́кулах
су́мка, *Gen. Pl.* су́мок	(Hand)tasche, Beutel	Что у тебя́ в су́мке?
тетра́дь *f*	Heft	кра́сная тетра́дь
микрокалькуля́тор	Taschenrechner	
уго́льник	(Geo)dreieck	У меня́ нет уго́льника.
па́пка, *Gen. Pl.* па́пок	Schnellhefter, Ordner	Что в но́вых па́пках?
ша́риковая ру́чка	Kugelschreiber	
флома́стер	Filzstift	Нет кра́сных флома́стеров.
пена́л	Federtasche, (Feder)Mäppchen	Что в пена́лах пятикла́ссников?
лине́йка, *Gen. Pl.* лине́ек	Lineal	Лине́йки, к сожале́нию, нет.
каранда́ш, *Gen. Pl.* карандаше́й	Bleistift, Buntstift	Есть у вас жёлтые карандаши́?
рези́нка, *Gen. Pl.* рези́нок	Radiergummi	У меня́ нет рези́нки.
поня́ть/понима́ть поня́ть: пойму́, поймёшь; пойму́т	verstehen	Ты меня́ по́нял?
спроси́ть/спра́шивать спроси́ть: спрошу́, спро́сишь; спро́сят	fragen	Почему́ он не спроси́л меня́?
вопро́с	Frage	На э́тот вопро́с отве́та нет.
отве́т	Antwort	Я, к сожале́нию, не зна́ю отве́т.
пра́вильный	richtig, korrekt	Да, э́то пра́вильный отве́т.
пе́ние	Gesang	
ужа́сный	schrecklich	ужа́сный конце́рт
давно́ *Adv.*	längst, seit langem	Мы здесь живём уже́ давно́.
де́тский	Kinder-	де́тские стихи́
тру́дный	schwierig	тру́дные вопро́сы
челове́к ! *Pl.* лю́ди	Mensch	Она́ всегда́ ду́мает, что она́ ва́жный челове́к.

аккура́тный	akkurat, genau (arbeitend)	
акти́вный	aktiv	
популя́рный	populär	
практи́чный	praktisch (veranlagt)	
симпати́чный	sympathisch	
споко́йный	ruhig, gelassen, friedlich *Спокойной ночи!* kennst du schon aus Уро́к 2В.	Сего́дня споко́йный день.
сти́льный	stilvoll	Я люблю́ сти́льную оде́жду.
тала́нтливый	talentiert	
темпера́ментный	temperamentvoll	
стать/станови́ться *mit Instr.* стать: ста́ну, ста́нешь, ста́нет; ста́нем, ста́нете, ста́нут станови́ться: становлю́сь, стано́вишься; стано́вятся	1. werden 2. geschehen	Со́ня хо́чет стать модлье́ром. Что ста́ло с э́тим челове́ком?

Berufe

архео́лог	Archäologe
био́лог	Biologe
веб-диза́йнер	Web-Designer
зоо́лог	Zoologe
исто́рик	Historiker
лётчик	Pilot(in)
ма́клер	Makler
матема́тик	Mathematiker
ме́неджер	Manager
метеоро́лог	Meteorologe
милиционе́р	Polizist(in)
модлье́р ! мо[дэ]лье́р	Modedesigner(in)
перево́дчик перево́дчица	Übersetzer(in)
программи́ст	Programmierer
психо́лог	Psychologe
фи́зик	Physiker
хи́мик	Chemiker
экономи́ст	Ökonom, Wirtschaftsexperte
юри́ст	Jurist

rezeptive Lexik

(веб-)сайт, ма́ркер, ци́ркуль (*m*), сигна́л

Уро́к 5 В Мой люби́мый пра́здник

вре́мя *n* **го́да** *Pl.* **времена́ го́да**	Jahreszeit	Како́е вре́мя го́да твоё люби́мое?
весна́	Frühling	**весно́й** im Frühling
ле́то	Sommer	**ле́том** im Sommer
о́сень *f*	Herbst	**о́сенью** im Herbst
зима́	Winter	**зимо́й** im Winter

янва́рь *m*	Januar	**в** *mit Präp.* в январе́	**ию́ль** *m*	Juli	в ию́ле
февра́ль *m*	Februar	в феврале́	**а́вгуст**	August	в а́вгусте
март	März	в ма́рте	**сентя́брь** *m*	September	в сентябре́
апре́ль *m*	April	в апре́ле	**октя́брь** *m*	Oktober	в октябре́
май	Mai	в ма́е	**ноя́брь** *m*	November	в ноябре́
ию́нь *m*	Juni	в ию́не	**дека́брь** *m*	Dezember	в декабре́

раз, *Gen. Pl.* раз ... раз в неде́лю	Mal	Ско́лько раз в неде́лю у вас англи́йский язы́к?
почти́	fast, beinahe	Ва́за сто́ит почти́ 80 е́вро.
и́мя	(Vor)Name	Моё и́мя – Ни́на.
день рожде́ния	Geburtstag	Мой день рожде́ния весно́й, тре́тьего апре́ля.
роди́ться *v., meist im Prät.,* роди́лся, родила́сь; родили́сь	geboren werden	Когда́ роди́лся Ми́ша, в январе́ и́ли феврале́?
число́ **како́го числа́?**	Datum, Zahl an welchem Tag *(Datum)*?	Како́е сего́дня число́? Како́го числа́ родила́сь А́ня?
ты́сяча	Tausend	две ты́сячи
звать *uv.*	rufen, nennen	Друзья́ зову́т его́ Серёга.
	Меня зовут... hast du schon in Уро́к 1А kennen gelernt.	
отпра́здновать/пра́здновать	*(allgemein)* feiern	Мои́ друзья́ о́чень лю́бят пра́здновать дни рожде́ния.
отме́тить/отмеча́ть отме́тить: отме́чу, отме́тишь, отме́тят	*(ein konkretes Fest)* begehen, feiern	Мой день рожде́ния в сре́ду, но я бу́ду его́ отмеча́ть то́лько в суббо́ту.
ра́ньше	früher	Где вы жи́ли ра́ньше?
назва́ть/называ́ть назва́ть: назову́, назовёшь, назовёт; назовём, назовёте, назову́т	(be)nennen, einen Namen geben Das Wort *называ́ться* kennst du bereits aus Уро́к 3А.	Вы уже зна́ете, как вы назовёте но́вую соба́ку?
ра́зный	verschieden	Мы с Кири́ллом живём в ра́зных дома́х.
труд	1. Arbeit, Mühe 2. Werken *(Schulfach)*	Он получи́л пятёрку по труду́ с больши́м трудо́м. 1 Ма́я – Пра́здник Весны́ и Труда́.

Feiertage

Ма́сленица	*vgl.* Fasching, Fastnacht, Karneval	День наро́дного еди́нства	Tag der nationalen Einheit *(4. 11.)*
Но́вый год	Neujahr *(1. 1.)*	День свято́го Валенти́на	Valentinstag *(14. 2.)*
Па́сха	Ostern	День Побе́ды	Tag des Sieges *(9. 5.)*
Рождество́	Weihnachten	Же́нский день	Internationaler Frauentag *(8. 3.)*
Тро́ица	Pfingsten		

поздра́вить/поздравля́ть *кого́? mit Akk. с чем? mit Instr.* поздра́вить: поздра́влю, поздра́вишь, поздра́вят	*jmdm. zu etw.* gratulieren	Я поздравля́ю тебя́ с днём рожде́ния. Мы поздравля́ем вас с Но́вым го́дом.
пожела́ть/жела́ть *чего́? mit Gen.*	*etw.* wünschen	Я жела́ю тебе́ всего́ хоро́шего.
всего́ хоро́шего	Alles Gute	
любо́вь *f, Gen.* любви́	Liebe	Жела́ю тебе́ любви́.
здоро́вье	Gesundheit	Мы жела́ем друзья́м здоро́вья.
ра́дость *f*	Freude	Кака́я э́то ра́дость!
красота́	Schönheit	
успе́х	Erfolg	Поздравля́ем с успе́хом.
рабо́та	Arbeit	Жела́ем больши́х успе́хов в рабо́те.
кре́пкий	fest, kräftig, stark	Жела́ю кре́пкого здоро́вья.
серде́чный	herzlich	с серде́чным приве́том
от име́ни *кого́? mit Gen.*	im Namen *von*	От и́мени госпожи́ Шмидт поздравля́ю вас с пра́здником!
откры́тка, *Gen. Pl.* откры́ток	Postkarte, Ansichtskarte	Я получи́ла от друзе́й ра́зные откры́тки из А́нглии.
коне́ц, *Gen.* конца́	Ende	коне́ц уче́бного го́да
ми́лый	lieb	Ми́лая ба́бушка!
пода́рок, *Pl.* пода́рки	Geschenk	
сюрпри́з	Überraschung	Э́то большо́й сюрпри́з!
поцелова́ть/целова́ть	küssen	Ба́бушка целу́ет де́вочку.
господи́н, *Pl.* господа́ **госпожа́** Да́мы и господа́!	Herr Frau *(mit Familienname in der Anrede; nur im offiziellen Kontext oder für Ausländer benutzt)* Meine Damen und Herren!	господи́н Ба́йер, госпожа́ Джо́нсон
шко́ла-партнёр	Partnerschule	Где нахо́дится ва́ша шко́ла-партнёр?
дире́ктор	Leiter(in), Direktor(in)	дире́ктор шко́лы
век	Jahrhundert	в два́дцать пе́рвом ве́ке
нача́ть/начина́ть нача́ть: начну́, начнёшь, начнёт; начнём, начнёте, начну́т	anfangen, beginnen Das Wort *нача́ло* hast du in Уро́к 5Б gelernt.	Она́ уже́ начала́ учи́ться в университе́те?
царь *m, Gen.* царя́ **цари́ца**	Zar, Zarin Bezeichnung für die russischen Herrscher(innen) 1547–1721; danach auch *императо́р (императри́ца)*	
измени́ть/изменя́ть	(ver)ändern	Царь Пётр Пе́рвый измени́л да́ту нача́ла го́да.

европе́йский	europäisch	европе́йская часть Росси́и
пове́рить/ве́рить в *mit* Akk.	glauben *an etw./jmdn.*	Мы ве́рим в наш успе́х.
Что э́то тако́е?	Was ist das?	
Дава́й прочита́ем.	Lass uns lesen.	
помо́чь/помога́ть *кому́? mit Dat. Prät.* помо́чь: помо́г, помогла́; помогли́	helfen	

Sternzeichen

зна́ки зодиа́ка	Sternzeichen	Де́ва	Jungfrau
знак	Zeichen, Symbol	Весы́	Waage
О́вен	Widder	Скорпио́н	Skorpion
Теле́ц	Stier	Стреле́ц	Schütze
Близнецы́	Zwillinge	Козеро́г	Steinbock
Рак	Krebs	Водоле́й	Wassermann
Лев	Löwe	Ры́бы	Fische

rezeptive Lexik

гороско́п, да́та, календа́рь (*m*), Хеллоуи́н

Mediation

арестова́ть/арестóвывать	verhaften
валенти́нка	Karte zum Valentinstag
влюблённый	verliebt; der Verliebte
пожени́ться/жени́ться	heiraten *(v. Mann)*
запрети́ть/запреща́ть	verbieten
импера́тор	Kaiser
казни́ть *v., uv.*	hinrichten
легионе́р	Legionär
нача́ться/начина́ться	anfangen *(von einer Sache)*, beginnen
объяви́ть/объявля́ть *чем? mit Instr.*	erklären zu
па́па ри́мский	Papst
письмо́	Brief
Рим	Rom
свято́й	heilig
свяще́нник	Priester, Pfarrer

Уро́к 6 A Приходи́те к нам в го́сти!

Добро́ пожа́ловать *куда́?* в *mit* Akk.	herzlich willkommen *Vgl. Adj.* до́брый	Добро́ пожа́ловать в Москву́!
познако́миться/знако́миться с *кем/чем? mit Instr.*	sich mit etw. bekannt (vertraut) machen; sich (einander) vorstellen, *jmdn.* kennenlernen	Я знако́млюсь с исто́рией Москвы́. Он познако́мился с мои́м дру́гом.
пло́щадь *f, Gen.* пло́щади	Platz	

архитекту́ра	Architektur	совреме́нная архитекту́ра
иску́сство	Kunst	ру́сское иску́сство
бога́тый, -ая, -ое; -ые	reich	бога́тая исто́рия
восто́чный, -ая, -ое; -ые	östlich, Ost-	
знамени́тый, -ая, -ое; -ые	bekannt, berühmt	знамени́тая карти́на
традицио́нный, -ая, -ое; -ые	traditionell, überliefert, Traditions-	традицио́нная ру́сская ку́хня
им. = и́мени *mit Gen.*	nach ... genannt	музе́й им. А. С. Пу́шкина
	Der Nom *Sg.* ist *и́мя*. Das hast du in 5 B kennen gelernt.	
нема́ло *mit Gen.*	nicht wenig, recht viel	
не́сколько *mit Gen.*	einige	
анса́мбль *m*	Ensemble, Künstlergruppe	музыка́льный анса́мбль
сад *Präp.,* в саду́	Garten	де́тский сад
городско́й	Stadt-	
райо́н	Bezirk, Viertel	городско́й райо́н
дава́й(те) *mit 1. Pers. Pl. oder mit Inf.*	lass(t) uns *(etw. tun)*	Дава́йте пойдём в кино́. Дава́йте игра́ть в волейбо́л.
иде́я	Idee, Einfall	Хоро́шая иде́я!
лу́чше	besser	Лу́чше пойдём на конце́рт.
(Вот) здо́рово!	Toll! Prima! Großartig!	На конце́рт? Вот здо́рово!
Договори́лись!	Abgemacht!	
с удово́льствием	mit Vergnügen, sehr gern	С удово́льствием пойду́.
куда́?	wohin?	
приглаше́ние	Einladung	приглаше́ние на день рожде́ния
пригласи́ть/приглаша́ть *кого́? mit Akk.* на *что? mit Akk.* пригласи́ть/приглаша́ть в го́сти *кого́? mit Akk.*	einladen zu Besuch einladen	Мы приглаша́ем вас на пра́здник. Ири́на пригласи́ла нас в го́сти.
сюда́	hierher	Иди́ сюда́!
тусо́вка *ugs.*	Fete, Feier *(privat)*	Дава́йте пойдём на тусо́вку!
да́ча	Datsche, Wochenendhaus	отдыха́ть на да́че
лете́ть – лета́ть лете́ть: лечу́, лети́шь, лети́т; лети́м, лети́те, летя́т	fliegen	Сего́дня они́ летя́т на юг. Я лета́ю в Москву́ ка́ждый год.
идти́ – ходи́ть идти́: иду́, идёшь, идёт; идём, идёте, иду́т *Prät.* шёл, шла, шли ходи́ть: хожу́, хо́дишь, хо́дит; хо́дим, хо́дите, хо́дят	gehen	Куда́ ты идёшь? Я ча́сто хожу́ в кино́.
е́хать – е́здить е́хать: е́ду, е́дешь, е́дет; е́дем, е́дете, е́дут е́здить: е́зжу, е́здишь, е́здит; е́здим, е́здите, е́здят	fahren	Ты е́дешь на стадио́н? Мы лю́бим е́здить на мо́ре.

экскурсово́д	Reiseleiter, Fremdenführer	
приве́тствовать/ попривéтствовать	begrüßen	Он серде́чно приве́тствует тури́стов.
осмотре́ть/осма́тривать	besichtigen	Про́сто невозмо́жно осмотре́ть всё.
погуля́ть/гуля́ть по *чему́? mit Dat.*	spazieren gehen, bummeln	
всё	alles	
невозмо́жно	unmöglich	
прести́жный, -ая, -ое; -ые	Prestige-, angesehen	прести́жный объе́кт
делово́й, -а́я, -о́е; -ы́е	Geschäfts-, Handels-	делово́й центр
отту́да *Adv.*	von dort (aus)	Отту́да мы е́дем домо́й.
обра́тно *Adv.*	zurück	Мы е́дем обра́тно в центр.
зако́нчить/зака́нчивать	beenden, abschließen	Ско́ро мы зако́нчим уче́бный год.
храм	Gotteshaus, Kirche	Храм Христа́ Спаси́теля
монасты́рь *m*	Kloster	Новоде́вичий монасты́рь
по́езд	Zug	е́хать на по́езде в Сиби́рь
дождь *m*	Regen	Дождь идёт.
снег	Schnee	Снег идёт.
часы́ *nur Pl.*	Uhr	

rezeptive Lexik

а́тлас, бизнесме́н, вулка́н, демокра́тия, зал, панора́ма, па́ртия, террито́рия, тради́ция, три́ллер, экспериме́нт, юбиле́й

Уро́к 6 Б Наш го́род-партнёр

спи́сок	Liste	спи́сок ученико́в
подгото́виться/гото́виться *к чему́? mit Dat.*	sich vorbereiten auf	Они́ гото́вятся к пое́здке.
пое́здка	Reise	
обяза́тельно	unbedingt	
ну́жно *mit Inf. кому́? mit Dat.*	*man (jmd.)* muss *etwas tun*	Мне обяза́тельно ну́жно купи́ть но́вый рюкза́к.
на́до *mit Inf. кому́? mit Dat.*	*man (jmd.)* muss *etwas tun*	Тебе́ на́до запо́лнить э́тот формуля́р.
до́лжен, должна́; должны́ mit Inf.	*jmd.* ist verpflichtet *etwas zu tun,* muss *etwas tun*	Она́ должна́ помога́ть ма́ме.
нельзя́	*man (jmd.)* darf *etwas* nicht *tun*	Вам нельзя́ игра́ть на э́том компью́тере.
име́ть	haben, besitzen	Что мы име́ем?
запо́лнить/заполня́ть	ausfüllen	Запо́лните э́тот формуля́р.
культу́рный, -ая, -ое; -ые	Kultur-, kulturell	культу́рная програ́мма

бóльше	mehr	Э́тот музéй мне нрáвится бóльше.
слóво	Wort	Вáше задáние – вы́учить нóвые словá.
привéтствие	Begrüßung	Дирéктор говори́т привéтствие.
кóнсульство	Konsulat	Росси́йское кóнсульство
путеводи́тель *m*, по *mit Dat.*	Reiseführer *(Buch)*	путеводи́тель по Москвé
словáрь *m*	Wörterbuch, -verzeichnis	
забы́ть/забывáть	vergessen	Он забы́л путеводи́тель.
цель *f*	Ziel	
осóбенный, -ая, -ое; -ые	besonderer	Э́то осóбенная поéздка.
ночь *f*	Nacht	бéлые нóчи
ночнóй, -áя, -óе; -ы́е	nächtlich, Nacht-	
приéхать/приезжáть *кудá?*	(hin-)kommen *(mit einem Fahrzeug)*	Гóсти приéхали сюдá на пóезде.
уви́деть/ви́деть	sehen, erblicken	Я хочý уви́деть нóвые местá.
откры́ться/открывáться	sich öffnen, geöffnet werden	Мосты́ чéрез Невý открывáются.
нéбо	Himmel	ночнóе нéбо
котóрый, -ая, -ое; -ые	der, die, das; die *(welcher, welche, welches; welche)*	Я хочý жить в гости́нице, котóрая нахóдится в цéнтре.
назвáние	Bezeichnung, Benennung, Name, Titel	У Санкт-Петербýрга рáзные назвáния.
поэ́тому	deshalb, deswegen, darum	
понрáвиться/нрáвиться *mit Dat.*	*jmdm.* gefallen	Э́тот гóрод нам понрáвился.
óстров, *Pl.* островá	Insel	
жéнщина	Frau	Я не знáю э́ту жéнщину.
мужчи́на ! [ущ́]	Mann	Кто э́тот мужчи́на?
посети́ть/посещáть	besuchen	Тури́сты посещáют вы́ставку.
прощáльный, -ая, -ое; -ые	Abschieds-	прощáльный вéчер
навéрное *Adv.*	sicher, sicherlich, wahrscheinlich, wohl	Навéрное, э́то вам понрáвится.
слы́шать	hören, vernehmen	Об э́том я ужé слы́шал.
	слы́шать wird verwendet, wenn man etwas eher zufällig hört, *слýшать* dagegen beim genauen, aufmerksamen Zuhören	
янтáрный, -ая, -ое; -ые	Bernstein-, aus Bernstein	янтáрная кóмната
неужéли?	wirklich *(in Entscheidungsfragen)*	Неужéли мы уви́дим янтáрную кóмнату?
рáзве?	etwa *(in Entscheidungsfragen)*	Рáзве ты сдéлал урóки?
прáвда *Adv.*	wirklich, tatsächlich	Прáвда, что он приéхал?
удиви́тельно	erstaunlich, bewundernswert, wunderbar	Э́то удиви́тельно!
удиви́ть/удивля́ть	verwundern	Э́то меня́ удивля́ет.

реконструи́ровать	rekonstruieren	
ма́стер, *Pl.* мастера́	Meister, Spezialist	Мастера́ реконструи́ровали янта́рную ко́мнату.
найти́/находи́ть	finden	Лю́ди ещё не нашли́ оригина́льную ко́мнату.
оригина́льный, -ая, -ое; -ые	Original-, echt, authentisch	
сгоре́ть/сгора́ть	verbrennen	
во вре́мя *чего́? mit Gen.*	während, in der Zeit	Дом сгоре́л во вре́мя войны́.
война́	Krieg	
осо́бенно *Adv.*	besonders	Э́то мне осо́бенно нра́вится.
Ой!	au, hu, ei *(bei Verwunderung, Freude, Mitgefühl, Schmerz, Furcht)*	

rezeptive Lexik

авиабиле́т, баро́кко, ви́за, гид, кана́л, миллио́н, програ́мма, реконстру́кция, стиль (*m*), формуля́р, фотоаппара́т, экспона́т

Уро́к 6 В Пла́ны на ле́то

сла́вный, -ая, -ое; -ые	berühmt	сла́вное мо́ре
свяще́нный, -ая, -ое; -ые	heilig	свяще́нный Байка́л
чу́до, *Pl.* чудеса́	Wunder	чу́до приро́ды
чуде́сный, -ая, -ое; -ые	wunderbar, wunderschön	В гора́х Кавка́за чуде́сные цветы́.
приро́да	Natur	
приро́дный, -ая, -ое; -ые	Natur-, natürlich	приро́дный резервуа́р
жи́тель *m*	Bewohner, Einwohner	жи́тели Байка́льского регио́на
и́здавна	seit jeher, von alters her	Москву́ и́здавна называ́ют «Тре́тий Рим».
прекра́сный, -ая, -ое; -ые	schön, wunderschön *прекра́сный* verwendet man bei Bezeichnungen, „die man nicht anfassen kann".	прекра́сная иде́я, прекра́сное о́зеро
заня́ть/занима́ть	einnehmen	О́зеро занима́ет 31,5 тыс. км²
са́мый, -ая, -ое; -ые	*bei Adjektiven zur Bildung des Superlativs*	Байка́л – э́то са́мое глубо́кое о́зеро в ми́ре.
глубо́кий, -ая, -ое; -ие	tief	
мир	1. Welt 2. Frieden	
живо́тное, *Gen.* -ого	Tier, Lebewesen	Ло́шадь – э́то моё люби́мое живо́тное.
мно́гие	viele	мечта́ мно́гих люде́й
сли́шком	(all)zu, übermäßig	

скýчно *Adv.* ! скý[ш]но	langweilig	Э́то слúшком скýчно.
не тóлько…, но и	nicht nur … , sondern auch …	
тропá, *Pl.* трóпы	Pfad, Weg	Большáя Байкáльская Тропá
международный, -ая, -ое; -ые	international	междунарóдные проéкты
инострáнец, *Gen.* инострáнца	Ausländer	Рýсские и инострáнцы учáствуют в э́том проéкте.
провестú/проводúть	durchführen, verbringen	Я люблю́ проводúть канúкулы в дерéвне.
палáтка	Zelt	жить в палáтке
сам, самá, самó; сáми	selbst *(ohne fremde Hilfe)*	Онú сáми готóвят.
мешáть *комý? mit Dat.*	stören	Э́то мне не мешáет.
бéрег, *Pl.* берегá *Präp. Sg.* на берегý	Ufer, Küste	на берегáх Байкáла
высóкий, -ая, -ое; -ые	hoch	Монблáн – э́то сáмая высóкая горá в Еврóпе.
ли	Die Partikel *ли* in Entscheidungsfragen wird nicht übersetzt.	Знáешь ли ты, что онú ужé здесь?
спектáкль *m*	(Theater-)Vorstellung	спектáкли специáльно для детéй
специáльно *Adv.*	speziell	
по-мóему	meiner Meinung nach	По-мóему, лéтом стóит отдыхáть на берегý мóря.
по-твóему	deiner Meinung nach	Скажú, как э́то по-твóему?
вóдный, -ая, -ое; -ые	Wasser-	занимáться вóдным спóртом
купáться	baden	
загорéть/загорáть	sich sonnen	Я люблю́ купáться и загорáть.
сóлнце ! с[он]це	Sonne	загорáть на сóлнце
погóда	Wetter	Какáя сегóдня погóда?
примéрно	ungefähr, etwa	Температýра примéрно 20 грáдусов.
водопáд	Wasserfall	
танцевáльный, -ая, -ое; -ые	Tanz-	танцевáльная площáдка
площáдка	(kleiner) Platz, Fläche	
аттракциóн	Attraktion *аттракциóны* sind in russischen Freizeitparks verschiedene Fahrgeschäfte, z.B. Achterbahn, Riesenrad usw.	

rezeptive Lexik

грáдус, карусéль (*f*), клúмат, курóрт, мáксимум, мúнимум, проéкт, реализовáть, региóн, резервуáр, рекóрд, санатóрий, субтрóпики, температýра, экотурúзм

Ру́сско-неме́цкий алфави́тный слова́рь

А

а und, aber 1А, sondern 1В
а́вгуст August 5В
авиабиле́т Flugticket *rez.* 6Б
авто́бус Bus 1А
а́втор Autor *rez.* 5А
аккура́тный akkurat 5Б
актёр Schauspieler 1В
акти́вный aktiv 5Б
актри́са Schauspielerin 1В
актуа́льный aktuell 4А
а́лгебра Algebra 5А
Алло́! *Begrüßung am Telefon* 1Г
алфави́т Alphabet 1Б
альбо́м Album *rez.* 1Г
альпини́зм Bergsteigen *rez.* 4Б
анана́с Ananas *rez.* 1А
англи́йский englisch 2А
англича́нин, англича́нка Engländer, Engländerin 3В
анса́мбль *m* Ensemble, Künstlergruppe 6А
антило́па Antilope *rez.* 1Б
апельси́н Orange, Apfelsine *rez.* 1Б
апре́ль *m* April 5В
апте́ка Apotheke 1Г
арестова́ть/аресто́вывать verhaften 5Г
архео́лог Archäologe 5Б
архитекту́ра Architektur 6А
а́тлас Atlas *rez.* 6А
аттракцио́н Attraktion (Fahrgeschäft) 6В
аудиоте́хника Audiotechnik *rez.* 4А
аэропо́рт Flughafen 1Г
аэрохокке́й Air Hockey *rez.* 4В

Б

ба́бушка Oma, Großmutter 1В
бага́ж Gepäck 1Б
база́р Markt *rez.* 1Г
бале́т Ballett *rez.* 1Д
балко́н Balkon 3Б
бана́н Banane *rez.* 1Б
банк Bank *rez.* 1Г
банкома́т Geldautomat *rez.* 1А
бант Schleife 5Б
бар Bar *rez.* 1А
баро́кко Barock *rez.* 6Б
баскетбо́л Basketball 1Д
баскетбо́льный Basketball- 4В
бассе́йн Schwimmbad, ~halle 1Г
(теле)ба́шня (Fernseh-)Turm 3А
бе́жевый beige 4А
бе́лый weiß 4А
бе́рег Ufer, Küste 6В
библиоте́ка Bibliothek 1Г
би́гос Bigosch *(polnisches Eintopfgericht mit Speck, Weißkraut und Pilzen) rez.* 1Д
бизнесме́н Geschäftsmann *rez.* 6А
биле́т Eintrittskarte, Fahrkarte, Ticket 1Б
био́лог Biologe 5Б
биоло́гия Biologie 5А
бистро́ *nicht dekl.* Bistro *rez.* 1В
Близнецы́ *(Sternzeichen)* Zwillinge 5В
блины́ *Pl., Sg.* блин Bliny *(russische Eierkuchen, Pfannkuchen)* 1Д
блу́зка Bluse 4А
боа́ *m, nicht dekl.* Boa *rez.* 1Б
бога́тый reich 6А
бокс Boxen 1Д
бо́льше mehr 6Б
большинство́ Mehrheit 5А
большо́й groß, bedeutend 3А
борщ Borschtsch *(Suppe aus Weißkohl und Roten Beeten)* 1Б
бо́улинг Bowling *rez.* 2Б
бра́во Bravo *rez.* 1А
брат, *Pl.* бра́тья Bruder 1В
брю́ки *nur Pl.* Hose 4А
бу́лочка Brötchen 1Д
бульо́н Bouillon, Brühe *rez.* 1Д
бутербро́д belegtes Brot 1Д
бути́к Boutique *rez.* 4А
буфе́т Stehcafe, Cafeteria *rez.* 2В
быть 1. sein 4Б; 2. *Hilfsverb zur Bildung des zusammengesetzten Futurs* 4В
бюро́ *nicht dekl.* Büro *rez.* 1В

В

в 1. um *(zeitlich) mit Akk.* 2В; 2. in, an *mit Präp.* 1Г 3. mit *(Altersangabe) mit Akk.* 5А
ваго́н Waggon, Wagen *rez.* 1Г
ва́жный wichtig 5Б
валенти́нка *Karte zum Valentinstag* 5Г
ва́нна Badewanne *rez.* 1А
ва́нная, *Präp.* -ой Bad 3Б
варе́нье Warenje *(dick eingekochte Beeren oder Früchte, eine Art Konfitüre)* 1Д
ватру́шка Quarkplunder 1Д
ваш euer, Ihr 1В
веб-диза́йнер Web-Designer 5Б
веб-са́йт Website *rez.* 5Б
ведь *Partikel* doch *(verstärkend; betont, dass etw. bekannt ist)* 5А
век Jahrhundert 5В
велосипе́д Fahrrad 4Б
велоспо́рт Radport 4Б
ве́рить *uv.* s. **пове́рить**
ве́рсия Version *rez.* 4В
весёлый heiter, fröhlich 5Б
весна́ Frühling 5В
весно́й im Frühling 5В
Весы́ *(Sternzeichen)* Waage 5В
ве́чер Abend 1Б
ве́чером *Adv.* abends 2В
взять *v.* nehmen *(auch kaufen)* 4А
вид спо́рта Sportart 5А
ви́део *nicht dekl.* Video *rez.* 4В
видеоте́хника Videotechnik *rez.* 4А
ви́деть *uv.* s. **уви́деть**
ви́за Visum *rez.* 6Б
виндсёрфинг Windsurfing *rez.* 4Б
висе́ть *uv.* hängen 3Б
влюблённый verliebt; der Verliebte 5Г
вме́сте *Adv.* zusammen 2Б
во вре́мя *чего́? mit Gen.* während, in der Zeit 6Б
вода́ Wasser 1Д
во́дный Wasser- 6В
Водоле́й *(Sternzeichen)* Wassermann 5В
водопа́д Wasserfall 6В
война́ Krieg 6Б
вока́л Gesang *rez.* 4В
вокза́л Bahnhof 1Г
волейбо́л Volleyball 1Д
во́лосы *Pl.* Haare 5Б
вопро́с Frage 5Б
воро́на Krähe 1Г
воро́та *nur Pl.* Tor 3А
воскресе́нье Sonntag 5А
восто́к Osten 3А
восто́чный östlich, Ost- 6А
вот Das ist... 1А
(Вот) здо́рово! Toll! Prima! Großartig! 6А
вре́мя *n* Zeit (~punkt; ~dauer) 2Б
вре́мя *n* **го́да**, *Pl.* **времена́ го́да** Jahreszeit(en) 5В
все alle 2Б
всё alles 6А
всегда́ *Adv.* immer 2В
всего́ 1. nur; 2. insgesamt 4А
всего́ хоро́шего alles Gute 5В
встре́титься/встреча́ться sich treffen 4В
встре́ча Treffen 4В
вто́рник Dienstag 5А
вулка́н Vulkan *rez.* 6А
вундерки́нд Wunderkind *rez.* 2Б
вчера́ gestern 4Б
вы, Вы ihr, Sie 1Б
высо́кий hoch 6В
вы́ставка Ausstellung 3А
вы́учить *v.* lernen 4В

Г

газе́та Zeitung 4В
га́зовая плита́ Gasherd 3Б
галере́я Galerie 3А
гандбо́л Handball 1Д
гара́ж Garage *rez.* 1Б
гарни́р Beilage 1Д
гаспа́чо *m, nicht dekl.* Gazpacho *(kalte spanische Gemüse-suppe) rez.* 1Д

где? wo? 1 Г
ге́ний Genie *rez.* 2 В
геогра́фия Geografie 5 А
гео́лог Geologe *rez.* 1 Б
геоме́трия Geometrie 5 А
Герма́ния Deutschland 1 Г
гжель *f* (hand)bemalte Keramik mit blauem Muster 4 А
гид Reiseleiter, Fremdenführer, Guide *rez.* 6 Б
гимна́зия Gymnasium 5 А
гимна́стика Turnen, Gymnastik 1 Д
гита́ра Gitarre 1 Б
гла́вный Haupt-, hauptsächlich 3 А
гло́бус Globus *rez.* 1 Б
глубо́кий tief 6 В
говори́ть *uv.* sprechen 1 Г
говори́ть *uv.* **по телефо́ну** telefonieren 2 Б
год, *Gen.* го́да, *Gen. Pl.* **лет** Jahr 2 А
голубо́й hellblau 4 А
гора́, *Pl.* **го́ры** Berg, *Pl.* Gebirge 3 А
го́рный Berg- 6 В
го́род, *Pl.* города́ Stadt 1 Г
го́род-партнёр, *Pl.* города́-партнёры Partnerstadt 3 А
городска́я стена́ Stadtmauer 3 А
городско́й Stadt- 6 А
горожа́нин, горожа́нка Städter, Städterin 3 В
гороско́п Horoskop *rez.* 5 В
горя́чие блю́да *Pl.* warme Gerichte, Hauptgerichte 1 Д
господи́н, *Pl.* **господа́** Herr 5 В
госпожа́ Frau *(Anrede)* 5 В
гости́ная, *Präp.* -ой Wohnzimmer 3 Б
гости́ница Hotel 3 А
гость *m, Pl.* го́сти Gäste 2 А
гото́вить *uv.* 1. vorbereiten; 2. (Essen) zubereiten 4 Б
гото́виться *uv.* s. подгото́виться
гра́дус Grad *(Temperatur, Winkel) rez.* 6 В
гру́ппа Gruppe, Band *rez.* 4 В
гуля́ть *uv.* s. **погуля́ть** 6 А
ГУМ (Гла́вный универса́льный магази́н) GUM *(das bekannteste Kaufhaus in Moskau)* 4 А

Д

да ja 1 А
Дава́й познако́мимся! Machen wir uns miteinander bekannt! 2 А
дава́й(те) *mit 1. Pers. Pl. oder mit Inf.* lass(t) uns (etw. tun) 6 А
дава́ть *uv.* s. **дать**
давно́ *Adv.* längst, seit langem 5 Б
да́же sogar 5 А
далеко́ weit 3 А
да́льше *Adv.* weiter 2 Б
Да́мы и господа́! Meine Damen und Herren! 5 В
дари́ть *uv.* schenken 5 А
да́та Datum *rez.* 5 В
дать/дава́ть *кому́? mit Dat. что? mit Akk.* geben 4 В
да́ча Datsche, Wochenendhaus 6 А
дво́йка, *Gen. Pl.* дво́ек Zwei *(Zensur)* 5 А
дворе́ц, *Gen.* дворца́, *Pl.* дворцы́ Palast, Palais 3 А
Де́ва *(Sternzeichen)* Jungfrau 5 В
де́вочка, *Gen. Pl.* де́вочек (kleines) Mädchen 5 Б
де́вушка, *Gen. Pl.* де́вушек junges Mädchen 5 Б
де́душка *m* Opa, Großvater 1 В
действи́тельно *Adv.* tatsächlich 5 А
дека́брь *m* Dezember 5 В
де́лать *uv.* tun, machen 2 А
делово́й Geschäfts-, Handels- 6 А
дельфи́н Delfin *rez.* 1 Б
демокра́тия Demokratie *rez.* 6 А
демонстрацио́нный зал Ausstellungshalle 4 А
день *m, Pl.* дни Tag 1 Б
День наро́дного еди́нства Tag der nationalen Einheit 5 В
День Побе́ды Tag des Sieges 5 В
день рожде́ния Geburtstag 5 В
День свято́го Валенти́на Valentinstag 5 В
де́ньги *nur Pl., Gen. Pl.* де́нег Geld 4 А
дере́вня Dorf 3 А
десе́рт Dessert 1 Д
дета́ль *f* Detail *rez.* 4 А
детекти́в Krimi 4 В
де́ти *nur Pl.* Kinder 2 Б
де́тская, *Präp.* -ой Kinderzimmer 3 Б
де́тский Kinder- 5 Б
дешёвый billig, preiswert 4 А
джаз Jazz 4 Б
джи́нсы *nur Pl.* Jeans 4 А
дзюдо́ *nicht dekl.* Judo 1 Д
дива́н Couch 3 Б
дива́н-крова́ть *m* Schlafcouch 3 Б
диза́йн Design *rez.* 4 Б
диза́йнер Designer *rez.* 4 А
дире́ктор Leiter(in) 5 В
диск *ugs.* CD *rez.* 4 В
дискоте́ка Disko(thek) 1 Г
дли́нный lang 4 В
дли́ться *nur uv. mit Akk.* dauern 5 А
для *кого́? mit Gen.* für 4 А
дневни́к 1. Tagebuch; 2. Hausaufgabenheft 4 Б
днём *Adv.* tagsüber 2 В
до *чего́? mit Gen.* bis 3 В
До ве́чера! Bis (heute) Abend! 4 Б
До за́втра! Bis morgen! 4 В
До послеза́втра! Bis übermorgen! 4 В
До свида́ния. Auf Wiedersehen. 1 А
Добро́ пожа́ловать *куда́?* **в** *mit Akk.* herzlich willkommen 6 А
До́брое у́тро! Guten Morgen! 2 В
до́брый gut, liebevoll, freundlich gesinnt 5 В
До́брый ве́чер! Guten Abend! 1 Б
До́брый день! Guten Tag! 1 Б
Договори́лись! Abgemacht! 6 А
дое́хать *v.* **до** *чего́? mit Gen.* fahren *(bis zu einem bestimmten Ziel)* 3 В
дождь *m* Regen 6 А
дойти́ *v.* gehen *(bis zu einem bestimmten Ziel)* 3 В
докла́д Vortrag 4 В
до́ктор Doktor, Arzt *rez.* 2 В
до́лго *Adv.* lange 4 В
до́лжен, должна́; должны́ müssen 6 Б
дом, *Pl.* дома́ Haus 1 Г
до́ма *Adv.* zu Hause 1 Г
домо́й *Adv.* nach Hause 1 Г
дорого́й teuer 4 А, lieb (in der Anrede) 5 Б
достопримеча́тельность *f* Sehenswürdigkeit 3 А
друг, *Pl.* **друзья́** Freund 1 В
Ду́ма Staatsduma *(russisches Parlament)* 4 В
ду́мать *uv.* s. **поду́мать**
дя́дя *m* Onkel 1 В

Е

е́вро *m, nicht dekl.* Euro 1 А
европе́йский europäisch 5 В
его́ *Possessivpronomen* sein 5 В
его́ зову́т er heißt 1 В
едини́ца Eins *(Zensur)* 5 А
её *Possessivpronomen* ihr 5 В
её зову́т sie heißt 1 В
е́здить *uv.* fahren *(hin und zurück)* 6 А
есте́ственные нау́ки Naturwissenschaften 5 А
есть 1. es gibt, es ist vorhanden 1 Г, 2. essen 1 Д
е́хать *uv.* s. **пое́хать**
ещё *Adv.* noch 1 Г

Ж

жалюзи́ *nicht dekl.* Jalousie *rez.* 1 Б
ждать *uv. mit Akk.* (er)warten 4 В
жела́ть *uv.* s. **пожела́ть**
жёлтый gelb 4 А
Же́нский день Internationaler Frauentag 5 В
же́нщина Frau 6 Б
живо́тное Tier, Lebewesen 6 В
жира́ф Giraffe *rez.* 1 Б
жи́тель *m* Bewohner, Einwohner 6 В
жить *uv.* wohnen 1 Г
журна́л Zeitschrift, Magazin 1 Б
журнали́ст Journalist *rez.* 1 Б
журнали́ст(ка) Journalist(in) 2 Б

З

за 1. hinter *чем? mit Instr.* 3 Б
2. für *(Preisangabe) mit Akk.* 4 А
забы́ть/забыва́ть vergessen 6 Б
за́втра *Adv.* morgen 4 В
за́втрак Frühstück 1 Д
за́втракать *uv.* frühstücken 2 В
загора́ть *uv.* sich sonnen 6 В
зако́нчить/зака́нчивать beenden, abschließen 6 А
зал Saal *rez.* 6 А
за́мок, *Gen.* за́мка, *Pl.* за́мки Schloss *(Gebäude)* 3 А
занима́ть *uv.* s. заня́ть 6 В
занима́ться *uv. mit Instr.* sich beschäftigen mit etw., (Sport) treiben 4 Б
заня́ть/занима́ть einnehmen *(Platz, Raum, Zeit)* 6 В
за́пад Westen 3 А
запо́лнить/заполня́ть ausfüllen 6 Б
запрети́ть/запреща́ть verbieten 5 Г
зате́м *Adv.* danach 4 В
звать *uv.* rufen, nennen 5 В
звони́ть *uv. кому? mit Dat.* 1. jmdn. anrufen ; 2. klingeln, läuten 4 Б
звоно́к, *Gen.* звонка́ Klingel(zeichen) 5 Б, Anruf 6 Б
здесь *Adv.* hier 2 Б
здоро́вье Gesundheit 5 В
(Вот) здо́рово! Toll! Prima! Großartig! 6 А
Здра́вствуй(те)! Guten Tag! 1 А
зе́бра Zebra *rez.* 1 Б
зелёный grün 4 А
земля́ 1. Erde; 2. Bundesland 3 А
зе́ркало Spiegel 3 Б
зима́ Winter 5 В
зимо́й im Winter 5 В
змея́, *Pl.* зме́и Schlange 2 А
знак Zeichen, Symbol 5 В
зна́ки зодиа́ка *Pl.* Sternzeichen 5 В
знако́миться *uv.* s. познако́миться 6 А
знамени́тый bekannt, berühmt 6 А
зна́ние, *Gen. Pl.* зна́ний Wissen 5 Б
знать *uv.* kennen, wissen 2 Б
зоо́лог Zoologe 5 Б
зоопа́рк Zoo 1 Г

И

и 1. und; 2. auch 1 А
и т. д. (и так да́лее) usw. (und so weiter) 3 Б
игра́ Spiel 4 Б
игра́ть *uv.* 1. на *чём? mit Präp.*, в(о) *что? mit Akk* auf etw. spielen *(Musikinstrument, Computer)*; 2. etw. *(z. B. Spiel)* spielen 2 А
иде́я Idee, Einfall 6 А
идти́ *uv.* gehen 3 В
из *mit Gen.* aus 1 Г
изве́стный berühmt 4 А
извини́ть *v.* entschuldigen 3 В
и́здавна *Adv.* seit jeher, von alters her 6 В
измени́ть/изменя́ть (ver)ändern 5 В
ико́на Ikone *rez.* 1 А
и́ли oder 2 А
им. = и́мени *mit Gen.* nach ... benannt 6 А
име́ть *uv.* haben, besitzen 6 Б
импера́тор Kaiser 5 Г
и́мя (Vor)Name 5 В
инжене́р Ingenieur *rez.* 1 Б
иностра́нец, *Gen.* иностра́нца Ausländer 6 В
иностра́нный язы́к Fremdsprache 5 А
институ́т Institut, Hochschule *rez.* 3 А
инстру́ктор Instrukteur, Ausbilder *rez.* 4 Б
интервью́ *n, nicht dekl.* Interview *rez.* 2 Б
интере́сно *Adv.* interessant 4 В
интере́сный interessant 3 А
интересова́ться *uv. mit Instr.* sich interessieren für etw. 4 Б
интернет-кафе́ Internetcafé *rez.* 2 В
интернет-клу́б Internetclub *rez.* 1 А
интерье́р Interieur, Raumausstattung *rez.* 4 Б
информа́тика Informatik 5 А
иску́сство Kunst 6 А
исто́рик Historiker 5 Б
исто́рия Geschichte 4 А
ию́ль *m* Juli 5 В
ию́нь *m* Juni 5 В

Й

йо́гурт Joghurt *rez.* 1 Д

К

к *кому? mit Dat.* zu, an, nach 5 А
к сожале́нию leider 5 Б
к сча́стью zum Glück 5 А
ка́ждый jeder 3 В
казни́ть *v., uv.* hinrichten 5 Г
как? wie? 1 Б
Как дела́? Wie geht's? 1 Г
Как дое́хать ...? Wie kommt man ...? 3 В
Как по-неме́цки...? Wie heißt ... auf Deutsch? 1 Д
Как по-ру́сски...? Wie heißt ... auf Russisch? 1 Д
Как тебя́ зову́т? Wie heißt du? 1 Б
кака́о *nicht dekl.* Kakao 1 А
како́го числа́? an welchem Tag (Datum)? 5 В
како́й? welcher? was für ein? 3 А
ка́ктус Kaktus *rez.* 1 А
календа́рь *m* Kalender *rez.* 5 В
ками́н Kamin *rez.* 3 Б
кана́л Kanal *rez.* 6 Б
канаре́йка Kanarienvogel 2 А
кани́кулы *nur Pl.* Ferien 4 Б
ка́нцлер Kanzler *rez.* 2 В
каранда́ш, *Gen. Pl.* карандаше́й Bleistift, Buntstift 5 Б
карао́ке *n, nicht dekl.* пе́ть *uv.* под карао́ке Karaoke 4 Б
карате́ *nicht dekl.* Karate 1 Д
ка́рта Karte, Landkarte, Stadtplan 1 А
карти́на Bild, Gemälde 3 Б
карто́фель фри *m, nur Sg.* Pommes frites 1 Д
карусе́ль *f* Karussell *rez.* 6 В
ка́сса Kasse *rez.* 4 Б
ката́ться *uv.* на *чём? mit Präp.* fahren, sich auf etw. bewegen 2 В
ката́ться *uv.* на ро́ликах Inliner fahren 2 В
кафе́ *nicht dekl.* Café 1 А
кварти́ра Wohnung 3 Б
квас Kwas(s) *(russisches Erfrischungsgetränk)* 1 Д
кеба́б Kebab *rez.* 1 Д
кенгуру́ Känguru *rez.* 4 В
ки́ви *n, nicht dekl.* Kiwi *rez.* 1 А
кино́ *nicht dekl., ugs.* Kino, Film 1 Д
кинока́мера Filmkamera 4 В
кинотеа́тр Kino 1 Г
кинофестива́ль *m* Filmfestival *rez.* 4 В
кио́ск Kiosk, Verkaufsstand 1 А
класс Klassenraum, Klasse 1 Г
кла́ссика Klassik 4 Б
кла́ссный 1. *ugs.* toll, cool, 2. Klassen- 4 А
кли́мат Klima *rez.* 6 В
клу́б Club *rez.* 1 А
кни́га Buch 2 Б
кни́жная по́лка Bücherregal 3 Б
кни́жный Buch- 4 А
ко́бра Kobra *rez.* 1 А
ковёр, *Gen.* ковра́ Teppich 3 Б
когда́ wenn, als 5 А
когда́? wann? 2 В
Козеро́г (*Sternzeichen*) Steinbock 5 В
ко́ла Cola 1 Д
колбаса́ Wurst 1 Д
колла́ж Collage *rez.* 4 Б
кольцо́, *Pl.* ко́льца Ring 4 А
Ко́меди клаб Comedy Club *rez.* 2 В
коме́дия Komödie 2 В
ко́мната Zimmer, Raum 3 Б
компо́т Getränk aus (gekochtem) Obst 1 Д
компью́тер Computer 1 Г
компью́терный стол Computertisch 3 Б
коне́ц, *Gen.* конца́ Ende 5 В
коне́чно *Adv.* natürlich, selbstverständlich 3 А

ко́нсульство Konsulat 6Б
контине́нт Kontinent *rez.* 3А
контролёр Kontrolleur *rez.* 1Б
конфе́ты *Pl.* Konfekt, Pralinen, Bonbons 1Д
конце́рт Konzert *rez.* 1Б
копе́йка Kopeke 4А
коридо́р Korridor, Diele 3Б
кори́чневый braun 4А
ко́смос Kosmos, Weltall *rez.* 1А
кот Kater 2А
котле́та Bulette, Fleischklops, Frikadelle 1Д
кото́рый welcher 6Б
Кото́рый час? Wie spät ist es? 2В
ко́фе *m, nicht dekl.* Kaffee *rez.* 1В
ко́шка Katze 2А
краси́во *Adv.* schön 5Б
краси́вый schön *(auf Äußeres bezogen)* 3А
Кра́сная пло́щадь Roter Platz 6А
кра́сный rot 4А
красота́ Schönheit 5В
кре́мль *m* Stadtfestung, Kreml 1Г
кре́пкий fest, kräftig, stark 5В
кре́пость *f* Festung 3А
крокоди́л Krokodil *rez.* 1Б
кро́лик Kaninchen 2А
кро́ме *кого́? чего́? mit Gen.* außer 5А
кро́на Krone *rez.* 1А
кроссо́вка, *Pl.* **кроссо́вки** Turnschuh, Turnschuhe 4А
круасса́н Croissant *rez.* 1Д
кры́са Ratte 2А
кто? wer? 1А
куда́ wohin? 6А
культу́рный Kultur-, kulturell 6Б
купа́ться *uv.* baden 6В
купи́ть *v. что? mit Akk.,* **за** *ско́лько? mit Akk.* kaufen 4А
ку́рица Huhn, Hühnchen 1Д
куро́рт Kurort *rez.* 6В
курс Kurs *rez.* 4Б
курье́р Kurier *rez.* 2В
ку́хня Küche 3Б
куше́тка Liege 3Б

Л

ла́герь, *Pl.* лагеря́ Lager 4Б
ла́мпа Lampe *rez.* 1В
лати́нский lateinisch, Latein 2А
лев Löwe *rez.* 1Б
Лев *(Sternzeichen)* Löwe 5В
легионе́р Legionär 5Г
лежа́ть *uv.* liegen 3Б
лета́ть *uv.* fliegen *(hin und zurück)* 6А
лете́ть *uv.* fliegen 6А
ле́то Sommer 5В
ле́том im Sommer 5А
лётчик Pilot(in) 5Б
ли *Partikel in Entscheidungsfragen (wird nicht übersetzt)* 6В
лимона́д Limonade *rez.* 1Д
лине́йка, *Gen. Pl.* лине́ек Lineal 5Б
литерату́ра Literatur 5А
ло́жка Löffel 4А
ло́ндонец, ло́ндонка Londoner, Londonerin 3В
лотере́я Lotterie *rez.* 4В
лото́ *nicht dekl.* Lotto *rez.* 1Б
ло́шадь *f* Pferd 2А
лу́чше besser 6А
люби́мый beliebt, geliebt, Lieblings- 3А
люби́ть *uv.* mögen, lieben 1Д
любо́вь *f, Gen.* любви́ Liebe 5В
лю́ди *nur Pl.* Leute, Menschen 2Б

М

магази́н Laden, Geschäft 1Г
май Mai 5В
макаро́ны Makkaroni, Nudeln *rez.* 1Д
ма́клер Makler *rez.* 3Б
ма́ксимум höchstens, Maximum *rez.* 6В
ма́ленький klein, unbedeutend 3А
ма́ло *Adv.* wenig 2Б
ма́льчик Junge 5А
ма́ма Mama, Mutti 1А
ма́рка Marke *rez.* 1А
ма́ркер Marker *rez.* 5Б
мармела́д *nur Sg.* Geleefrüchte, Geleekonfekt 1Д
март März 5В
маршру́тка Marschrutka *(Linientaxi, Kleinbus)* 3В
Ма́сленица *vgl.* Fasching, Fastnacht, Karneval 5В
ма́стер Meister, Spezialist *rez.* 2В
матема́тик Mathematiker 5Б
матема́тика Mathematik 5А
матрёшка Matrjoschka 1Б
матч sportlicher Wettkampf, Wettspiel 4В
маши́на Auto 1Б
ме́бель *f, nur Sg.* Möbel *rez.* 3Б
ме́жду *чем? mit Instr.* zwischen 3Б
междунаро́дный international 6В
ме́неджер Manager 5Б
меню́ *n, nicht dekl.* Speisekarte *rez.* 1Б
меня́ зову́т ich heiße 1Б
ме́сто Platz, Ort, Stelle 3А
ме́сяц Monat 5А
метеоро́лог Meteorologe 5Б
метро́ *nicht dekl.* U-Bahn, Metro 3В
меша́ть *uv.* кому́? *mit Dat.* stören 6В
микроволно́вка *ugs.* Mikrowelle 3Б
микрокалькуля́тор Taschenrechner 5Б
микрофо́н Mikrofon *rez.* 4В
милиционе́р Polizist(in) 5Б
миллио́н Million *rez.* 6Б
ми́лый lieb 5В
ми́нимум mindestens, Minimum *rez.* 6В
мини́стр *чего́? mit Gen.* Minister 4В
ми́нус Minus *rez.* 1Б
мину́та Minute 2В
мир 1. Welt; 2. Frieden 6В
Мне ... лет. Ich bin ... Jahre alt. 1Б
мно́гие viele 6В
мно́го *чего́? mit Gen. Pl.* viel 4А
моби́льник Handy 2В
мо́да Mode *rez.* 1Д
моде́ль *f* Model *rez.* 1В
моделье́р Modedesigner(in) 5Б
мо́жно man kann 3В
мой, моя́, моё; мои́ mein(e) 1В
молоко́ Milch 1Д
монасты́рь *m* Kloster 6А
монти́ровать (Video) schneiden *rez.* 4В
мо́ре, *Pl.* **моря́** Meer 3А
моро́женое (Speise-)Eis 1Д
москви́ч(ка) Moskauer(in) 3В
моско́вское вре́мя Moskauer Zeit 2В
мост Brücke 3В
мо́чь *uv.* können 4Б
моя́ фами́лия mein Nachname 1Б
мужчи́на Mann 6Б
музе́й Museum 1Г
му́зыка Musik 1Б
музыка́льный musikalisch, Musik- 4А
музыка́нт Musiker 4В
му́льтик *ugs.* Zeichentrickfilm 4В
мультфи́льм Zeichentrickfilm 2В
мы wir 1Б
мышь *f* Maus 2А
мю́нхенец, мю́нхенка Münchner, Münchnerin 3В
мю́сли *nicht dekl.* Müsli *rez.* 1Б
мя́со Fleisch 1Д

Н

на 1. auf, an, in *(örtlich) mit Präp.* 1Г;
2. zum *(z. B. zum Frühstück) mit Akk.* 1Д;
3. mit *(Transportmittel) mit Präp.* 3А;
4. für *(zeitlich) mit Akk.* 4В;
5. an *(Richtung) mit Akk.* 3А
наве́рное *Adv.* wahrscheinlich, sicherlich, wohl 6Б
над *чем? mit Instr.* über 3Б
на́до *mit Inf. кому́? mit Dat.* man (jmd.) muss etwas tun 6Б
назва́ние Bezeichnung, Benennung, Name, Titel 6Б

назва́ть/называ́ть (be)nennen, einen Namen geben 5 В
называ́ться *uv.* heißen, genannt werden 3 А
найти́/находи́ть finden 6 Б
нале́во *Adv.* nach links 3 В
нам интере́сно es interessiert uns 2 Б
написа́ть *v.* schreiben 4 В
напи́тки *Pl., Sg.* напи́ток Getränke 1 Д
напра́во *Adv.* nach rechts 3 В
наприме́р *Adv.* zum Beispiel 4 А
напро́тив *чего́? mit Gen.* gegenüber 3 Б
нарисова́ть *v.* malen, zeichnen 4 В
насто́льный те́ннис Tischtennis *rez.* 4
натура́льный Natur- 4 А
находи́ться *uv. где? mit Präp.* sich befinden 3 А
нача́ло Beginn, Anfang 5 Б
нача́льная шко́ла Grundschule 5 А
нача́ть/начина́ть anfangen, beginnen 5 В
нача́ться/начина́ться anfangen, beginnen 5 Г
наш unser 1 В
не nicht 1 А
Не за что. Keine Ursache. Gern geschehen. 3 В
Не о́чень. *ugs.* Nicht besonders (gut). 4 Б
не то́лько ..., но и nicht nur ..., sondern auch ... 6 В
не́бо Himmel 6 Б
небольшо́й klein 3 А
невозмо́жно unmöglich 6 А
недалеко́ *Adv.* nicht weit 3 А
недалеко́ от *чего́? mit Gen.* unweit von, nicht weit von 3 А
неде́ля Woche 5 А
нельзя́ *mit Inf. кому́? mit Dat.* man (jmd.) darf etwas nicht tun 6 Б
нема́ло *mit Gen.* nicht wenig, recht viel 6 А
не́мец, не́мка Deutscher, Deutsche 3 В
неме́цкий deutsch 2 А
немно́го *Adv.* nicht viel, ein bisschen 1 Г
не́сколько *mit Gen.* einige 6 А
нет nein 1 А
неуже́ли? wirklich *(in Entscheidungsfragen)* 6 Б
Ничего́. *ugs.* (Ganz) OK. Gut. 4 Б
Но́вый год Neujahr 5 В
но́вый neu 3 А
ноль *m* Null 1 Б
но́мер телефо́на Telefonnummer 2 В
нон-сто́п nonstop *rez.* 4 В
носи́ть *uv. что? mit Akk.* tragen 4 А
но́та Note *(Musik)* *rez.* 1 А
ноутбу́к Notebook, Laptop *rez.* 1 А
ночно́й nächtlich, Nacht- 6 Б
ночь *f* Nacht 6 Б
ноя́брь *m* November 5 В
нра́виться *uv. кому́? mit Dat.* jmdm. gefallen 4 А
ну nun, also 2 Б
Ну, ла́дно. *ugs.* Na, macht nichts. Na gut. 2 А
ну́жно *mit Inf. кому́? mit Dat.* man (jmd.) muss etwas tun 6 Б

О

о *ком? (чём?) mit Präp.*; **об** *(vor Vokalen)* über, von 3 А
обе́д Mittagessen 1 Д
обе́дать *uv.* zu Mittag essen 2 В
обра́тно *Adv.* zurück 6 А
о́бувь *f, nur Sg.* Schuhwaren 4 А
обществове́дение Gesellschaftskunde, Sozialkunde 5 А
объе́кт Objekt *rez.* 1 Б
объяви́ть/объявля́ть *чем? mit Instr.* zu etwas erklären 5 Г
обы́чно *Adv.* gewöhnlich 2 В
обы́чный gewöhnlich 4 Б
обяза́тельно unbedingt 6 Б
О́вен *(Sternzeichen)* Widder 5 В
оде́жда *nur Sg.* Kleidung 4 А
о́зеро, *Pl.* озёра See 3 А
Ой! au, hu, he, hei *(bei Verwunderung, Freude, Mitgefühl, Schmerz, Furcht)* 6 Б
окно́, *Pl.* **о́кна** Fenster 3 Б
октя́брь *m* Oktober 5 В
Олимпиа́да Olympiade *rez.* 1 Д
Олимпи́йские и́гры *Pl.* Olympische Spiele 4 В
он er 1 В
она́ sie *f* 1 В
они́ sie *Pl.* 1 В
оно́ es 1 В
о́пера Oper *rez.* 1 А
опера́тор 1. Techniker; 2. Kameramann 4 В
о́птика Optiker *rez.* 1 А
ора́нжевый orange 4 А
организова́ть *v., uv.* organisieren *rez.* 5 Б
оригина́льный Original-, echt, authentisch 6 Б
о́сень *f* Herbst 5 В
о́сенью im Herbst 5 В
осмотре́ть/осма́тривать besichtigen 6 А
осо́бенно *Adv.* besonders 6 Б
осо́бенный besonderer 6 Б
остано́вка Haltestelle *(gilt für Bus, Straßenbahn, O-Bus und Taxi)* 3 В
о́стров Insel 6 Б
от *mit Gen.* von 3 А
от и́мени *кого́? mit Gen.* im Namen von 5 В
отве́т Antwort 5 Б
отве́тить/отвеча́ть *кому́? mit Dat.* на *что? mit Akk.* antworten auf etw. 4 В
о́тдых Erholung, Entspannung 4 А
отдыха́ть *uv.* sich ausruhen, erholen 2 В
откры́тка, *Gen. Pl.* откры́ток Postkarte, Ansichtskarte 5 В
откры́ться/открыва́ться sich öffnen, geöffnet werden 6 Б
отку́да? woher? 1 Г
отли́чно *Adv.* ausgezeichnet 5 А
отме́тить/отмеча́ть *(ein konkretes Fest)* begehen, feiern 5 В
отпра́здновать/пра́здновать *(allgemein)* feiern 5 В
отсю́да *Adv.* von hier (aus) 3 Б
отту́да *Adv.* von dort (aus) 6 А
оце́нка, *Gen. Pl.* оце́нок (Schul-)Note 5 А
о́чень *Adv.* sehr 1 Д

П

пала́тка Zelt 6 В
па́льма Palme *rez.* 3 Б
па́мятник Denkmal 3 А
панора́ма Panorama *rez.* 6 А
па́па *m* Papa, Vati 1 В
па́па ри́мский Papst 5 Г
па́пка, *Gen. Pl.* па́пок Schnellhefter, Ordner 5 Б
парижа́нин, парижа́нка Pariser, Pariserin 3 В
парк Park 1 Г
парке́т Parkettfußboden 3 Б
па́ртия Partei *rez.* 6 А
партнёр (по обме́ну) (Austausch-) Partner 2 А
па́спорт Pass *rez.* 1 Б
пассажи́р Passagier, Fahrgast *rez.* 1 Г
Па́сха Ostern 5 В
пахлава́ *nur Sg.* Baklava *rez.* 1 Д
пев́ец, *Pl.* певцы́ Sänger 1 В
певи́ца Sängerin 1 В
пельме́ни *Pl.* Pelmeni 1 Д
пена́л Federtasche, -mäppchen 5 Б
пе́ние Gesang 5 Б
пенсионе́р Rentner 1 В
перево́дчик, перево́дчица Übersetzer(in) 5 Б
пе́ред *чем? mit Instr.* vor 3 Б
Переда́й(те) ... приве́т! *mit Dat.* Grüße (Grüßt) ...! Bestelle (Bestellt) ... einen Gruß! 2 А
петь *uv.* singen 4 Б
пешко́м *Adv.* zu Fuß 3 В
письмо́ Brief 5 Г
пиани́но *nicht dekl.* Klavier 2 Б
пирожо́к Pirogge 1 Д
писа́ть *uv.* schreiben 2 Б
пи́сьменный стол Schreibtisch 3 Б
пить *uv.* trinken 1 Д
пи́цца Pizza 1 Д

пиццерия Pizzeria *rez.* 2 В
Пиши. Schreibe. 2 А
плавать *uv.* schwimmen 4 Б
плакат Plakat 4 Б
план Plan 4 В
планетарий Planetarium 3 А
планировать *uv.* *что?* на *когда?* etw. planen 4 В
платье Kleid 4 А
плечо Schulter 5 Б
плохо *Adv* schlecht 2 Б
площадка (kleiner) Platz, Fläche 6 В
площадь *f* Platz 6 А, Красная площадь Roter Platz
плюс Plus *rez.* 1 Б
по *чему?* *mit Dat.* **1.** entlang; **2.** entsprechend, laut 3 В
по-английски auf Englisch 1 Г
поверить/верить в(о) *что?* *mit Akk.* glauben an etw./jmdn. 5 В
повернуть *v.* abbiegen, sich wenden 3 В
Повтори. Wiederhole. 2 В
повторить *v.* wiederholen 3 В
погода Wetter 6 В
погулять/гулять по *чему?* *mit Dat.* spazieren gehen, bummeln 6 А
под *чем?* *mit Instr.* unter 3 Б
подарить *v.* schenken 4 Б
подарок Geschenk 5 В
подготовиться/готовиться к *чему?* *mit Dat.* sich vorbereiten auf etw. 6 Б
подруга Freundin 1 В
подумать/думать denken 4 В
поезд Zug 6 А
поездка Reise 6 Б
поехать/ехать fahren 4 В
пожалуйста bitte 1 Б
пожелать/желать *чего?* *mit Gen.* etw. wünschen 5 В
пожениться/жениться heiraten *(v. Mann)* 5 Г
позвонить *v.* anrufen 4 В
поздравить/поздравлять *кого?* *mit Akk.* *с чем?* *mit Instr.* jmdm. zu etw. gratulieren 5 В
познакомиться/знакомиться с *кем?* *чем?* *mit Instr.* sich mit etw. bekannt (vertraut) machen; sich (einander) vorstellen, jmdn. kennenlernen 6 А
поиграть/играть spielen 4 В
по-испански auf Spanisch 1 Г
по-итальянски auf Italienisch 1 Г
пойти *v.* gehen 4 В
пока bisher 2 А
пока нет noch nicht 2 В
Пока! *ugs.* Tschüss! Bis dann! 1 А
показать *v.* *кому?* *mit Dat.;* *что?* *mit Akk.* zeigen 4 А
покататься *v.* **на** *чём?* *mit Präp.* fahren 4 В
покупать *uv.* s. **купить** 4 А
пол, *Präp.* на полу (Fuß-)Boden 3 Б
политик Politiker *rez.* 1 В
полка Regal 3 Б
получить/получать bekommen, erhalten 5 А
по-моему meiner Meinung nach 6 В
помочь/помогать helfen 5 В
понедельник Montag 5 А
по-немецки auf Deutsch 1 Г
понимать *uv.* s. **понять** 5 Б
понравиться/нравиться *mit Dat.* jmdm. gefallen 6 Б
(Я) (не) понял. *m;* **(Я) (не) поняла.** *f* Ich habe (nicht) verstanden. 2 В
Понятно. Alles klar. Aha, ich habe verstanden. 2 А
понять/понимать verstehen 5 Б
пообедать/обедать zu Mittag essen 4 В
поп-звезда Popstar 2 Б
поп-музыка Popmusik *rez.* 5 А
по-польски auf Polnisch 1 Г
поприветствовать/приветствовать begrüßen 6 А
попугай Papagei *rez.* 1 Б, Papagei *(auch Wellensittich)* 2 А
популярный populär 5 Б
порт Hafen 3 А
портфель *m* Aktentasche 4 В
по-русски auf Russisch 1 Г
посетить/посещать besuchen 6 Б
после *чего?* *mit Gen.* nach *(zeitlich)* 2 В
послезавтра *Adv.* übermorgen 4 В
посмотреть *v.* (an)schauen 2 В
постер Poster 3 Б
посудомойка *ugs.* Geschirrspüler 3 Б
по-твоему deiner Meinung nach 6 В
потом *Adv.* danach 3 В
потому что weil 5 Б
поучаствовать/участвовать в *чём?* *mit Präp.* teilnehmen an etw. 4 В
по-французски auf Französisch 1 Г
поход Wanderung 4 Б
поцеловать/целовать küssen 5 В
почему? warum? 4 А
почта Post 1 Г
почтальон Briefträger 1 Г
почти fast, beinahe 5 В
поэт Poet, Dichter *rez.* 2 Б
поэтому deshalb, deswegen, darum 6 Б
правда *Adv.* wirklich, tatsächlich 6 Б
правильно *Adv.* richtig 2 В
правильный richtig, korrekt 5 Б
право Recht(skunde) 5 А
праздник Feiertag, Festtag 5 Б
праздничный feierlich, festlich 5 Б
праздновать *uv.* s. отпраздновать 5 В
практичный praktisch 5 Б
предлагать vorschlagen 3 Б
предмет Unterrichtsfach 5 А
презентация Präsentation *rez.* 4 В
президент Präsident *rez.* 1 Г
прекрасный schön, wunderschön 6 В
пресса Presse *rez.* 2 Б
престижный Prestige-, angesehen 6 А
Привет! Hallo! 1 А
приветствие Begrüßung 6 Б
приветствовать *uv.* s. **поприветствовать**
пригласить/приглашать *кого?* *mit Akk.* **на** *что?* *mit Akk.* einladen 6 А
пригласить/приглашать в гости *кого?* *mit Akk.* zu Besuch einladen 6 А
приглашение Einladung 6 А
приготовить/готовить 1. vorbereiten; 2. (Essen) zubereiten 4 В
приехать/приезжать *куда?* (hin) kommen *(mit einem Fahrzeug)* 6 Б
примерно ungefähr, etwa 6 В
природа Natur 6 В
природный Natur-, natürlich 6 В
проблема Problem *rez.* 1 В
провести/проводить durchführen, verbringen 6 В
программа Programm *rez.* 6 Б
программист Programmierer 5 Б
продавец Verkäufer 4 А
продукты *Pl.* Lebensmittel 4 Б
проект Projekt *rez.* 4 В
проектировать *uv.* entwerfen, gestalten *rez.* 4 Б
проспект Prospekt *(breite, gerade Straße)* 3 А
просто einfach 2 Б
процент Prozent *rez.* 2 Б
прошлый vergangener, letzter 5 Б
прощальный Abschieds- 6 Б
прямая трансляция Liveübertragung 2 В
прямо *Adv.* geradeaus 3 В
психолог Psychologe 5 Б
путеводитель *m,* **по** *чему?* *mit Dat.* Reiseführer *(Buch)* 6 Б
пюре *nicht dekl.* Püree, Brei *rez.* 1 Д
пятёрка, *Gen. Pl.* пятёрок Fünf *(Zensur)* 5 А
пятница Freitag 5 А

Р

работа Arbeit, Job 4 Б, Arbeit 5 В
работать *uv.* arbeiten 4 Б
равиоли *Pl.* Ravioli *rez.* 4 Б
радость *f* Freude 5 В

раз, *Gen. Pl.* раз, ... раз в неде́лю Mal 5 В
ра́зве? etwa *(in Entscheidungsfragen)* 6 Б
ра́зный verschieden 5 В
райо́н Bezirk, (Stadt-)Viertel 6 А
Рак *(Sternzeichen)* Krebs 5 В
ра́но *Adv.* früh 5 А
ра́ньше früher 5 В
расписа́ние Zeitplan 5 А
расписа́ние уро́ков Stundenplan 5 А
расска́з Erzählung, Geschichte 3 А
рассказа́ть *v.* erzählen 4 В
расска́зывать *uv. что? mit Akk.; о чём? mit Präp.* erzählen, berichten 3 А
ра́туша Rathaus 3 А
реализова́ть *v.* verwirklichen, realisieren *rez.* 6 В
ребя́та *Pl.* Kinder, Jugendliche 1 А
регио́н Region, Gebiet *rez.* 6 В
регистра́ция Anmeldung 1 Б
реда́кция Redaktion *rez.* 2 Б
ре́дко *Adv.* selten 2 Б
режи́м Betrieb, Regime, Modus 4 В
режи́м дня Tagesablauf 4 В
резервуа́р Reservoir *rez.* 6 В
рези́нка, *Gen. Pl.* рези́нок Radiergummi 5 Б
река́, *Pl.* ре́ки Fluss 3 А
рекла́ма Werbung 4 В
рекла́мный Werbe- 4 В
реконструи́ровать *v., uv.* rekonstruieren 6 Б
реконстру́кция Rekonstruktion, Wiederaufbau *rez.* 6 Б
реко́рд Rekord *rez.* 6 В
рели́гия Religion 5 А
репети́ровать *uv.* proben 4 В
рестора́н Restaurant 1 А
реце́пт Rezept *rez.* 4 Б
Рим Rom 5 Г
рис Reis 1 Д
рисова́ние Zeichnen 5 А
рисова́ть *uv.* zeichnen, malen 2 Б
ро́вно *Adv.* genau *(Zeit, Menge)* 2 В
роди́тели *Pl.* Eltern 1 В
роди́ться *v.* geboren werden 5 В
родно́й Heimat-, heimatlich 3 А
Рождество́ Weihnachten 5 В
ро́зовый pink, rosa 4 А
рок-конце́рт Rockkonzert *rez.* 4
рок-му́зыка Rockmusik *rez.* 1 Д
роллердро́м Halle für Inlineskating *rez.* 4 Б
рома́н Roman *rez.* 1 А
росси́йский russisch *(in Hinsicht auf den Staat Russland)* 4 А
Росси́я Russland 1 Г
россия́нин, россия́нка Russe, Russin *(Staatsangehörigkeit)* 3 В
руба́шка Hemd 4 А
ру́бль *m* Rubel 4 А
рука́ Hand 5 Б
руле́т Biskuitrolle 1 Д
ру́сская деся́тка die russischen Top Ten 2 В
ру́сский russisch 2 А
ру́чка Kugelschreiber, Stift, Füller 1 Г
ры́ба Fisch 1 Д
ры́бка Zierfisch 2 А
Ры́бы *(Sternzeichen)* Fische 5 В
рэп Rap *rez.* 1 Д
рюкза́к Rucksack 1 Б
ря́дом *с чем? mit Instr.* neben 3 Б

С

с *кем? mit Instr.* mit 2 Б
С Но́вым го́дом! Frohes neues Jahr! Alles Gute zum neuen Jahr! 1 Б
с удово́льствием mit Vergnügen, sehr gern 6 А
с утра́ до ве́чера von morgens bis abends 2 Б
сад Garten 6 А
(веб-)са́йт Website *rez.* 5 Б
саксофо́н Saxofon 2 Б
сала́т Salat 1 Д
сало́н Salon *rez.* 4 А
сам, сама́, само́; са́ми selbst *(ohne fremde Hilfe)* 6 В
са́мба Samba *rez.* 2 Б
самова́р Samowar 1 А
са́мый bei Adjektiven zur Bildung des Superlativs 6 В
санато́рий Sanatorium, Kurheim *rez.* 6 В
са́уна Sauna *rez.* 4 Б
сви́тер Pullover 4 А
свобо́дное вре́мя Freizeit 2 Б
свято́й heilig 5 Г
свяще́нник Priester, Pfarrer 5 Г
свяще́нный heilig 6 В
сгоре́ть/сгора́ть verbrennen 6 Б
сде́лать *v.* machen, tun 4 В
се́вер Norden 3 А
се́веро-восто́к Nordosten 3 А
се́веро-за́пад Nordwesten 3 А
сего́дня heute 1 Г
сезо́н Saison *rez.* 4 А
сейча́с *Adv.* jetzt 1 Д
семья́ Familie 1 В
сентя́брь *m* September 5 В
се́рвис-за́л Servicecenter *rez.* 4 Б
серде́чный herzlich 5 В
сериа́л (Fernseh-)Serie 2 В
се́рия Folge 4 Б
се́рый grau 4 А
серьёзный ernst(haft) 5 А
сестра́, *Pl.* сёстры Schwester 1 В
сигна́л Signal, Zeichen *rez.* 5 Б
сиде́ть *uv.* в Интерне́те im Internet surfen 2 Б
сиде́ть *uv.* **в ча́те** chatten 2 Б
сиде́ть *uv.* sitzen 2 Б
симпати́чный sympathisch 5 Б
си́ний dunkelblau 4 А
сказа́ть *v.* sagen 3 В
сквер Grünanlage, kleiner Park 3 В
ски́дка Ermäßigung, Rabatt 4 А
ско́лько? Wie viel? 1 Б
Ско́лько (сейча́с) вре́мени? *ugs.* Wie spät ist es? 2 В
Ско́лько ... лет? *mit Dat.* Wie alt ist (bist, seid, sind) ...? 2 А
Ско́лько тебе́ лет? Wie alt bist du? 1 Б
ско́ро *Adv.* bald 1 Г
Скорпио́н *(Sternzeichen)* Skorpion 5 В
скульпту́ра Skulptur, Plastik 3 В
Скуча́ть бу́дет не́когда! Es wird keine Zeit für Langeweile bleiben! 4 Б
ску́чно langweilig 6 В
сла́вный berühmt 6 В
сле́ва *Adv.* links 3 Б
сле́дующий nächster 5 А
сли́шком (all)zu, übermäßig 6 В
слова́рь *m* Wörterbuch, -verzeichnis 6 Б
сло́во Wort 6 Б
слу́шать *uv.* (zu)hören 2 А
слу́шатель *m* Zuhörer 2 А
слы́шать *uv.* hören, vernehmen 6 Б
смотре́ть *uv.* schauen, gucken 2 Б
смотре́ть *uv.* **кино́** ugs. Filme gucken 2 Б
смотре́ть *uv.* **телеви́зор** fernsehen 2 Б
снача́ла *Adv.* zuerst 4 В
снег Schnee 6 А
сноубо́рд Snowboard *rez.* 4
сноубо́рдинг Snowboarding 1 Д
соба́ка Hund 2 А
собо́р Kathedrale 1 Г
совреме́нный modern, gegenwärtig 4 А
совсе́м *Adv.* überhaupt 1 Д
сок Saft 1 Д
со́лнце Sonne 6 В
соля́нка Soljanka 1 Д
сорт Sorte *rez.* 1 А
сортирова́ть *uv.* sortieren *rez.* 4 Б
соси́ски *Pl., Sg.* соси́ска Würstchen 1 Д
спаге́тти *nicht dekl.* Spaghetti *rez.* 1 Д
спа́льня Schlafzimmer 3 Б
спаси́бо danke 1 Б
спать *uv.* schlafen 2 В
спекта́кль *m* (Theater-) Vorstellung 6 В
специа́льно *Adv.* speziell 6 В
специа́льный speziell *rez.* 4 Б
спи́кер Sprecher im Parlament *rez.* 4 В
спи́сок Liste 6 Б
Споко́йной но́чи! Gute Nacht! 2 В

споко́йный ruhig, gelassen, friedlich 5 Б
спорт *nur Sg.* Sport 1 Д
спортза́л Turnhalle, Sportraum *rez.* 1 Д
спорти́вный sportlich, Sport- 4 Б
спортко́мплекс Sportzentrum, Sporthalle 1 Г
спортсме́н Sportler *rez.* 1 В
спорттова́ры *Pl.* Sportartikel *Pl.* 4 А
спортце́нтр Sportzentrum 4 Б
спра́ва *Adv.* rechts 3 Б
спроси́ть/спра́шивать fragen 5 Б
сра́зу *Adv.* sofort, direkt 5 А
среда́ Mittwoch 5 А
стадио́н Stadion 1 Г
станови́ться *uv.* s. стать
ста́нция Station *(gilt für die U-Bahn)* 3 В
старт Start *rez.* 1 А
ста́рый alt 3 А
стать/станови́ться *mit Instr.* 1. werden; 2. geschehen 5 Б
стейк Steak *rez.* 1 Д
стена́ 1. Wand; 2. Mauer 3 Б
сте́нка Anbauwand, Schrankwand 3 Б
стереоаппарату́ра Stereoanlage 3 Б
стиль *m* Stil *rez.* 6 Б
сти́льный stilvoll 5 Б
стира́льная маши́на Waschmaschine 3 Б
стихи́ *Pl., Sg.* стих Gedicht(e), *(der einzelne)* Vers 5 Б
сто́ить *uv. ско́лько? mit Akk.* 1. kosten; 2. sich lohnen **сто́ит** *что де́лать? mit Inf.* 4 А
стол Tisch 3 Б
сто́лик Couchtisch, Tischchen 3 Б
столи́ца Hauptstadt 3 А
стоя́ть *uv.* stehen 3 Б
страна́ Land, Staat 3 А
стра́нный merkwürdig, komisch, seltsam 5 А
стра́ус Strauß *(Vogel)* *rez.* 1 Б
Стреле́ц *(Sternzeichen)* Schütze 5 В
стреля́ть *uv.* из лу́ка Bogenschießen 4 Б
стритбо́л Streetball 1 Д
студе́нт(ка) Student(in) 1 В
сту́дия Studio, Werkstatt 4 Б
стул Stuhl 3 Б
суббо́та Samstag 5 А
субтро́пики Subtropen *rez.* 6 В
субъе́кт Subjekt *rez.* 1 Б
сувени́р Souvenir, Andenken 4 А
су́мка, *Gen. Pl.* су́мок (Hand-) Tasche, Beutel 5 Б
су́мма Summe *rez.* 1 А
суп Suppe 1 Д
су́пер- *ugs.* Super- 4 А
суперма́ркет Supermarkt *rez.* 1 Г
су́шка Kringel *(Gebäck)* 1 Д
сце́на Szene *rez.* 4 В
сча́стье Glück 5 А
счита́ть *uv.* rechnen, zählen 4 Б
сыр Käse 1 Д
сюда́ hierher 6 А
сюрпри́з Überraschung 5 В

Т

табуре́т(ка) Hocker 3 Б
так, *Partikel* so 4 А
тако́й so ein, ein solcher 4 А
такси́ *n, nicht dekl.* Taxi *rez.* 1 В
такт Takt *rez.* 1 А
тала́нтливый talentiert 5 Б
там *Adv.* dort 1 Г
танцева́льный Tanz- 6 В
танцева́ть *uv.* tanzen 2 Б
твой, твоя́, твоё; твои́ dein(e) 1 В
твоя́ фами́лия dein Nachname 1 Б
теа́тр Theater 1 А
театра́льный Theater- 4 Б
текст Text 1 А
(теле)ба́шня (Fernseh-)Turm 3 А
телеви́зор Fernseher 2 Б
телепрогра́мма Fernsehprogramm 2 В
телефо́н Telefon 1 А
Теле́ц *(Sternzeichen)* Stier 5 В
те́ма Thema 1 А
темпера́ментный temperamentvoll 5 Б
температу́ра Temperatur *rez.* 6 В
те́ннис Tennis 1 Д
террито́рия Territorium, Gebiet, Gelände *rez.* 6 А
тест Test 1 А
тетра́дь *f* Heft 5 Б
тётя Tante 1 В
те́хника Technik *rez.* 1 Б
тигр Tiger *rez.* 1 Б
ти́хий still, ruhig, friedlich 3 Б
това́р Ware 4 А
тогда́ 1. dann; 2. damals 4 А
то́же auch 2 А
то́лько nur, erst 2 А
торго́вый центр Einkaufszentrum 4 А
торт Torte *rez.* 1 А
то́чно *Adv.* genau 2 В
то́чное вре́мя die genaue Zeit 2 В
традицио́нный traditionell, überliefert, Traditions- 6 А
тради́ция Tradition *rez.* 6 А
тра́ктор Traktor *rez.* 1 А
трамва́й Straßenbahn 3 В
три́ллер Thriller *rez.* 6 А
Тро́ица Pfingsten 5 В
тро́йка, *Gen. Pl.* тро́ек Drei *(Zensur)* 5 А
тролле́йбус Trolleybus, O-Bus *(Oberleitungsbus)* 3 В
тропа́ Pfad, Weg 6 В
труд 1. Arbeit, Mühe; 2. Werken *(Schulfach)* 5 В
тру́дный schwierig 5 Б
туале́т Toilette, WC *rez.* 1 А
туда́ *Adv.* dorthin 3 В
тури́зм Tourismus *rez.* 4 Б
тури́ст Tourist 1 Г
турфи́рма Reisebüro *rez.* 4 Б
тусо́вка *ugs.* Fete, Feier *(im privaten Rahmen)* 6 А
ту́фля, *Pl.* **ту́фли** Schuh, Schuhe 4 А
ты du 1 Б
ты́сяча Tausend 5 В

У

у *mit Gen.* bei *(örtlich)* 4 Б
у вас есть ihr habt; Sie haben 2 Б
У кого́ есть ...? Wer hat ...? 2 А
у меня́ есть ich habe 2 А
у меня́ нет *mit Gen.* ich habe nicht, ich habe kein(-e, -en) 2 А
у нас есть wir haben 2 А
у тебя́ есть du hast 2 А
уви́деть *v.* sehen, erblicken 6 Б
у́гол, *Präp.* в углу́ Ecke 3 Б
уго́льник (Geo-)Dreieck 5 Б
удиви́тельно erstaunlich, bewundernswert, wunderbar 6 Б
удиви́ть/удивля́ть verwundern 6 Б
удо́бный bequem 3 В
удовлетвори́тельно *Adv.* zufriedenstellend 5 А
У́жас! *ugs.* (Wie) schrecklich! 5 А
ужа́сный schrecklich 5 Б
уже́ *Adv.* schon 1 В
у́жин Abendbrot 1 Д
у́жинать *uv.* zu Abend essen 2 В
у́лица Straße 2 Б
уме́ть *uv.* können, fähig sein etwas zu tun 4 Б
университе́т Universität *rez.* 1 Г
уро́к 1. Unterrichtsstunde; 2. Hausaufgabe 2 Б
успе́х Erfolg 5 В
у́тро der Morgen 2 В
у́тром *Adv.* morgens 2 В
уча́ствовать *uv.* s. поуча́ствовать
уче́бник Lehr-, Schulbuch 5 А
уче́бный Lehr-, Schul- 5 А
уче́ние Lehre 5 А
учени́к Schüler 1 В
учени́ца Schülerin 1 В
учи́тель *m* Lehrer 1 Г
учи́тельница Lehrerin 5 А
учи́ть *uv.* lernen 2 А
учи́ться *nur uv.* 1. lernen, studieren; 2. *(in eine Schule, eine Klasse)* gehen в *mit Präp.* 5 А
ую́тный gemütlich, behaglich, wohnlich 3 Б

Ф

фаза́н Fasan *rez.* 1 Б
факультати́в Wahlkurs 5 А
фами́лия Familienname, Zu- oder Nachname 1 Б
фан-клу́б Fanclub *rez.* 4 В
февра́ль *m* Februar 5 В
фестива́ль Festival 1 Г
фи́зик Physiker 5 Б
фи́зика Physik 5 А
физкульту́ра Sport 5 А
фильм Film *rez.* 1 Б
фина́л Finale *rez.* 4 В
фиоле́товый violett 4 А
фи́тнес Fitness *rez.* 4 Б
фла́ер Flyer *rez.* 4 В
фле́йта Flöte *rez.* 1 Г
флома́стер Filzstift 5 Б
формуля́р Formular *rez.* 6 Б
фортепиа́но *nicht dekl.* Klavier *(Oberbegriff für Klavier und Flügel)* 2 Б
фо́рум Forum *rez.* 1 Д
фо́то *ugs., nicht dekl.* Foto 1 Б
фотоаппара́т Fotoapparat *rez.* 6 Б
фотографи́ровать *uv.* fotografieren 2 Б
фотогра́фия Lichtbild, Fotografie 4 Б
фру́кты *Pl.* Obst, Früchte 1 Д
футбо́л Fußball *(Spiel)* 1 А
футбо́лка T-Shirt 4 А
футля́р Etui, Futteral 1 Г
фэ́нтези *n, nicht dekl.* Fantasy *rez.* 2 Б

Х

хамелео́н Chamäleon *rez.* 1 Б
Хеллоуи́н Halloween *rez.* 5 В
хи́мик Chemiker 5 Б
хи́мия Chemie 5 А
хип-хо́п Hip-Hop *rez.* 1 Д
хит Schlager *rez.* 4 Б
хит-пара́д Hitparade 2 В
хлеб Brot 1 Д
хо́бби *n, nicht dekl.* Hobby 1 Б
ходи́ть *uv.* 1. gehen *wohin?* в, на *mit Akk.*; 2. bummeln *wo?* по *mit Dat.*; 3. tragen *(Kleidung)* в *mit Präp.* 4 А
ходи́ть по магази́нам einkaufen 4 А
хокке́й Eishockey, Hockey 4 Б
холоди́льник Kühlschrank 3 Б
хомя́к Hamster 2 А
хор Chor *rez.* 5 А
хоро́ший gut 3 А
хорошо́ *Adv.* gut 1 Г
хоте́ть *uv.* möchten, wollen 1 Д
хохлома́ mit Lackfarben bemalte Löffel, Schüsseln, Dosen aus Holz 4 А
храм Gotteshaus, Kirche 6 А
худо́жественный фильм Spielfilm 2 В

Ц

царь *m, Gen.* царя́, **цари́ца** Zar, Zarin *Bezeichnung für russische Herrscher(innen)* 5 В
цвет, *Pl.* цвета́ Farbe 4 А
цветы́ *Pl., Sg.* цвето́к Blumen, Blume 5 А
целова́ть *uv.* s. поцелова́ть
це́лый ganz 4 В
цель *f* Ziel 6 Б
цена́ Preis 4 А
центр Zentrum *rez.* 1 Б
цирк Zirkus *rez.* 1 Б
ци́ркуль *m* Zirkel *(Zeichengerät) rez.* 5 Б

Ч

чай Tee 1 Д
час, *Pl.* **часы́** Stunde 2 В; часы́ *nur Pl.* Uhr 6 А
ча́сто *Adv.* oft 2 Б
часть *f* Teil 5 А
челове́к Mensch 5 Б
чемпио́н Champion, Titelträger *rez.* 1 Б
чемпиона́т Meisterschaft 2 В
че́рез *что? mit Akk.* über (... hinüber) 3 В
черепа́ха Schildkröte 2 А
чёрный schwarz 4 А
четве́рг Donnerstag 5 А
четвёрка, *Gen. Pl.* четвёрок Vier *(Zensur)* 5 А
чи́збургер Cheeseburger *rez.* 1 Б
чи́псы Chips *rez.* 1 Д
число́ Datum, Zahl 5 В
чита́ть *uv.* lesen 2 Б
Что э́то тако́е? Was ist das? 5 В
что? was? 1 Б
чуде́сный wunderbar, wunderschön 6 В
чу́до, *Pl.* чудеса́ Wunder 6 В

Ш

шанс Chance *rez.* 4 Б
ша́риковая ру́чка Kugelschreiber 5 Б
ша́хматы *nur Pl.* Schach *(Spiel) rez.* 2 Б
шашлы́к Schaschlik *rez.* 1 Б
шеф Chef *rez.* 1 Б
шик chic (Luxus) *rez.* 4 А
шкату́лка Schatulle, Dose 4 А
шкаф, *Präp.* в шкафу́, *Pl.* шкафы́ Schrank 3 Б
шко́ла Schule 1 Г
шко́ла-партнёр Partnerschule 5 В
шко́льник Schüler 4 Б
шко́льница Schülerin 4 Б
шко́льный Schul- 5 А
шко́льный обме́н Schulaustausch 5 А
шни́цель *m* Schnitzel 1 Д
шокола́д Schokolade *rez.* 1 Б
шо́пинг Shopping, Einkaufen 1 Д
шо́у *n, nicht dekl.* Show 2 В
шпина́т Spinat *rez.* 1 Б
штру́дель *m* Strudel *rez.* 1 Д

Щ

щи *nur Pl.* russische Kohlsuppe 1 Б

Э

эконо́мика Wirtschaft 5 А
экономи́ст Ökonom, Wirtschaftsexperte 5 Б
экотури́зм Ökotourismus *rez.* 6 В
экску́рсия Exkursion, Ausflug *rez.* 4 Б
экскурсово́д Reiseleiter, Fremdenführer 6 А
экспериме́нт Experiment *rez.* 6 А
экспона́т Exponat, Ausstellungsstück *rez.* 6 Б
электри́чка Vorortzug, Nahverkehrszug *(elektrisch betrieben)* 3 В
электроплита́ Elektroherd 3 Б
электротова́ры Elektrogeräte 4 А
эски́з Skizze, Entwurf 4 В
эта́ж Etage, Stockwerk 3 Б
э́тика Ethik 5 А
э́то das ist 1 А
э́тот, э́та, э́то; э́ти diese(r, s) 4 А

Ю

юбиле́й Jubiläum, Jahrestag *rez.* 6 А
ю́бка Rock 4 А
ювели́рные изде́лия *Pl.* Juwelierwaren 4 А
юг Süden 3 А
ю́го-восто́к Südosten 3 А
ю́го-за́пад Südwesten 3 А
юри́ст Jurist 5 Б

Я

я ich 1 А
язы́к Sprache 1 Г
янва́рь *m* Januar 5 В
янта́рный Bernstein-, aus Bernstein 6 Б
я́ркий bunt, leuchtend 4 А
я́рмарка Messe 3 А
я́хта Jacht *rez.* 4 А

Неме́цко-ру́сский алфави́тный слова́рь

A

abbiegen **поверну́ть** *v.* 3 В
Abend **ве́чер,** *Pl.* вечера́ 1 Б, zu Abend essen **у́жинать** *uv.* 2 В, Bis (heute) Abend! **До ве́чера!** 4 Б
Abendbrot **у́жин** 1 Д, zum Abendbrot на у́жин 1 Д
abends **ве́чером** *Adv.* 2 В, von morgens bis abends с утра́ до ве́чера 2 Б
aber **а** 1 А
Abgemacht! **Договори́лись!** 6 А
Abschieds- проща́льный 6 Б
abschließen зако́нчить/зака́нчивать 6 А
Aha, ich habe verstanden. **Поня́тно.** 2 А
Air Hockey аэрохокке́й *rez.* 4 В
akkurat аккура́тный 5 Б
Aktentasche портфе́ль *m* 4 В
aktiv акти́вный 5 Б
aktuell актуа́льный 4 А
Album альбо́м *rez.* 1 Г
Algebra а́лгебра 5 А
alle **все** 2 Б
alles **всё** 6 А
Alles Gute **всего́ хоро́шего** 5 В, Alles Gute zum neuen Jahr! **С Но́вым го́дом!** 1 Б
Alles klar. **Поня́тно.** 2 А
allzu сли́шком 6 В
Alphabet алфави́т 1 Б
als **когда́** 5 А
also ну 2 Б
alt **ста́рый** 3 А, Wie alt bist du? **Ско́лько тебе́ лет?** 1 Б, Ich bin ... Jahre alt. **Мне ... лет.** 1 Б, Wie alt ist (bist, seid, sind) ...? **Ско́лько ... лет?** *mit Dat.* 2 А
an **в** *mit Präp.* 1 Г, **на** *mit Präp.* 1 Г
Ananas анана́с *rez.* 1 А
Anbauwand сте́нка 3 Б
Andenken **сувени́р** 4 А
Anfang **нача́ло** 5 Б
anfangen **нача́ть/начина́ть** 5 В, нача́ться/начина́ться 5 Г
angesehen прести́жный 6 А
Anmeldung регистра́ция 1 Б
Anruf звоно́к 6 Б
anrufen **звони́ть** *uv. кому́? mit Dat.* 4 Б, **позвони́ть** *v.* 4 В
anschauen посмотре́ть *v.* 2 В
Ansichtskarte **откры́тка,** *Gen. Pl.* откры́ток 5 В
Antilope антило́па *rez.* 1 Б
Antwort **отве́т** 5 Б
antworten **отве́тить/отвеча́ть** *кому́? mit Dat.* на *что? mit Akk.* 4 В
Apfelsine апельси́н *rez.* 1 Б
Apotheke **апте́ка** 1 Г
April **апре́ль** *m* 5 В
Arbeit **рабо́та** 4 Б, труд 5 В
arbeiten **рабо́тать** *uv.* 4 Б
Archäologe архео́лог 5 Б
Architektur архитекту́ра 6 А
Arzt до́ктор *rez.* 2 В
Atlas а́тлас *rez.* 6 А
Attraktion аттракцио́н 6 В
au Ой! 6 Б
auch **и** 1 А, **то́же** 2 А
Audiotechnik аудиоте́хника *rez.* 4 А
auf **на** *mit Präp.* 1 Г
auf Deutsch **по-неме́цки** 1 Г, Wie heißt ... auf Deutsch? **Как по-неме́цки...?** 1 Д
auf Englisch по-англи́йски 1 Г
auf Französisch по-францу́зски 1 Г
auf Italienisch по-италья́нски 1 Г
auf Polnisch по-по́льски 1 Г
auf Russisch **по-ру́сски** 1 Г, Wie heißt ... auf Russisch? **Как по-ру́сски...?** 1 Д
auf Spanisch по-испа́нски 1 Г
Auf Wiedersehen. **До свида́ния.** 1 А
August **а́вгуст** 5 В
aus **из** *mit Gen.* 1 Г
Ausbilder инстру́ктор *rez.* 4 Б
Ausflug экску́рсия *rez.* 4 Б
ausfüllen **запо́лнить/заполня́ть** 6 Б
ausgezeichnet **отли́чно** *Adv.* 5 А
Ausländer иностра́нец, *Gen.* иностра́нца 6 В
ausruhen **отдыха́ть** *uv.* 2 В
außer **кро́ме** *кого́? чего́? mit Gen.* 5 А
Ausstellung вы́ставка 3 А
Ausstellungshalle демонстрацио́нный зал 4 А
Ausstellungsstück экспона́т *rez.* 6 Б
Austauschpartner **партнёр (по обме́ну)** 2 А
authentisch оригина́льный 6 Б
Auto маши́на 1 Б
Autor а́втор *rez.* 5 А

B

Bad ва́нная, *Präp.* -ой 3 Б
baden **купа́ться** *uv.* 6 В
Badewanne ва́нна *rez.* 1 А
Bahnhof **вокза́л** 1 Г
Baklava пахлава́ *nur Sg. rez.* 1 Д
bald ско́ро *Adv.* 1 Г
Balkon балко́н 3 Б
Ballett бале́т *rez.* 1 Д
Banane бана́н *rez.* 1 Б
Band гру́ппа *rez.* 4 В
Bank банк *rez.* 1 Г
Bar бар *rez.* 1 А
Barock баро́кко *rez.* 6 Б
Basketball **баскетбо́л** 1 Д
Basketball- баскетбо́льный 4 В
bedeutend **большо́й** 3 А
beenden зако́нчить/зака́нчивать 6 А
befinden sich befinden **находи́ться** *uv. где? mit Präp.* 3 А
begehen **отме́тить/отмеча́ть** 5 В
Beginn **нача́ло** 5 Б
beginnen **нача́ть/начина́ть** 5 В, нача́ться/начина́ться 5 Г
begrüßen **приве́тствовать/поприве́тствовать** 6 А
Begrüßung приве́тствие 6 Б
behaglich **ую́тный** 3 Б
bei **у** *mit Gen. (örtlich)* 4 Б
beige бе́жевый 4 А
Beilage гарни́р 1 Д
beinahe **почти́** 5 В
Beispiel zum Beispiel наприме́р *Adv.* 4 А
bekannt изве́стный 4 А, знамени́тый 6 А
bekannt machen sich mit etw. bekannt (vertraut) machen; sich (einander) vorstellen, jmdn. kennenlernen **познако́миться/знако́миться с** *кем? чем? mit Instr.* 6 А, Machen wir uns miteinander bekannt! Дава́й познако́мимся! 2 А
bekommen **получи́ть/получа́ть** 5 А
belegtes Brot **бутербро́д** 1 Д
beliebt **люби́мый** 3 А, популя́рный 5 Б
benennen **назва́ть/называ́ть** 5 В
Benennung **назва́ние** 6 Б
bequem **удо́бный** 3 В
Berg **гора́,** *Pl.* **го́ры** 3 А, in den Bergen, im Gebirge **в гора́х** 3 А
Bergsteigen альпини́зм *rez.* 4 Б
berichten **расска́зывать** *uv. что? mit Akk.; о чём? mit Präp.* 3 А
Bernstein- янта́рный 6 Б
berühmt изве́стный 4 А, знамени́тый 6 А, сла́вный 6 В
beschäftigen sich beschäftigen mit etw., (Sport) treiben **занима́ться** *uv. mit Instr.* 4 Б
besichtigen **осмотре́ть/осма́тривать** 6 А
besitzen **име́ть** *uv.* 6 Б
besondere(r,s) **осо́бенный** 6 Б
besonders **осо́бенно** *Adv.* 6 Б, Nicht besonders (gut). Не о́чень. *ugs.* 4 Б
besser **лу́чше** 6 А
Bestelle ... einen Gruß! **Переда́й(те) ... приве́т!** *mit Dat.* 2 А
Besuch einladen пригласи́ть/приглаша́ть в го́сти *кого́? mit Akk.* 6 А
besuchen **посети́ть/посеща́ть** 6 Б
Betrieb режи́м 4 В
Beutel **су́мка,** *Gen. Pl.* су́мок 5 Б
Bewohner **жи́тель** *m* 6 В
bewundernswert **удиви́тельно** 6 Б
Bezeichnung **назва́ние** 6 Б
Bezirk райо́н 6 А
Bibliothek **библиоте́ка** 1 Г
Bigosch би́гос *rez.* 1 Д
Bild карти́на 3 Б
billig **дешёвый** 4 А
Biologe био́лог 5 Б

Biologie биоло́гия 5А
bis до *чего? mit Gen.* 3В,
Bis dann! **Пока́!** *ugs.* 1А,
Bis (heute) Abend! **До ве́чера!** 4Б,
Bis morgen! **До за́втра!** 4В,
Bis übermorgen!
До послеза́втра! 4В
bisher пока́ 2А
Biskuitrolle руле́т 1Д
bisschen **немно́го** *Adv.* 1Г
Bistro бистро́ *nicht dekl. rez.* 1В
bitte **пожа́луйста** 1Б
Bleistift **каранда́ш** 5Б
Blume(n) цветы́ *Pl., Sg.* цвето́к 5А
Bluse **блу́зка** 4А
Boa боа́ *m, nicht dekl. rez.* 1Б
Boden (Fuß-)Boden **пол,**
на полу́ 3Б
Bogenschießen стреля́ть *uv.* из
лу́ка 4Б
Bonbon(s) конфе́ты *Pl.,*
Sg. конфе́та 1Д
Borschtsch борщ 1Б
Bouillon бульо́н *rez.* 1Д
Boutique бути́к *rez.* 4А
Bowling бо́улинг *rez.* 2Б
Boxen бокс 1Д
braun **кори́чневый** 4А
Bravo бра́во *rez.* 1А
Brief письмо́ 5Г
Briefträger почтальо́н 1Г
Brot **хлеб** 1Д, belegtes
Brot **бутербро́д** 1Д
Brötchen **бу́лочка** 1Д
Brücke **мост** 3В
Bruder **брат,** *Pl.* бра́тья 1В
Brühe бульо́н *rez.* 1Д
Buch **кни́га** 2Б
Buch- **кни́жный** 4А
Bücherregal кни́жная по́лка 3Б
Bulette **котле́та** 1Д
bummeln **ходи́ть** *uv.* 4А,
погуля́ть/гуля́ть по *чему́?*
mit Dat. 6А
Bundesland земля́ 3А
bunt я́ркий 4А
Buntstift **каранда́ш** 5Б
Büro бюро́ *nicht dekl. rez.* 1В
Bus **авто́бус** 1А

C

Café **кафе́** *nicht dekl.* 1А
Cafeteria буфе́т *rez.* 2В
CD диск *ugs. rez.* 4В
Chamäleon хамелео́н *rez.* 1Б
Champion чемпио́н *rez.* 1Б
Chance шанс *rez.* 4Б
chatten **сиде́ть** *uv.* **в ча́те** 2Б
Cheeseburger чи́збургер *rez.* 1Б
Chef шеф *rez.* 1Б
Chemie хи́мия 5А
Chemiker хи́мик 5Б
chic шик *rez.* 4А
Chips чи́псы *rez.* 1Д
Chor хор *rez.* 5А
Club клу́б *rez.* 1А
Cola **ко́ла** 1Д
Collage колла́ж *rez.* 4Б
Comedy Club Ко́меди клаб *rez.* 2В
Computer **компью́тер** 1Г
Computertisch компью́терный
стол 3Б
cool кла́ссный *ugs.* 4А
Couch дива́н 3Б
Couchtisch сто́лик 3Б
Croissant круасса́н *rez.* 1Д

D

damals тогда́ 4А
danach **пото́м** *Adv.* 3В, **зате́м**
Adv. 4В
danke **спаси́бо** 1Б
dann тогда́ 4А
darum **по́этому** 6Б
das **э́то** 1А, **вот** 1А,
welches **кото́рое** 6Б
Datsche да́ча 6А
Datum **число́** 5В, да́та *rez.* 5В
dauern **дли́ться** *nur uv. mit Akk.* 5А
dein(e) **твой, твоя́, твоё; твои́** 1В
Delfin дельфи́н *rez.* 1Б
Demokratie демокра́тия *rez.* 6А
denken **поду́мать/ду́мать** 4В
Denkmal **па́мятник** 3А
der, welcher **кото́рый** 6Б
deshalb **по́этому** 6Б
Design диза́йн *rez.* 4Б
Designer диза́йнер *rez.* 4А
Dessert десе́рт 1Д
deswegen **по́этому** 6Б
Detail дета́ль *f rez.* 4А
deutsch **неме́цкий** 2А,
auf Deutsch **по-неме́цки** 1Г,
Wie heißt ... auf Deutsch?
Как по-неме́цки...? 1Д
Deutsche(r) не́мка, не́мец 3В
Deutschland **Герма́ния** 1Г
Dezember **дека́брь** *m* 5В
Dichter поэ́т *rez.* 2Б
die, welche *f* **кото́рая,**
Pl. **кото́рые** 6Б
Diele коридо́р 3Б
Dienstag **вто́рник** 5А
dieser **э́тот** 4А
direkt **сра́зу** *Adv.* 5А
Disko(thek) **дискоте́ка** 1Г
doch ведь *Partikel* 5А
Doktor до́ктор *rez.* 2В
Donnerstag **четве́рг** 5А
Dorf **дере́вня** 3А
dort **там** *Adv.* 1Г
dorthin **туда́** *Adv.* 3В
Dose шкату́лка 4А
Drei **тро́йка,** *Gen. Pl.* тро́ек 5А
Dreieck уго́льник 5Б
du **ты** 1Б
dunkelblau **си́ний** 4А
durchführen **провести́/проводи́ть** 6В

E

echt оригина́льный 6Б
Ecke у́гол, *Präp.* в углу́ 3Б
ein bisschen **немно́го** *Adv.* 1Г
einfach **про́сто** 2Б
Einfall иде́я 6А
einige **не́сколько** *mit Gen.* 6А
Einkaufen **шо́пинг** 1Д
Einkaufszentrum **торго́вый центр** 4А
einladen **пригласи́ть/приглаша́ть**
кого́? mit Akk. **на** *что? mit Akk.* 6А
Einladung **приглаше́ние** 6А
einnehmen заня́ть/занима́ть *(Platz,*
Raum, Zeit) 6В
Eins **едини́ца** 5А
Eintrittskarte **биле́т** 1Б
Einwohner **жи́тель** *m* 6В
Eis **моро́женое** 1Д
Eishockey хокке́й 4Б
Elektrogeräte электротова́ры 4А
Elektroherd электроплита́ 3Б
Eltern **роди́тели** *Pl.* 1В
E-Mail e-mail 2А
Ende **коне́ц,** *Gen.* конца́ 5В
Engländer/in англича́нин,
англича́нка 3В
englisch англи́йский 2А,
auf Englisch по-англи́йски 1Г
Ensemble анса́мбль *m* 6А
entlang **по** *чему́? mit Dat.* 3В
entschuldigen **извини́ть** *v.* 3В
Entspannung о́тдых 4А
entsprechend **по** *чему́? mit Dat.* 3В
entwerfen проекти́ровать *uv. rez.* 4Б
Entwurf эски́з 4В
er **он** 1В
erblicken **уви́деть** *v.* 6Б
Erde земля́ 3А
Erfolg **успе́х** 5В
erhalten **получи́ть/получа́ть** 5А
erholen **отдыха́ть** *uv.* 2В
Erholung о́тдых 4А
(etw. zu etwas) **erklären** объяви́ть/
объявля́ть *чем? mit Instr.* 5Г
Ermäßigung ски́дка 4А
ernst(haft) **серьёзный** 5А
erst **то́лько** 2А
erstaunlich **удиви́тельно** 6Б
erwarten **ждать** *uv.* 4В
erzählen **расска́зывать** *uv. что? mit*
Akk.; о чём? mit Präp. 3А,
рассказа́ть *v.* 4В
Erzählung **расска́з** 3А
es **оно́** 1В
essen **есть** *uv.* 1Д, zu Mittag
essen **обе́дать** *uv.* 2В,
zu Abend essen **у́жинать** *uv.* 2В

Etage **эта́ж** 3 Б
Ethik э́тика 5 А
Etui футля́р 1 Г
etw. wünschen **пожела́ть/жела́ть** *чего́? mit Gen.* 5 В
etwa приме́рно 6 В, etwa *(in Entscheidungsfragen)* **ра́зве?** 6 Б
euer **ваш** 1 В
Euro **е́вро** *m, nicht dekl.* 1 А
europäisch **европе́йский** 5 В
Exkursion экску́рсия *rez.* 4 Б
Experiment экспериме́нт *rez.* 6 А
Exponat экспона́т *rez.* 6 Б

F

fähig fähig sein etwas zu tun, können **уме́ть** *uv.* 4 Б
fahren fahren, sich auf etw. bewegen **ката́ться** *uv.* **на** *чём? mit Präp.* 2 В, Inliner fahren ката́ться *uv.* на ро́ликах 2 В, **поката́ться** *v.* **на** *чём? mit Präp.* 4 В, fahren *(bis zu einem bestimmten Ziel)* **дое́хать** *v.* **до** *чего́? mit Gen.* 3 В, **пое́хать/е́хать** 4 В, fahren *(hin und zurück)* **е́здить** *uv.* 6 А
Fahrgast пассажи́р *rez.* 1 Г
Fahrkarte **биле́т** 1 Б
Fahrrad **велосипе́д** 4 Б
Familie **семья́,** *Pl.* се́мьи 1 В
Familienname **фами́лия** 1 Б
Fanclub фан-клу́б *rez.* 4 В
Fantasy фэ́нтези *n, nicht dekl. rez.* 2 Б
Farbe **цвет,** *Pl.* цвета́ 4 А
Fasan фаза́н *rez.* 1 Б
fast **почти́** 5 В
Februar **февра́ль** *m* 5 В
Federtasche, (-mäppchen) пена́л 5 Б
Feier *(privat)* тусо́вка 6 А
feierlich пра́здничный 5 Б
feiern **отпра́здновать/пра́здновать** 5 В, **отме́тить/отмеча́ть** 5 В
Feiertag **пра́здник** 5 Б
Fenster **окно́,** *Pl.* **о́кна** 3 Б
Ferien **кани́кулы** *nur Pl.* 4 Б
Fernrohr телеско́п *rez.* 6 А
fernsehen **смотре́ть** *uv.* **телеви́зор** 2 Б
Fernseher **телеви́зор** 2 Б
Fernsehprogramm телепрогра́мма 2 В
Fernsehturm (теле)ба́шня 3 А
fest кре́пкий 5 В
Festival фестива́ль 1 Г
festlich пра́здничный 5 Б
Festtag **пра́здник** 5 Б
Festung кре́пость *f* 3 А
Fete тусо́вка *ugs.* 6 А
Film фильм *rez.* 1 Б, **кино́** *nicht dekl., ugs.* 1 Д
Filme gucken **смотре́ть** *uv.* **кино́** *ugs.* 2 Б
Filmfestival кинофестива́ль *m rez.* 4 В
Filmkamera кинока́мера 4 В
Filzstift **флома́стер** 5 Б
Finale фина́л *rez.* 4 В
finden **найти́/находи́ть** 6 Б
Fisch **ры́ба** 1 Д
Fische Ры́бы *(Sternzeichen)* 5 В
Fitness фи́тнес *rez.* 4 Б
Fläche (kleiner) Platz, Fläche площа́дка 6 В
Fleisch **мя́со** 1 Д
Fleischklops **котле́та** 1 Д
fliegen **лете́ть** *uv.*, **лета́ть** *uv.* 6 А
Flöte фле́йта *rez.* 1 Г
Flügel *(Musik)* фортепиа́но *nicht dekl.* 2 Б
Flughafen **аэропо́рт** 1 Г
Flugticket авиабиле́т *rez.* 6 Б
Fluss **река́,** *Pl.* ре́ки 3 А
Flyer фла́ер *rez.* 4 В
Folge се́рия 4 Б
Formular формуля́р *rez.* 6 Б
Forum фо́рум *rez.* 1 Д
Foto **фо́то** *ugs., nicht dekl.* 1 Б
Fotoapparat фотоаппара́т *rez.* 6 Б
Fotografie фотогра́фия 4 Б
fotografieren **фотографи́ровать** *uv.* 2 Б
Frage **вопро́с** 5 Б
fragen **спроси́ть/спра́шивать** 5 Б
französisch auf Französisch по-францу́зски 1 Г
Frau **же́нщина** 6 Б, *(Anrede)* **госпожа́** 5 В
Frauentag Internationaler Frauentag Же́нский день 5 В
Freitag **пя́тница** 5 А
Freizeit **свобо́дное вре́мя** 2 Б
Fremdenführer экскурсово́д 6 А, гид *rez.* 6 Б
Fremdsprache **иностра́нный язы́к** 5 А
Freude **ра́дость** *f* 5 В
Freund **друг,** *Pl.* **друзья́** 1 В
Freundin **подру́га** 1 В
freundlich gesinnt **до́брый** 5 В
Frieden **мир** 6 В
friedlich **ти́хий** 3 Б, **споко́йный** 5 Б
Frikadelle **котле́та** 1 Д
Frohes neues Jahr! **С Но́вым го́дом!** 1 Б
fröhlich **весёлый** 5 Б
Früchte **фру́кты** *Pl., Sg.* фрукт 1 Д
früh **ра́но** *Adv.* 5 А
früher **ра́ньше** 5 В
Frühling **весна́** 5 В, im Frühling **весно́й** 5 В
Frühstück **за́втрак** 1 Д, zum Frühstück на за́втрак 1 Д
frühstücken **за́втракать** *uv.* 2 В
Füller **ру́чка,** *Gen. Pl.* ру́чек 5 Б
Fünf **пятёрка,** *Gen. Pl.* пятёрок 5 А
für 1. **для** *кого́? mit Gen.* 4 А
2. **за** *(Preisangabe) mit Akk.* 4 А
Fuß zu Fuß пешко́м *Adv.* 3 В
Fußball Fußball *(Spiel)* **футбо́л** 1 А
Fußboden **пол,** *Präp.* на полу́ 3 Б
Futteral футля́р 1 Г

G

Galerie галере́я 3 А
ganz **це́лый** 4 В
Garage гара́ж *rez.* 1 Б
Garten сад 6 А
Gasherd га́зовая плита́ 3 Б
Gäste гость *m, Pl.* го́сти 2 А
Gazpacho гаспа́чо *m, nicht dekl. rez.* 1 Д
geben **дать/дава́ть** *кому́? mit Dat. что? mit Akk.* 4 В, es gibt, es ist vorhanden **есть** 1 Г
Gebiet террито́рия *rez.* 6 А, регио́н *rez.* 6 В
Gebirge Berg, *Pl.* Gebirge **гора́,** *Pl.* **го́ры** 3 А, in den Bergen, im Gebirge **в гора́х** 3 А
geboren werden **роди́ться** *v.* 5 В
Geburtstag **день рожде́ния** 5 В
Gedicht(e) **стихи́** *Pl.* 5 Б
gefallen **понра́виться** 6 Б, **нра́виться** 4 А *mit Dat.*
gegenüber **напро́тив** *чего́? mit Gen.* 3 Б
gegenwärtig совреме́нный 4 А
gehen Wie geht's? **Как дела?** 1 Г, **идти́** *uv.* 3 В, **пойти́** *v.* 4 В gehen, *(bis zu einem bestimmten Ziel)* **дойти́** *v.* 3 В, **ходи́ть** 4 А, *(in eine Schule, eine Klasse)* gehen в *mit Präp.* **учи́ться** *nur uv.* 5 А
Gelände террито́рия *rez.* 6 А
gelassen **споко́йный** 5 Б
gelb **жёлтый** 4 А
Geld де́ньги *nur Pl., Gen. Pl.* де́нег 4 А
Geldautomat банкома́т *rez.* 1 А
Geleefrüchte мармела́д *nur Sg.* 1 Д
Geleekonfekt мармела́д *nur Sg.* 1 Д
geliebt **люби́мый** 3 А
Gemälde карти́на 3 Б
gemütlich **ую́тный** 3 Б
genannt nach … им. = и́мени *mit Gen.* 6 А
genannt werden **называ́ться** *uv.* 3 А
genau **ро́вно** *Adv.* 2 В, **то́чно** *Adv.* 2 В, die genaue Zeit то́чное вре́мя 2 В
Genie ге́ний *rez.* 2 В
Geodreieck уго́льник 5 Б
geöffnet werden откры́ться/открыва́ться 6 Б
Geografie геогра́фия 5 А
Geologe гео́лог *rez.* 1 Б

Geometrie геоме́трия 5A
Gepäck бага́ж 1Б
geradeaus **пря́мо** *Adv.* 3В
Gerichte (warm) горя́чие блю́да *Pl.* 1Д
gern **с удово́льствием** 6A, Keine Ursache. Gern geschehen. **Не за что.** 3В
Gesang вока́л *rez.* 4В, пе́ние 5Б
Geschäft **магази́н** 1Г
Geschäfts- делово́й 6A
Geschäftsmann бизнесме́н *rez.* 6A
Geschenk **пода́рок** 5В
Geschichte **расска́з** 3A, исто́рия 4A
Geschirrspüler посудомо́йка *ugs.* 3Б
Gesellschaftskunde обществове́дение 5A
gestalten проекти́ровать *uv.* *rez.* 4Б
gestern **вчера́** 4Б
Gesundheit **здоро́вье** 5В
Getränke напи́тки *Pl., Sg.* напи́ток 1Д
gewöhnlich **обы́чно** *Adv.* 2В обы́чный *Adj.* 4Б
Giraffe жира́ф *rez.* 1Б
Gitarre **гита́ра** 1Б
glauben **пове́рить/ве́рить в**(о) *что? mit Akk.* 5В
Globus гло́бус *rez.* 1Б
Glück **сча́стье** 5A, zum Glück к сча́стью 5A
Gotteshaus храм 6A
Grad гра́дус *rez.* 6В
gratulieren **поздра́вить/поздравля́ть** *кого́? mit Akk. с чем? mit Instr.* 5В
grau **се́рый** 4A
groß **большо́й** 3A
Großartig! (Вот) здо́рово! 6A
Großmutter **ба́бушка** 1В
Großvater **де́душка** *m* 1В
grün **зелёный** 4A
Grünanlage **сквер** 3В
Grundschule нача́льная шко́ла 5A
Gruppe гру́ппа *rez.* 4В
Grüße (Grüßt) ...! **Переда́й(те) ... приве́т!** *mit Dat.* 2A
gucken **смотре́ть** *uv.* 2Б, Filme gucken **смотре́ть** *uv.* **кино́** 2Б
Guide гид *rez.* 6Б
GUM (Kaufhaus) ГУМ (Гла́вный универса́льный магази́н) 4A
gut **хорошо́** *Adv.* 1Г, **хоро́ший** 3A, **до́брый** 5В, (Ganz) OK. Gut. Ничего́. *ugs.* 4Б, Nicht besonders gut. Не о́чень. *ugs.* 4Б
Gute Nacht! **Споко́йной но́чи!** 2В
Guten Abend! **До́брый ве́чер!** 1Б
Guten Morgen! **До́брое у́тро!** 2В
Guten Tag! **Здра́вствуй(те)!** 1A, **До́брый день!** 1Б

Gymnasium **гимна́зия** 5A
Gymnastik гимна́стика 1Д

H

Haare во́лосы *Pl., Gen. Pl.* воло́с, *Präp. Pl.* волоса́х 5Б
haben **име́ть** *uv.* 6Б, Wer hat ...? **У кого́ есть ...?** 2A, ich habe **у меня́ есть** 2A, du hast **у тебя́ есть** 2A, wir haben **у нас есть** 2A, ich habe nicht, ich habe kein(-e, -en) **у меня́ нет** *mit Gen.* 2A, ihr habt, Sie haben **у вас есть** 2Б
Hafen порт 3A
Halle für Inlineskating роллердро́м *rez.* 4Б
Hallo! **Приве́т!** 1A, *Begrüßung am Telefon* **Алло́!** 1Г
Halloween Хеллоуи́н *rez.* 5В
Haltestelle **остано́вка** 3В, *(U-Bahn)* **ста́нция** 3В
Hamster хомя́к 2A
Hand рука́, *Pl.* ру́ки 5Б
Handball гандбо́л 1Д
Handels- делово́й 6A
Handtasche **су́мка,** *Gen. Pl.* су́мок 5Б
Handy **моби́льник** 2В
hängen **висе́ть** *uv.* 3Б
Haupt- **гла́вный** 3A
Hauptgerichte горя́чие блю́да *Pl.* 1Д
hauptsächlich **гла́вный** 3A
Hauptstadt **столи́ца** 3A
Haus **дом,** *Pl.* дома́ 1Г
Hausaufgabe **уро́к** 2Б
Hausaufgaben machen **де́лать** *uv.* **уро́ки** 2Б
Hausaufgabenheft **дневни́к** 4Б
he, hei Ой! 6Б
Heft **тетра́дь** *f* 5Б
heilig свято́й 5Г, свяще́нный 6В
Heimat- **родно́й** 3A
heimatlich **родно́й** 3A
heiraten heiraten *(v. Mann)* пожени́ться/жени́ться 5Г
heißen **называ́ться** *uv.* 3A, ich heiße **меня́ зову́т** 1Б, Wie heißt du? **Как тебя́ зову́т?** 1Б, sie heißt **её зову́т** 1В, er heißt **его́ зову́т** 1В, Wie heißt ... auf Deutsch? **Как по-неме́цки...?** 1Д, Wie heißt ... auf Russisch? **Как по-ру́сски...?** 1Д
heiter **весёлый** 5Б
helfen **помо́чь/помога́ть** 5В
hellblau **голубо́й** 4A
Hemd **руба́шка** 4A
Herbst **о́сень** *f* 5В, im Herbst **о́сенью** 5В
Herr **господи́н,** *Pl.* **господа́** 5В
herzlich серде́чный 5В

herzlich willkommen **добро́ пожа́ловать** *куда́?* **в** *mit Akk.* 6A
heute **сего́дня** *Adv.* 1Г
hier **здесь** *Adv.* 2Б, von hier (aus) **отсю́да** *Adv.* 3Б
hierher **сюда́** 6A
Himmel **не́бо** 6Б
hinkommen **прие́хать/приезжа́ть** *куда́?* 6Б
hinrichten казни́ть *v., uv.* 5Г
hinter **за** *чем? mit Instr.* 3Б
Hip-Hop хип-хо́п *rez.* 1Д
Historiker исто́рик 5Б
Hitparade хит-пара́д 2В
Hobby **хо́бби** *n, nicht dekl.* 1Б
hoch **высо́кий** 6В
Hochschule институ́т *rez.* 3A
höchstens ма́ксимум *rez.* 6В
Hocker табуре́т(ка) 3Б
Hockey хокке́й 4Б
hören слы́шать *uv.* 6Б, (zu)hören **слу́шать** *uv.* 2A
Horoskop гороско́п *rez.* 5В
Hose **брю́ки** *nur Pl.* 4A
Hotel **гости́ница** 3A
hu Ой! 6Б
Huhn **ку́рица** 1Д
Hühnchen **ку́рица** 1Д
Hund **соба́ка** 2A

I

ich **я** 1A
Idee иде́я 6A
ihr **вы** 1Б
Ihr **ваш** 1В
Ikone ико́на *rez.* 1A
im Namen von от и́мени *кого? mit Gen.* 5В
immer **всегда́** *Adv.* 2В
in **в** *mit Präp.* 1Г, **на** *mit Präp.* 1Г
in der Zeit **во вре́мя** *чего́? mit Gen.* 6Б
Informatik информа́тика 5A
Ingenieur инжене́р *rez.* 1Б
Inliner fahren ката́ться *uv.* на ро́ликах 2В
Insel **о́стров,** *Pl.* острова́ 6Б
insgesamt **всего́** 4A
Institut институ́т *rez.* 3A
Instrukteur инстру́ктор *rez.* 4Б
interessant **интере́сный** 3A, **интере́сно** *Adv.* 4В
interessieren es interessiert uns нам интере́сно 2Б, sich interessieren für etw. **интересова́ться** *uv. mit Instr.* 4Б
Interieur интерье́р *rez.* 4Б
international **междунаро́дный** 6В
Internet im ~ surfen сиде́ть *uv.* в Интерне́те 2Б
Internetcafé интернет-кафе́ *rez.* 2В
Internetclub интернет-клу́б *rez.* 1A

Interview интервью́ *n, nicht dekl. rez.* 2 Б

italienisch auf Italienisch по-италья́нски 1 Г

J

ja **да** 1 А

Jacht я́хта *rez.* 4 А

Jahr **год,** *Gen.* го́да, *Gen. Pl.* **лет** 2 А, Ich bin ... Jahre alt. **Мне ... лет.** 1 Б, im nächsten Jahr **в сле́дующем году́** 5 А, im letzten Jahr в про́шлом году́ 5 Б

Jahrestag юбиле́й *rez.* 6 А

Jahreszeit **вре́мя** *n* **го́да,** *Pl.* **времена́ го́да** 5 В

Jahrhundert **век,** *Pl.* *века́* 5 В

Jalousie жалюзи́ *nicht dekl. rez.* 1 Б

Januar **янва́рь** *m* 5 В

Jazz джаз 4 Б

Jeans **джи́нсы** *nur Pl.* 4 А

jeder **ка́ждый** 3 В

jetzt **сейча́с** *Adv.* 1 Д

Job **рабо́та** 4 Б

Joghurt йо́гурт *rez.* 1 Д

Journalist(in) журнали́ст *rez.* 1 Б, журнали́ст(ка) 2 Б

Jubiläum юбиле́й *rez.* 6 А

Judo дзюдо́ *nicht dekl.* 1 Д

Jugendliche **ребя́та** *Pl.* 1 А

Juli **ию́ль** *m* 5 В

Junge **ма́льчик** 5 А

Jungfrau Де́ва *(Sternzeichen)* 5 В

Juni **ию́нь** *m* 5 В

Jurist юри́ст 5 Б

Juwelierwaren ювели́рные изде́лия *Pl.* 4 А

K

Kaffee ко́фе *m, nicht dekl. rez.* 1 В

Kaiser импера́тор 5 Г

Kakao кака́о *nicht dekl.* 1 А

Kaktus ка́ктус *rez.* 1 А

Kalender календа́рь *m rez.* 5 В

Kameramann опера́тор 4 В

Kamin ками́н *rez.* 3 Б

Kanal кана́л *rez.* 6 Б

Kanarienvogel канаре́йка 2 А

Känguru кенгуру́ *rez.* 4 В

Kaninchen кро́лик 2 А

Kanzler ка́нцлер *rez.* 2 В

Karaoke **карао́ке** *n, nicht dekl.* пе́ть под карао́ке 4 Б

Karate карате́ *nicht dekl.* 1 Д

Karte ка́рта 1 А, *Karte zum Valentinstag* валенти́нка 5 Г

Karussell карусе́ль *f rez.* 6 В

Käse **сыр** 1 Д

Kasse ка́сса *rez.* 4 Б

Kater **кот** 2 А

Kathedrale **собо́р** 1 Г

Katze **ко́шка** 2 А

kaufen **купи́ть** *v. что? mit Akk.* **за** *ско́лько? mit Akk.* 4 А, nehmen **взять** *v.* 4 А

Kebab кеба́б *rez.* 1 Д

Keine Ursache. **Не за что.** 3 В

kennen **знать** *uv.* 2 Б

kennen lernen **познако́миться/знако́миться с** *кем? чем? mit Instr.* 6 А

Kenntnis **зна́ние,** *Gen. Pl.* зна́ний 5 Б

Kinder **ребя́та** *Pl.* 1 А, **де́ти** *nur Pl.* 2 Б

Kinder- де́тский 5 Б

Kinderzimmer де́тская, *Präp.* -ой 3 Б

Kino **кинотеа́тр** 1 Г, **кино́** *nicht dekl., ugs.* 1 Д

Kiosk **кио́ск** 1 А

Kirche храм 6 А

Kiwi ки́ви *n, nicht dekl. rez.* 1 А

Klasse **класс** 1 Г

Klassen- кла́ссный 4 А

Klassenraum **класс** 1 Г

Klassik кла́ссика 4 Б

Klavier пиани́но *nicht dekl.* 2 Б, фортепиа́но *nicht dekl.* 2 Б

Kleid **пла́тье** 4 А

Kleidung **оде́жда** *nur Sg.* 4 А

klein **ма́ленький** 3 А, небольшо́й 3 А, (kleiner) Platz, Fläche пло́щадка 6 В

kleiner Park **сквер** 3 В

Klima кли́мат *rez.* 6 В

Klingel(zeichen) звоно́к, *Gen.* звонка́ 5 Б

klingeln **звони́ть** *uv. кому́? mit Dat.* 4 Б

Kloster монасты́рь *m* 6 А

Kobra ко́бра *rez.* 1 А

komisch стра́нный 5 А

Kohlsuppe щи *Pl.* 1 Б

kommen Wie kommt man ...? **Как дое́хать ...?** 3 В

Komödie коме́дия 2 В

Konfekt конфе́ты *Pl., Sg.* конфе́та 1 Д

können **уме́ть** *uv.* 4 Б, **мо́чь** *uv.* 4 Б, man kann **мо́жно** 3 В

Konsulat ко́нсульство 6 Б

Kontinent контине́нт *rez.* 3 А

Kontrolleur контролёр *rez.* 1 Б

Konzert конце́рт *rez.* 1 Б, Rockkonzert рок-конце́рт *rez.* 4

Kopeke **копе́йка** 4 А

korrekt **пра́вильный** 5 Б

Korridor коридо́р 3 Б

Kosmos ко́смос *rez.* 1 А

kosten **сто́ить** *uv. ско́лько? mit Akk.* 4 А

kräftig кре́пкий 5 В

Krähe воро́на 1 Г

Krebs Рак *(Sternzeichen)* 5 В

Kreml **кре́мль** *m* 1 Г

Krieg **война́** 6 Б

Krimi **детекти́в** 4 В

Krokodil крокоди́л *rez.* 1 Б

Krone кро́на *rez.* 1 А

Küche ку́хня 3 Б

Kugelschreiber **ру́чка** 1 Г, **ру́чка,** *Gen. Pl.* ру́чек 5 Б, ша́риковая ру́чка 5 Б

Kühlschrank холоди́льник 3 Б

Kultur- культу́рный 6 Б

kulturell культу́рный 6 Б

Kunst иску́сство 6 А

Künstlergruppe анса́мбль *m* 6 А

Kurheim санато́рий *rez.* 6 В

Kurier курье́р *rez.* 2 В

Kurort куро́рт *rez.* 6 В

Kurs курс *rez.* 4 Б

küssen **поцелова́ть/целова́ть** 5 В

Küste **бе́рег** *Präp.* **на берегу́** 6 В

Kwas(s) **квас** 1 Д

L

Laden **магази́н** 1 Г

Lager ла́герь, *Pl.* лагеря́ 4 Б

Lampe ла́мпа *rez.* 1 В

Land **страна́,** *Pl.* стра́ны 3 А

Landkarte ка́рта 1 А

lang дли́нный 4 В, längst, seit langem **давно́** *Adv.* 5 Б

lange **до́лго** *Adv.* 4 В

Langeweile Es wird keine Zeit für Langeweile bleiben! Скуча́ть будет не́когда! 4 Б

längst **давно́** *Adv.* 5 Б

langweilig **ску́чно** *Adv.* 6 В

Laptop ноутбу́к *rez.* 1 А

Lass uns lesen. Дава́й прочита́ем. 5 В

lass(t) uns (etw. tun) **дава́й(те)** *mit 1. Pers. Pl. oder mit Inf.* 6 А

lateinisch лати́нский 2 А

laut *gemäß etw.* **по** *чему́? mit Dat.* 3 В

läuten **звони́ть** *uv. кому́? mit Dat.* 4 Б

Lebensmittel **проду́кты** *Pl.* 4 Б

Lebewesen **живо́тное** 6 В

Legionär легионе́р 5 Г

Lehr- уче́бный 5 А

Lehrbuch **уче́бник** 5 А

Lehre уче́ние 5 А

Lehrer **учи́тель** *m, Pl.* учителя́ 1 Г

Lehrerin **учи́тельница** 5 А

leider **к сожале́нию** 5 Б

Leiter(in) дире́ктор 5 В

lernen **учи́ть** *uv.* 2 А, **вы́учить** *v.* 4 В, **учи́ться** *nur uv.* 5 А

lesen **чита́ть** *uv.* 2 Б

letzte(r,s) vergangener, letzter **про́шлый** 5 Б, im letzten Jahr в про́шлом году́ 5 Б

leuchtend я́ркий 4 А

Leute **лю́ди** *nur Pl.* 2 Б

Lichtbild фотогра́фия 4 Б
lieb **ми́лый** 5 В
Liebe **любо́вь** *f, Gen.* **любви́** 5 В
lieben mögen, lieben **люби́ть** *uv.* 1 Д
liebevoll **до́брый** 5 В
Lieblings- **люби́мый** 3 А
Liege куше́тка 3 Б
liegen **лежа́ть** *uv.* 3 Б
Limonade лимона́д *rez.* 1 Д
Lineal **лине́йка,** *Gen. Pl.* лине́ек 5 Б
links **сле́ва** *Adv.* 3 Б, nach links **нале́во** *Adv.* 3 В
Liste спи́сок 6 Б
Literatur литерату́ра 5 А
Liveübertragung пряма́я трансля́ция 2 В
Löffel ло́жка 4 А
lohnen sich lohnen **сто́ить** *nur uv.* es lohnt sich **сто́ит** *что де́лать? mit Inf.* 4 А
Londoner/in ло́ндонец, ло́ндонка 3 В
Lotterie лотере́я *rez.* 4 В
Lotto лото́ *nicht dekl. rez.* 1 Б
Löwe лев *rez.* 1 Б

M

machen **де́лать** *uv.* 2 А, **сде́лать** *v.* 4 В
Mädchen (kleines) Mädchen **де́вочка,** *Gen. Pl.* де́вочек 5 Б, junges Mädchen **де́вушка,** *Gen. Pl.* де́вушек 5 Б
Magazin **журна́л** 1 Б
Mai **май** 5 В
Makkaroni макаро́ны *rez.* 1 Д
Makler ма́клер *rez.* 3 Б
Mal **раз,** *Gen. Pl.* раз, ... раз в неде́лю 5 В
malen **рисова́ть** *uv.* 2 Б, **нарисова́ть** *v.* 4 В
Mama **ма́ма** 1 А
man (jmd.) darf etwas nicht tun **нельзя́** *mit Inf. кому́? mit Dat.* 6 Б
man (jmd.) muss etwas tun **ну́жно** *mit Inf. кому́? mit Dat.* 6 Б, **на́до** *mit Inf. кому́? mit Dat.* 6 Б
man kann **мо́жно** 3 В
Manager ме́неджер 5 Б
Mann **мужчи́на** 6 Б
Marke ма́рка *rez.* 1 А
Marker ма́ркер *rez.* 5 Б
Markt база́р *rez.* 1 Г
März **март** 5 В
Mathematik **матема́тика** 5 А
Mathematiker матема́тик 5 Б
Mauer стена́, *Pl.* сте́ны 3 Б
Maus мышь *f, Pl.* мы́ши 2 А
Maximum ма́ксимум *rez.* 6 В
Meer **мо́ре,** *Pl.* **моря́** 3 А, am Meer **на мо́ре** 3 А
mehr **бо́льше** 6 Б
Mehrheit большинство́ 5 А
mein(e) **мой, моя́, моё; мои́** 1 В
Meine Damen und Herren! Да́мы и господа́! 5 В
Meinung meiner Meinung nach **по-мо́ему** 6 В, deiner Meinung nach **по-тво́ему** 6 В
Meister ма́стер *rez.* 2 В
Meisterschaft чемпиона́т 2 В
Mensch **челове́к** 5 Б
Menschen **лю́ди** *nur Pl.* 2 Б
merkwürdig стра́нный 5 А
Messe я́рмарка 3 А
Meteorologe метеоро́лог 5 Б
Metro **метро́** *nicht dekl.* 3 В
Mikrofon микрофо́н *rez.* 4 В
Mikrowelle микроволно́вка *ugs.* 3 Б
Milch **молоко́** 1 Д
Million миллио́н *rez.* 6 Б
mindestens ми́нимум *rez.* 6 В
Minimum ми́нимум *rez.* 6 В
Minister мини́стр *чего́? mit Gen.* 4 В
Minus ми́нус *rez.* 1 Б
Minute **мину́та** 2 В
mit **с** *кем? mit Instr.* 2 Б, в *mit Akk. (Altersangabe)* 5 А
Mittag zu Mittag essen **обе́дать** *uv.* 2 В, **пообе́дать** *v.* 4 В
Mittagessen **обе́д** 1 Д, zum Mittagessen на обе́д 1 Д
Mittwoch **среда́** 5 А
Möbel ме́бель *f, nur Sg. rez.* 3 Б
möchten **хоте́ть** *uv.* 1 Д
Mode мо́да *rez.* 1 Д
Modedesigner(in) моделье́р 5 Б
Model моде́ль *f rez.* 1 В
modern совреме́нный 4 А
Modus режи́м 4 В
mögen **люби́ть** *uv.* 1 Д
Monat **ме́сяц** 5 А
Montag **понеде́льник** 5 А
Morgen **у́тро** 2 В, Guten Morgen! **До́брое у́тро!** 2 В
morgen **за́втра** *Adv.* 4 В, Bis morgen! **До за́втра!** 4 В
morgens **у́тром** *Adv.* 2 В, von morgens bis abends с утра́ до ве́чера 2 Б
Moskauer Zeit моско́вское вре́мя 2 В
Moskauer(in) москви́ч(ка) 3 В
Mühe труд 5 В
Münchner(in) мю́нхенец, мю́нхенка 3 В
Museum **музе́й,** *Pl.* музе́и 1 Г
Musik **му́зыка** 1 Б
Musik-, musikalisch **музыка́льный** 4 А
Musiker музыка́нт 4 В
Müsli мю́сли *nicht dekl. rez.* 1 Б
müssen jmd. ist verpflichtet etwas zu tun, muss etwas tun **до́лжен** *m,* **должна́** *f;* **должны́** *Pl. mit Inf.* 6 Б
Mutti **ма́ма** 1 А

N

Na gut. Ну, ла́дно. *ugs.* 2 А
Na, macht nichts. Ну, ла́дно. *ugs.* 2 А
nach (zeitlich) **по́сле** *чего? mit Gen.* 2 В
nach ... genannt им. = и́мени *mit Gen.* 6 А
nach Hause домо́й *Adv.* 1 Г
nach links **нале́во** *Adv.* 3 В
nach rechts **напра́во** *Adv.* 3 В
Nachname **фами́лия** 1 Б
nächster **сле́дующий** 5 А, im nächsten Jahr **в сле́дующем году́** 5 А
Nacht ночь *f* 6 Б, Gute Nacht! **Споко́йной но́чи!** 2 В
Nacht- ночно́й 6 Б
nächtlich ночно́й 6 Б
Nahverkehrszug электри́чка 3 В
Name **назва́ние** 6 Б, (Vor)Name **и́мя** *n* 5 В, (be)nennen, einen Namen geben **назва́ть/называ́ть** 5 В
Natur **приро́да** 6 В
Natur- натура́льный 4 А, приро́дный 6 В
natürlich **коне́чно** *Adv.* 3 А, приро́дный 6 В
Naturwissenschaften есте́ственные нау́ки 5 А
neben **ря́дом** *с чем? mit Instr.* 3 Б
nehmen **взять** *v.* 4 А
nein **нет** 1 А
nennen **звать** *uv.* 5 В, **назва́ть/называ́ть** 5 В
neu **но́вый** 3 А
neues Jahr Frohes neues Jahr! Alles Gute zum neuen Jahr! **С Но́вым го́дом!** 1 Б
Neujahr **Но́вый год** 5 В
nicht **не** 1 А, ich habe nicht, ich habe kein(-e, -en) **у меня́ нет** *mit Gen.* 2 А, noch nicht пока́ нет 2 В, Nicht besonders gut. Не о́чень. *ugs.* 4 Б
nicht nur ... , sondern auch ... не то́лько ..., но и 6 В
nicht viel **немно́го** *Adv.* 1 Г
nicht weit **недалеко́** *Adv.* 3 А, unweit von, nicht weit von **недалеко́ от** *чего́? mit Gen.* 3 А
nicht wenig **нема́ло** *mit Gen.* 6 А
noch **ещё** *Adv.* 1 Г
noch nicht пока́ нет 2 В
nonstop нон-сто́п *rez.* 4 В
Norden **се́вер** 3 А
Nordosten се́веро-восто́к 3 А
Nordwesten се́веро-за́пад 3 А
Note Note *(Musik)* но́та *rez.* 1 А, Schulnote **оце́нка,** *Gen. Pl.* оце́нок 5 А
Notebook ноутбу́к *rez.* 1 А
November **ноя́брь** *m* 5 В
Nudeln макаро́ны *rez.* 1 Д

Null **ноль** *m* 1Б
nun ну 2Б
nur **то́лько** 2А, **всего́** 4А

O

Objekt объе́кт *rez.* 1Б
Obst **фру́кты** *Pl., Sg.* фрукт 1Д
O-Bus, Oberleitungsbus тролле́йбус 3В
oder **и́ли** 2А
öffnen откры́ться/открыва́ться 6Б
oft **ча́сто** *Adv.* 2Б
OK Ничего́. *ugs.* 4Б
Ökonom экономи́ст 5Б
Ökotourismus экотури́зм *rez.* 6В
Oktober **октя́брь** *m* 5В
Olympiade Олимпиа́да *rez.* 1Д
Olympische Spiele Олимпи́йские и́гры, *Pl.* 4В
Oma **ба́бушка** 1В
Onkel **дя́дя** *m* 1В
Opa **де́душка** *m* 1В
Oper о́пера *rez.* 1А
Optiker о́птика *rez.* 1А
Orange апельси́н *rez.* 1Б
orange ора́нжевый 4А
Ordner **па́пка,** *Gen. Pl.* па́пок 5Б
organisieren организова́ть *v., uv. rez.* 5Б
Original- оригина́льный 6Б
Ort **ме́сто** 3А
Ost- восто́чный 6А
Osten **восто́к** 3А
Ostern **Па́сха** 5В
östlich восто́чный 6А

P

Palais, Palast дворе́ц, *Gen.* дворца́, *Pl.* дворцы́ 3А
Palme па́льма *rez.* 3Б
Panorama панора́ма *rez.* 6А
Papa **па́па** *m* 1В
Papagei попуга́й *rez.* 1Б, попуга́й 2А
Papst па́па ри́мский 5Г
Pariser(in) парижа́нин, парижа́нка 3В
Park **парк** 1Г, Grünanlage, kleiner Park **сквер** 3В
Parkettfußboden парке́т 3Б
Partei па́ртия *rez.* 6А
Partner (Austausch-)Partner **партнёр (по обме́ну)** 2А
Partnerschule шко́ла-партнёр 5В
Partnerstadt **го́род-партнёр,** *Pl.* города́-партнёры 3А
Pass па́спорт *rez.* 1Б
Passagier пассажи́р *rez.* 1Г
Pelmeni **пельме́ни** *Pl.* 1Д
Pfad тропа́, *Pl.* тро́пы 6В
Pfarrer свяще́нник 5Г
Pferd ло́шадь *f* 2А
Pfingsten Тро́ица 5В
Physik фи́зика 5А
Physiker фи́зик 5Б
Pilot лётчик 5Б
pink ро́зовый 4А
Pirogge пирожо́к, *Pl.* пирожки́ 1Д
Pizza **пи́цца** 1Д
Pizzeria пиццери́я *rez.* 2В
Plakat плака́т 4Б
Plan **план** 4В
planen плани́ровать *uv. что?* на *когда́?* 4В
Planetarium планета́рий 3А
Plastik **скульпту́ра** 3В
Platz **ме́сто** 3А, **пло́щадь** *f* 6А, площа́дка 6В, Roter Platz Кра́сная пло́щадь 6А
Plus плюс *rez.* 1Б
Poet поэ́т *rez.* 2Б
Politiker поли́тик *rez.* 1В
Polizist(in) милиционе́р 5Б
polnisch auf Polnisch по-по́льски 1Г
Pommes frites **карто́фель фри** *m, nur Sg.* 1Д
Popmusik поп-му́зыка *rez.* 5А
Popstar **поп-звезда́** 2Б
populär популя́рный 5Б
Post **по́чта** 1Г
Poster по́стер 3Б
Postkarte **откры́тка,** *Gen. Pl.* откры́ток 5В
praktisch практи́чный 5Б
Praline(n), Konfekt конфе́ты *Pl., Sg.* конфе́та 1Д
Präsentation презента́ция *rez.* 4В
Präsident президе́нт *rez.* 1Г
Preis **цена́,** *Pl.* **це́ны** 4А
preiswert **дешёвый** 4А
Presse пре́сса *rez.* 2Б
Prestige- прести́жный 6А
Priester свяще́нник 5Г
Prima! (Вот) здо́рово! 6А
proben репети́ровать *uv.* 4В
Problem пробле́ма *rez.* 1В
Programm програ́мма *rez.* 6Б
Programmierer программи́ст 5Б
Projekt прое́кт *rez.* 4В
Prospekt Prospekt *(breite, gerade Straße)* проспе́кт 3А
Prozent проце́нт *rez.* 2Б
Psychologe психо́лог 5Б
Pullover **сви́тер,** *Pl.* свитеры 4А
Püree пюре́ *nicht dekl. rez.* 1Д

Q

Quarkplunder ватру́шка 1Д

R

Rabatt ски́дка 4А
Radiergummi **рези́нка,** *Gen. Pl.* рези́нок 5Б
Radport велоспо́рт 4Б
Rap рэп *rez.* 1Д
Rathaus ра́туша 3А
Ratte кры́са 2А
Raum **ко́мната** 3Б
Raumausstattung интерье́р *rez.* 4Б
Ravioli равио́ли *Pl. rez.* 4Б
realisieren реализова́ть *uv. rez.* 6В
rechnen счита́ть 4Б
recht viel **нема́ло** *mit Gen.* 6А
Recht(skunde) пра́во 5А
rechts **спра́ва** *Adv.* 3Б, nach rechts **напра́во** *Adv.* 3В
Redaktion реда́кция *rez.* 2Б
Regal **по́лка** 3Б
Regen **дождь** *m* 6А
Regime режи́м 4В
Region регио́н *rez.* 6В
reich бога́тый 6А
Reis **рис** 1Д
Reise пое́здка 6Б
Reisebüro турфи́рма *rez.* 4Б
Reiseführer *(Buch)* **путеводи́тель** *m,* **по** *чему́? mit Dat.* 6Б
Reiseleiter экскурсово́д 6А, гид *rez.* 6Б
rekonstruieren реконструи́ровать *uv.* 6Б
Rekonstruktion реконстру́кция *rez.* 6Б
Rekord реко́рд *rez.* 6В
Religion рели́гия 5А
Rentner пенсионер 1В
Reservoir резервуа́р *rez.* 6В
Restaurant **рестора́н** 1А
Rezept реце́пт *rez.* 4Б
richtig **пра́вильно** *Adv.* 2В, **пра́вильный** 5Б
Ring кольцо́, *Pl.* ко́льца 4А
Rock **ю́бка** 4А
Rockkonzert рок-конце́рт *rez.* 4
Rockmusik рок-му́зыка *rez.* 1Д
Roman рома́н *rez.* 1А
rosa ро́зовый 4А
rot **кра́сный** 4А
Rubel **ру́бль** *m* 4А
Rucksack **рюкза́к** 1Б
rufen **звать** *uv.* 5В
ruhig **ти́хий** 3Б, **споко́йный** 5Б
Russe, Russin россия́нин, россия́нка 3В
russisch **ру́сский** 2А, росси́йский 4А, auf Russisch **по-ру́сски** 1Г, Wie heißt ... auf Russisch? **Как по-ру́сски...?** 1Д
Russland **Росси́я** 1Г

S

Saal зал *rez.* 6А
Saft **сок** 1Д
sagen **сказа́ть** 3В
Saison сезо́н *rez.* 4А
Salat **сала́т** 1Д
Salon сало́н *rez.* 4А

Samba са́мба *rez.* 2 Б
Samowar **самова́р** 1 А
Samstag **суббо́та** 5 А
Sanatorium санато́рий *rez.* 6 В
Sänger пе́ве́ц, *Pl.* певцы́ 1 В
Sängerin певи́ца 1 В
Sauna са́уна *rez.* 4 Б
Saxofon саксофо́н 2 Б
Schach ша́хматы *nur Pl.* *rez.* 2 Б
Schaschlik шашлы́к *rez.* 1 Б
Schatulle шкату́лка 4 А
schauen **смотре́ть** *uv.* 2 Б, (an)schauen посмотре́ть *v.* 2 В
Schauspieler актёр 1 В
Schauspielerin актри́са 1 В
schenken **подари́ть** *uv.* 4 Б, **дари́ть** *uv.* 5 А
Schildkröte черепа́ха 2 А
Schlafcouch дива́н-крова́ть *m* 3 Б
schlafen **спать** *uv.* 2 В
Schlafzimmer спа́льня 3 Б
Schlager хит, *Pl.* хиты́ *rez.* 4 Б
Schlange змея́, *Pl.* зме́и 2 А
schlecht **пло́хо** *Adv.* 2 Б
Schleife бант 5 Б
Schloss (Gebäude) за́мок, *Gen.* за́мка, *Pl.* за́мки 3 А
Schnee **снег** 6 А
schneiden (Video) schneiden монти́ровать *uv.* *rez.* 4 В
Schnellhefter **па́пка,** *Gen. Pl.* па́пок 5 Б
Schnitzel шни́цель *m* 1 Д
Schokolade шокола́д *rez.* 1 Б
schon **уже́** *Adv.* 1 В
schön **краси́во** *Adv.* 5 Б, **прекра́сный** 6 В, *(auf Äußeres bezogen)* **краси́вый** 3 А
Schönheit красота́ 5 В
Schrank **шкаф,** *Präp.* в шкафу́, *Pl.* шкафы́ 3 Б
Schrankwand сте́нка 3 Б
schrecklich **ужа́сный** 5 Б, (Wie) schrecklich! **У́жас!** *ugs.* 5 А
schreiben **писа́ть** *uv.* 2 Б, **написа́ть** *v.* 4 В, Schreibe. Пиши́. 2 А
Schreibtisch **пи́сьменный стол** 3 Б
Schuh ту́фля, *Pl.* **ту́фли** 4 А
Schuhwaren **о́бувь** *f, nur Sg.* 4 А
Schul- шко́льный 5 А, уче́бный 5 А
Schulbuch **уче́бник** 5 А
Schule **шко́ла** 1 Г
Schüler(in) **учени́к** 1 В, **шко́льник** 4 Б, **учени́ца** 1 В, **шко́льница** 4 Б
Schulnote **оце́нка,** *Pl.* оце́нок 5 А
Schulter плечо́, *Pl.* пле́чи 5 Б
Schütze Стреле́ц (*Sternzeichen)* 5 В
schwarz **чёрный** 4 А
Schwester **сестра́,** *Pl.* сёстры 1 В
schwierig **тру́дный** 5 Б
Schwimmbad **бассе́йн** 1 Г
schwimmen **пла́вать** 4 Б
Schwimmhalle **бассе́йн** 1 Г
See **о́зеро,** *Pl.* озёра 3 А
sehen **уви́деть/ви́деть** 6 Б
Sehenswürdigkeit **достопримеча́тельность** *f* 3 А
sehr **о́чень** *Adv.* 1 Д
sein **быть** 4 Б
seit jeher и́здавна *Adv.* 6 В
seit langem **давно́** *Adv.* 5 Б
selbst **сам, сама́, само́; са́ми** 6 В
selbstverständlich **коне́чно** *Adv.* 3 А
selten **ре́дко** *Adv.* 2 Б
seltsam стра́нный 5 А
September **сентя́брь** *m* 5 В
Serie (Fernsehserie) сериа́л 2 В
Servicecenter сервис-за́л *rez.* 4 Б
Shoppen **шо́пинг** 1 Д
Show шо́у *n, nicht dekl.* 2 В
sicherlich **наве́рное** *Adv.* 6 Б
Sie **Вы** 1 Б
sie *f* **она́** 1 В, *Pl.* **они́** 1 В
Signal сигна́л *rez.* 5 Б
singen **петь** 4 Б
sitzen **сиде́ть** *uv.* 2 Б
Skizze эски́з 4 В
Skorpion Скорпио́н *(Sternzeichen)* 5 В
Skulptur **скульпту́ра** 3 В
Snowboard(ing) сноубо́рдинг 1 Д, сноубо́рд *rez.* 4
so так, *Partikel* 4 А
so ein тако́й 4 А
sofort **сра́зу** *Adv.* 5 А
sogar **да́же** 5 А
solcher тако́й 4 А
Soljanka соля́нка 1 Д
Sommer **ле́то** 5 В, im Sommer **ле́том** *Adv.* 5 А
sondern **а** 1 В, nicht nur … , sondern auch … не то́лько …, но и 6 В
Sonne **со́лнце** 6 В
sonnen sich sonnen **загоре́ть/загора́ть** 6 В
Sonntag **воскресе́нье** 5 А
Sorte сорт *rez.* 1 А
sortieren сортирова́ть *uv.* *rez.* 4 Б
Souvenir **сувени́р** 4 А
Sozialkunde обществове́дение 5 А
Spaghetti спаге́тти *nicht dekl.* *rez.* 1 Д
spanisch auf Spanisch по-испа́нски 1 Г
spät Wie spät ist es? **Ско́лько (сейча́с) вре́мени?** *ugs.* 2 В
spazieren gehen **погуля́ть/гуля́ть** по *чему́? mit Dat.* 6 А
Speiseeis **моро́женое** 1 Д
Speisekarte меню́ *n, nicht dekl.* *rez.* 1 Б
Spezialist ма́стер *rez.* 2 В
speziell специа́льный *rez.* 4 Б, специа́льно *Adv.* 6 В
Spiegel зе́ркало 3 Б
Spiel **игра́,** *Pl.* и́гры 4 Б
spielen **игра́ть** *uv.* на *чём? mit Präp.,* в(о) *что? mit Akk.* 2 А, **поигра́ть** *v.* 4 В
Spielfilm худо́жественный фильм 2 В
Spinat шпина́т *rez.* 1 Б
Sport **спорт** *nur Sg.* 1 Д, физкульту́ра 5 А
Sport- **спорти́вный** 4 Б
Sport treiben **занима́ться** *uv. чем? mit Instr.* 4 Б
Sportart вид спо́рта 5 А
Sportartikel спорттова́ры *Pl.* 4 А
Sporthalle спортко́мплекс 1 Г
Sportler спортсме́н *rez.* 1 В
sportlich **спорти́вный** 4 Б
Sportraum спортза́л *rez.* 1 Д
Sportzentrum спортко́мплекс 1 Г, спортце́нтр 4 Б
Sprache **язы́к** 1 Г
sprechen **говори́ть** *uv.* 1 Г
Sprecher (im Parlament) спи́кер *rez.* 4 В
Staat **страна́,** *Pl.* стра́ны 3 А
Staatsduma **Ду́ма** 4 В
Stadion **стадио́н** 1 Г
Stadt **го́род,** *Pl.* города́ 1 Г
Stadt- городско́й 6 А
Städter(in) горожа́нин, горожа́нка 3 В
Stadtfestung **кре́мль** *m* 1 Г
Stadtmauer городска́я стена́ 3 А
Stadtplan ка́рта 1 А
Stadtviertel райо́н 6 А
stark кре́пкий 5 В
Start старт *rez.* 1 А
Station **ста́нция** 3 В
Steak стейк *rez.* 1 Д
Stehcafe буфе́т *rez.* 2 В
stehen **стоя́ть** *uv.* 3 Б
Steinbock Козеро́г *(Sternzeichen)* 5 В
Stelle **ме́сто** 3 А
Stereoanlage стереоаппарату́ра 3 Б
Sternzeichen зна́ки зодиа́ка *Pl.* 5 В
Stier Теле́ц *(Sternzeichen)* 5 В
Stift **ру́чка** 1 Г, *Gen. Pl.* ру́чек 5 Б
Stil стиль *m* *rez.* 6 Б
still **ти́хий** 3 Б
stilvoll сти́льный 5 Б
Stockwerk **эта́ж** 3 Б
stören меша́ть *uv. кому́? mit Dat.* 6 В
Straße у́лица 2 Б
Straßenbahn **трамва́й** 3 В
Strauß *(Vogel)* стра́ус *rez.* 1 Б
Streetball стритбо́л 1 Д
Strudel штру́дель *m* *rez.* 1 Д
Student(in) **студе́нт(ка)** 1 В
studieren **учи́ться** *nur uv.* 5 А
Studio сту́дия 4 Б
Stuhl **стул** 3 Б
Stunde **час,** *Pl.* **часы́** 2 В
Stundenplan **расписа́ние уро́ков** 5 А
Subjekt субъе́кт *rez.* 1 Б

Subtropen субтро́пики *rez.* 6 В
Süden **юг** 3 А
Südosten ю́го-восто́к 3 А
Südwesten ю́го-за́пад 3 А
Summe су́мма *rez.* 1 А
Super- су́пер- *ugs.* 4 А
Supermarkt суперма́ркет *rez.* 1 Г
Suppe **суп** 1 Д
surfen im Internet ~ сиде́ть *uv.* в Интерне́те 2 Б
Symbol знак 5 В
sympathisch симпати́чный 5 Б
Szene сце́на *rez.* 4 В

T

Tag **день** *m, Pl.* дни 1 Б, Guten Tag! **Здра́вствуй(те)!** 1 А, **До́брый день!** 1 Б, an welchem Tag (Datum)? **како́го числа́?** 5 В
Tag der nationalen Einheit День наро́дного еди́нства 5 В
Tag des Sieges День Побе́ды 5 В
Tagebuch **дневни́к** 4 Б
Tagesablauf режи́м дня 4 В
tagsüber **днём** *Adv.* 2 В
Takt такт *rez.* 1 А
talentiert тала́нтливый 5 Б
Tante **тётя** 1 В
Tanz- танцева́льный 6 В
tanzen **танцева́ть** *uv.* 2 Б
Tasche **су́мка,** *Gen. Pl.* су́мок 5 Б
Taschenrechner микрокалькуля́тор 5 Б
tatsächlich **действи́тельно** *Adv.* 5 А, **пра́вда** *Adv.* 6 Б
Tausend **ты́сяча** 5 В
Taxi такси́ *n, nicht dekl.* *rez.* 1 В
Technik те́хника *rez.* 1 Б
Techniker опера́тор 4 В
Tee **чай** 1 Д
Teil **часть** *f* 5 А
teilnehmen an **поуча́ствовать/ уча́ствовать в** *чём? mit Präp.* 4 В
Telefon **телефо́н** 1 А
telefonieren **говори́ть** *uv.* **по телефо́ну** 2 Б
Telefonnummer **но́мер телефо́на** 2 В
temperamentvoll темпера́ментный 5 Б
Temperatur температу́ра *rez.* 6 В
Tennis **те́ннис** 1 Д, Tischtennis насто́льный те́ннис *rez.* 4
Teppich ковёр, *Gen.* ковра́ 3 Б
Territorium террито́рия *rez.* 6 А
Test тест 1 А
teuer **дорого́й** 4 А
Text текст 1 А
Theater **теа́тр** 1 А
Theater- театра́льный 4 Б
Theatervorstellung спекта́кль *m* 6 В
Thema те́ма 1 А
Thriller три́ллер *rez.* 6 А
Ticket **биле́т** 1 Б
tief **глубо́кий** 6 В
Tier **живо́тное** 6 В
Tiger тигр *rez.* 1 Б
Tisch **стол,** *Pl.* столы́ 3 Б
Tischchen сто́лик 3 Б
Tischtennis насто́льный те́ннис *rez.* 4
Titel **назва́ние** 6 Б
Toilette туале́т *rez.* 1 А
toll кла́ссный *ugs.* 4 А
Toll! (Вот) здо́рово! 6 А
Top Ten die russischen ~ ру́сская деся́тка 2 В
Tor воро́та *nur Pl.* 3 А
Torte торт *rez.* 1 А
Tourismus тури́зм *rez.* 4 Б
Tourist **тури́ст** 1 Г
Tradition тради́ция *rez.* 6 А
traditionell традицио́нный 6 А
Traditions- традицио́нный 6 А
tragen **ходи́ть** *uv.* **в** *чём? mit Präp.* 4 А, **носи́ть** *uv. что? mit Akk.* 4 А
Traktor тра́ктор *rez.* 1 А
Treffen **встре́ча** 4 В
treffen sich treffen mit jmdm. **встре́титься/встреча́ться с** *кем? mit Instr.* 4 В
trinken **пить** 1 Д
Trolleybus тролле́йбус 3 В
Tschüss! **Пока́!** *ugs.* 1 А
T-Shirt **футбо́лка** 4 А
tun **де́лать** *uv.* 2 А, **сде́лать** *v.* 4 В
Turm (Fernseh-)Turm (теле)ба́шня 3 А
Turnen гимна́стика 1 Д
Turnhalle спортза́л *rez.* 1 Д
Turnschuh кроссо́вка, *Pl.* **кроссо́вки** 4 А

U

U-Bahn **метро́** *nicht dekl.* 3 В
über **о** *ком? (чём?) mit Präp.;* **об** *(vor Vokalen)* 3 А, **над** *чем? mit Instr.* 3 Б, **че́рез** *что? mit Akk.* 3 В
überhaupt совсе́м *Adv.* 1 Д
übermäßig сли́шком 6 В
übermorgen **послеза́втра** *Adv.* 4 В, Bis übermorgen! **До послеза́втра!** 4 В
Überraschung **сюрпри́з** 5 В
Übersetzer(in) перево́дчик, перево́дчица 5 Б
Ufer **бе́рег** *Präp.* **на берегу́** 6 В
Uhr часы́ *nur Pl.* 6 А
um *(zeitl.)* **в** *mit Akk.* 2 В
unbedeutend **ма́ленький** 3 А
unbedingt **обяза́тельно** 6 Б
und **а** 1 А, **и** 1 А, usw. (und so weiter) и т. д. (и так да́лее) 3 Б
ungefähr приме́рно 6 В
Universität университе́т *rez.* 1 Г
unmöglich **невозмо́жно** 6 А
unser **наш** 1 В
unter **под** *чем? mit Instr.* 3 Б
Unterrichtsfach **предме́т** 5 А
Unterrichtsstunde **уро́к** 2 Б
unweit von **недалеко́ от** *чего́? mit Gen.* 3 А
usw. и т. д. (и так да́лее) 3 Б

V

Valentinstag День свято́го Валенти́на 5 В, *Karte zum Valentinstag* валенти́нка 5 Г
Vati **па́па** *m* 1 В
verändern измени́ть/изменя́ть 5 В
verbieten запрети́ть/запреща́ть 5 Г
verbrennen сгоре́ть/сгора́ть 6 Б
verbringen **провести́/ проводи́ть** 6 В
vergangener **про́шлый** 5 Б
vergessen **забы́ть/забыва́ть** 6 Б
Vergnügen mit Vergnügen, sehr gern **с удово́льствием** 6 А
verhaften арестова́ть/ аресто́вывать 5 Г
Verkäufer продаве́ц 4 А
Verkaufsstand **кио́ск** 1 А
verliebt; der Verliebte влюблённый 5 Г
vernehmen слы́шать *uv.* 6 Б
verpflichtet sein **до́лжен** *m,* **должна́** *f;* **должны́** *Pl. mit Inf.* 6 Б
Vers(e) **стихи́** *Pl., Sg.* стих 5 Б
verschieden **ра́зный** 5 В
Version ве́рсия *rez.* 4 В
verstehen Ich habe (nicht) verstanden. **(Я) (не) по́нял.** *m;* **(Я) (не) поняла́.** *f* 2 В **поня́ть/понима́ть** 5 Б
verwirklichen реализова́ть *uv.* *rez.* 6 В
verwundern удиви́ть/удивля́ть 6 Б
Video ви́део *nicht dekl.* *rez.* 4 В, (Video) schneiden монти́ровать *rez.* 4 В
Videotechnik видеоте́хника *rez.* 4 А
viel **мно́го** *чего́? mit Gen.* 4 А, Wie viel? **ско́лько?** 1 Б, nicht wenig, recht viel **нема́ло** *mit Gen.* 6 А, nicht viel, ein bisschen **немно́го** *Adv.* 1 Г
viele **мно́гие** 6 В
Vier **четвёрка,** *Gen. Pl.* четвёрок 5 А
Viertel Stadtviertel райо́н 6 А
violett фиоле́товый 4 А
Visum ви́за *rez.* 6 Б
Volleyball **волейбо́л** 1 Д
von от *mit Gen.* 3 А
von, über **о** *ком? (чём?) mit Präp.,* **об** *(vor Vokalen)* 3 А
von alters her и́здавна *Adv.* 6 В
von dort (aus) **отту́да** *Adv.* 6 А
von hier (aus) **отсю́да** *Adv.* 3 Б

von morgens bis abends с утрá до вéчера 2 Б
vor **пéред** *чем? mit Instr.* 3 Б
vorbereiten **готóвить** *uv.* 4 Б, **приготóвить** *v.* 4 В, sich vorbereiten **подготóвиться/ готóвиться к** *чемý? mit Dat.* 6 Б
vorhanden sein es gibt, es ist vorhanden **есть** 1 Г
(Vor)Name **ѝмя** *n* 5 В
Vorortzug электрѝчка 3 В
vorschlagen **предлагáть** 3 Б
vorstellen sich einander vorstellen **познакóмиться/знакóмиться с** *кем? чем? mit Instr.* 6 А
Vorstellung спектáкль *m* 6 В
Vortrag **доклáд** 4 В
Vulkan вулкáн *rez.* 6 А

W

Waage Весы́ *(Sternzeichen)* 5 В
Wagen, Waggon вагóн *rez.* 1 Г
Wahlkurs факультатѝв 5 А
während **во врéмя** *чегó? mit Gen.* 6 Б
wahrscheinlich **навéрное** *Adv.* 6 Б
Wand стенá, *Pl.* стéны 3 Б
Wanderung **похóд** 4 Б
wann? **когдá?** 2 В
Ware товáр 4 А
warten **ждать** *uv. mit Akk.* 4 В
warum? **почемý?** 4 А
was für ein? **какóй?** 3 А
Was ist das? **Что э́то такóе?** 5 В
was? **что?** 1 Б
Waschmaschine стирáльная машѝна 3 Б
Wasser **водá** 1 Д
Wasser- вóдный 6 В
Wasserfall водопáд 6 В
Wassermann Водолéй *(Sternzeichen)* 5 В
WC туалéт *rez.* 1 А
Web-Designer веб-дизáйнер 5 Б
Website (веб-)сáйт *rez.* 5 Б
Weg тропá, *Pl.* трóпы 6 В
Weihnachten **Рождествó** 5 В
weil **потомý что** 5 Б
weiß **бéлый** 4 А
weit **далекó,** nicht ~ **недалекó** *Adv.* 3 А, unweit von, nicht ~von **недалекó от** *чегó? mit Gen.* 3 А
weiter **дáльше** *Adv.* 2 Б, usw. (und so weiter) и т. д. (и так дáлее) 3 Б
welcher? **какóй?** 3 А, an welchem Tag (Datum)? **какóго числá?** 5 В
Wellensittich попугáй 2 А
Welt **мир** 6 В
Weltall кóсмос *rez.* 1 А
wenden abbiegen, sich wenden **повернýть** *v.* 3 В
wenig **мáло** *Adv.* 2 Б, nicht wenig, recht viel **немáло** *mit Gen.* 6 А
wenn **когдá** 5 А
wer? **кто?** 1 А, Wer hat ...? **У когó есть ...?** 2 А
Werbe- реклáмный 4 В
Werbung **реклáма** 4 В
werden **стать/становѝться** *mit Instr.* 5 Б
Werken (Schulfach) труд 5 В
Werkstatt Theaterwerkstatt стýдия 4 Б
Westen **зáпад** 3 А
Wetter **погóда** 6 В
Wettkampf **матч** 4 В
Wettspiel **матч** 4 В
wichtig **вáжный** 5 Б
Widder Óвен *(Sternzeichen)* 5 В
Wie alt bist du? **Скóлько тебé лет?** 1 Б
Wie alt ...? Wie alt ist (bist, seid, sind) ...? **Скóлько ... лет?** *mit Dat.* 2 А
Wie geht's? **Как делá?** 1 Г
Wie heißt du? **Как тебя́ зовýт?** 1 Б
Wie kommt man ...? **Как доéхать ...?** 3 В
Wie schrecklich! **Ýжас!** *ugs.* 5 А
Wie spät ist es? **Скóлько (сейчáс) врéмени?** *ugs.* 2 В, **Котóрый час?** 2 В
wie viel? **скóлько?** 1 Б
wie? **как?** 1 Б
Wiederaufbau реконстрýкция *rez.* 6 Б
wiederholen **повторѝть** *v.* 3 В, Wiederhole. Повторѝ. 2 В
Wiedersehen Auf Wiedersehen. **До свидáния.** 1 А
Windsurfing виндсёрфинг *rez.* 4 Б
Winter **зимá** 5 В, im Winter **зимóй** 5 В
wir **мы** 1 Б
wirklich **неужéли?** 6 Б, **прáвда** *Adv.* 6 Б
Wirtschafsexperte экономѝст 5 Б
Wirtschaft экonóмика 5 А
wissen **знать** *uv.* 2 Б
Wissen **знáние,** *Gen. Pl.* знáний 5 Б
wo? **где?** 1 Г
Woche **недéля** 5 А
Wochenendhaus дáча 6 А
woher? **откýда?** 1 Г
wohin? **кудá** 6 А
wohnen **жить** *uv.* 1 Г
wohnlich **ую́тный** 3 Б
Wohnung **квартѝра** 3 Б
Wohnzimmer гостѝная, *Präp.* -ой 3 Б
wollen **хотéть** *uv.* 1 Д
Wort **слóво** 6 Б
Wörterbuch словáрь 6 Б
Wunder чýдо, *Pl.* чудесá 6 В
wunderbar **удивѝтельно** 6 Б, чудéсный 6 В
Wunderkind вундеркѝнд *rez.* 2 Б
wunderschön чудéсный 6 В, **прекрáсный** 6 В
Wurst **колбасá,** *Pl.* колбáсы 1 Д
Würstchen **сосѝски** *Pl., Sg.* сосѝска 1 Д

Z

Zahl **числó** 5 В
zählen считáть *uv.* 4 Б
Zar(in) **царь** *m, Gen.* царя́, **царѝца** 5 В
Zebra зéбра *rez.* 1 Б
Zeichen сигнáл *rez.* 5 Б, знак 5 В
Zeichentrickfilm мультфѝльм 2 В, мýльтик *ugs.* 4 В
zeichnen **рисовáть** *uv.* 2 Б, **нарисовáть** *v.* 4 В
Zeichnen рисовáние 5 А
zeigen **показáть** *v. комý? mit Dat.; что? mit Akk.* 4 А
Zeit **врéмя** *n* 2 Б, die genaue Zeit тóчное врéмя 2 В, Moskauer Zeit москóвское врéмя 2 В, Es wird keine Zeit für Langeweile bleiben! Скучáть будет нéкогда! 4 Б
Zeitdauer **врéмя** *n* 2 Б
Zeitplan **расписáние** 5 А
Zeitpunkt **врéмя** *n* 2 Б
Zeitschrift **журнáл** 1 Б
Zeitung **газéта** 4 В
Zelt палáтка 6 В
Zentrum центр *rez.* 1 Б
Ziel цель *f* 6 Б
Zierfisch ры́бка 2 А
Zimmer **кóмната** 3 Б
Zirkel цѝркуль *m* *rez.* 5 Б
Zirkus цирк *rez.* 1 Б
Zoo **зоопáрк** 1 Г
Zoologe зоóлог 5 Б
zu (jmdm. hin), an, nach **к** *комý? mit Dat.* 5 А, (all)zu, übermäßig слѝшком 6 В
zu Fuß пешкóм *Adv.* 3 В
zu Hause **дóма** *Adv.* 1 Г
zubereiten **готóвить** *uv.* 4 Б, **приготóвить** *v.* 4 В
zuerst **сначáла** *Adv.* 4 В
zufriedenstellend **удовлетворѝтельно** *Adv.* 5 А
Zug **пóезд** 6 А
zuhören **слýшать** *uv.* 2 А
zum Beispiel напримéр *Adv.* 4 А
Zuname **фамѝлия** 1 Б
zurück **обрáтно** *Adv.* 6 А
zusammen **вмéсте** *Adv.* 2 Б
Zwei **двóйка,** *Gen. Pl.* двóек 5 А
Zwillinge Близнецы́ *(Sternzeichen)* 5 В
zwischen **мéжду** *чем? mit Instr.* 3 Б

Wiedergabe deutscher Namen im Russischen (Transkription)

a, aa	**а**	Arnstadt – Арнштадт, Aachen – Ахен, *aber:* Saar – Саар
ä, ae	**э** *am Wortanfang,* *nach Vokal,* *sonst* **е**	Aegidienberg – Эгидиенберг Kändler – Кендлер
ai, ay	**ай**	Mainz – Майнц, Maier, Mayer – Майер
au	**ау**	Auerbach – Ауэрбах
äu	**ой**	Bräuer – Бройер
b	**б**	Berlin – Берлин, Bremen – Бремен
c	**ц** *für* [ts] **к** *für* [k]	Celle – Целле Cuxhaven – Куксхафен, Cornelia – Корнелия
ch	**к** *für* [k] *sonst* **х**	Ochsenbach – Оксенбах, *aber:* Chemnitz – Хемниц Bach – Бах, Brecht – Брехт
ck	**кк** *zwischen Vokalen,* *sonst* **к**	Saarbrücken – Саарбрюккен Osnabrück – Оснабрюк
d	**д**	Dortmund – Дортмунд
e	**э** *am Wortanfang,* *nach Vokal* (*außer* i, y) *sonst* **е**	Erfurt – Эрфурт Aue – Ауэ, Bauer – Бауэр Dessau – Дессау, Emden – Эмден
ei, ey	**эй** *oder* **ей** (*vgl.* е), *hist.* **ай** *neu*	Eisenach – Эйзенах, Leipzig – Лейпциг, Weimar – Веймар Greifswald – Грайфсвальд, Weinert – Вайнерт
eu	**эй** *oder* **ей** (*vgl.* е), *hist.* **ой** *neu*	Freud – Фрейд Neustadt – Нойштадт
f	**ф**	Frankfurt am Main – Франкфурт-на-Майне
g	**г**	Gera – Гера *Beachte* gk – г: Niemegk – Нимег
h	**х** **г** *hist.* *– nach stummem* h	Hildesheim – Хильдесхайм Halle – Галле, Hannover – Ганновер Ruhr – Рур, Hohenberg – Хоэнберг
i	**и** *am Wortanfang,* *nach Konsonant,* **й** *nach Vokal*	Ingolstadt – Ингольштадт, Lindau – Линдау *Beachte* -ia – -ия:Maria – Мария Duisburg – Дуйсбург
ie	**и** *für* [i:] **ие** *für* [iə]	Bielefeld – Билефельд, Wiesbaden – Висбаден Marienberg – Мариенберг
ja	**я**	Jahn – Ян, Jaspers – Ясперс
jä, je	**е**	Jäger – Егер, Jespersen – Есперсен, *aber:* Jena – Йена, Jähn – Йен
jo	**йо**	Jonsdorf – Йонсдорф, Joachim – Йоахим
jö	**йё**	Jöhstadt – Йёштадт
ju	**ю**	Jung – Юнг
jü	**йю**	Jülich – Йюлих, *aber:* Jüterbog – Ютербог
k	**к**	Karlsruhe – Карлсруэ, Kiel – Киль

l	**л** *vor Vokal* **ль** *vor Konsonant, am Wortende*	Lüneburg – Люнебург Düsseldorf – Дюссельдорф Kassel – Кассель
ll	**лл** *oder* **лль** (*vgl.* l)	Aller – Аллер, Zell – Целль
m	**м**	Magdeburg – Магдебург, Mannheim – Маннгейм
n	**н**	Nürnberg – Нюрнберг, Mann – Манн *Beachte:* -mann – -ман
o	**о**	Oberhausen – Оберхаузен
ö, oe	**э** *am Wortanfang* *sonst* **ё, е**	Oederan – Эдеран Köln – Кёльн, Böhme – Бёме
oi, oy	**ой**	Boizenburg – Бойценбург
p	**п**	Potsdam – Потсдам, Lippe – Липпе
ph	**ф**	Philipp – Филипп
qu	**кв**	Querfurt – Кверфурт
r, rh	**р**	Regensburg – Регенсбург, Rhein – Рейн
s	**з** *vor Vokal* *sonst* **с**	Salzgitter – Зальцгиттер, Suhl – Зуль Rostock – Росток, Kaiserslautern – Кайзерслаутерн *aber:* Dresden – Дрезден
ss	**сс** *zwischen Vokalen*	Essen – Эссен
ß	**с**	Meißen – Майсен, Pößneck – Пёснек
sch	**ш**	Schwerin – Шверин
sp	**сп** *für* [sp] **шп** *für* [ʃp]	Kasper – Каспер Speyer – Шпейер, Spree – Шпре(е)
st	**ст** *für* [st] **шт** *für* [ʃp]	Rostock – Росток, Schuster – Шустер Stuttgart – Штутгарт, Steinberg – Штейнберг
t, th	**т**	Trier – Трир, Rothenburg – Ротенбург
tzsch	**ч** *in der selben Silbe*	Delitzsch – Делич
tz	**ц** **тц** *zwischen Vokalen, neu*	Schweitzer – Швейцер, Bautzen – Бауцен, Beelitz – Белитц, Nietzsche – Ницше Katzer – Катцер
u	**у** **ю** *nach* l	Ulm – Ульм Ludwigshafen – Людвигсхафен, Luther – Лютер
ü, ue	**и** *am Wortanfang,* *sonst* **ю**	Ueckermünde – Иккермюнде München – Мюнхен, Lübeck – Любек
v	**ф** *für* [f] **в** *für* [v]	Havel – Хафель, Wilhelmshaven – Вильгельмсхафен Kleve – Клеве, Viktor – Виктор
w	**в**	Würzburg – Вюрцбург, Schwedt – Шведт *auch bei stummen* -w in -ow: Pankow – Панков
x	**кс**	Erxleben – Эркслебен, Marx – Маркс
y	**и**	Sylt – Зильт, Kyrill – Кирилл
z	**ц**	Zwickau – Цвикау, Zweig – Цвейг
zsch	**ч**	Zschopau – Чопау

Wiedergabe russischer Namen im Deutschen (Transkription)

А а	**a**	А́страхань – Astrachan
Б б	**b**	Бу́нин – Bunin
В в	**w**	Во́лга – Wolga
Г г	**g**	Го́голь – Gogol
Д д	**d**	Дон – Don
Е е	**e** *nach Konsonanten,* *sonst* **je**	Днепр – Dnepr Енисе́й – Jenissej, Менделе́ев – Mendelejew
Ё ё	**jo** **o**	Орёл – Orjol Пугачёв – Pugatschow
Ж ж	**sh**	Жу́ков – Shukow
З з	**s**	Каза́нь – Kasan
И и	**i**	Ива́ново – Ivanowo
Й й	**i** – *nach* **ы, и** **j** *nach* **e**	Толсто́й – Tolstoi Канди́нский – Kandinski Алексе́й – Alexej
К к	**k** **кс – x**	Кремль – Kreml Алекса́ндров – Alexandrow
Л л	**l**	Левита́н – Lewitan
М м	**m**	Му́рманск – Murmansk
Н н	**n**	Но́вгород – Nowgorod
О о	**o**	Обь – Ob
П п	**p**	Пу́шкин – Puschkin
Р р	**r**	Ре́пин – Repin
С с	**ss** *zwischen Vokalen,* *sonst* **s**	Му́соргский – Mussorgski Сама́ра – Samara, Росто́в – Rostow
Т т	**t**	Тверь – Twer
У у	**u**	Ура́л – Ural
Ф ф	**f**	Ерофе́ев – Jerofejew
Х х	**ch**	Ахма́това – Achmatowa
Ц ц	**z**	Цвета́ева – Zwetajewa
Ч ч	**tsch**	Чита́ – Tschita
Ш ш	**sch**	Шу́хов – Schuchow
Щ щ	**schtsch**	Салтыко́в-Щедри́н –Saltykow-Schtschedrin
ъ	**–** **j**	 Подъя́чев – Podjatschew
ы	**y**	Рыбако́в – Rybakow
ь	**–** **j** *vor* **и, о**	Го́рький – Gorki Ильи́нский – Iljinski
Э э	**e**	Электрого́рск - Elektrogorsk
Ю ю	**ju**	Мордюко́ва – Mordjukowa
Я я	**ja**	Шаля́пин – Schaljapin

Имена́ (Namen)

Ру́сские имена́

♀
Али́на, Анастаси́я (На́стя), А́нна (А́ня, А́ннушка), Верони́ка (Ни́ка), Викто́рия (Ви́ка), Гали́на (Га́ля), Да́рья (Да́ша), Евге́ния (Же́ня), Екатери́на (Ка́тя, Катю́ша), Еле́на (Ле́на), Елизаве́та (Ли́за), Зинаи́да (Зи́на), Зо́я, Ири́на (И́ра), Лари́са (Ла́ра), Ли́дия (Ли́да), Ли́лия (Ли́ля), Любо́вь (Лю́ба), Маргари́та (Ри́та), Мари́на, Мари́я (Ма́ша), Наде́жда (На́дя), Ната́лья (Ната́ша), Ни́на (Ни́ночка), Окса́на, О́льга (О́ля), Поли́на (По́ля), Раи́са (Ра́я), Светла́на (Све́та), Со́фья (Со́ня), Татья́на (Та́ня, Та́нечка), Элеоно́ра (Но́ра), Эли́на (Э́ля), Ю́лия (Ю́ля)

♂
Алекса́ндр (Са́ша), Алексе́й (Алёша, Лёша), Анато́лий (То́лик), Андре́й, Анто́н, Артём, Бори́с (Бо́ря), Вади́м (Ва́дик), Васи́лий (Ва́ся), Ви́ктор (Ви́тя), Влади́мир (Воло́дя, Во́ва), Владисла́в (Влад), Дани́л (Да́ня), Дени́с, Дми́трий (Ди́ма), Евге́ний (Же́ня), Его́р, Ива́н (Ва́ня), И́горь, Кири́лл, Константи́н (Ко́стя), Лев, Макси́м (Макс), Михаи́л (Ми́ша), Ники́та, Никола́й (Ко́ля), Оле́г, Па́вел (Па́ша), Пётр (Пе́тя), Рома́н (Ро́ма), Семён, Серге́й (Серёжа), Станисла́в (Сла́ва), Фили́пп (Фи́ля), Юлиа́н, Я́ков (Яша)

Интернациона́льные имена́

♀
А́нгела, А́нна, А́нника, А́ня, Бри́тта, Валери́, Ване́сса, Гу́друн, Да́гмар, Дже́нни, Ди́на, Дина́ра, Изабе́ль, И́на, Кристиа́не, Ле́на, Ли́за, Ма́рен, Ма́рта, Ми́ва, Ни́ка, Нико́ль, Но́ра, Паули́на, Рена́та, Ри́та, Со́ня, Софи́я, Табе́а, Ха́йди, Чулпа́н, Ште́ффи, Э́лла, Ю́лия, Я́на

♂
Алекса́ндр, Бен, Бернд, Ви́ктор, Исаа́к, Лу́кас, Макс, Мара́т, Марк, Марсе́ль, Ма́ртин, Мо́ритц, Ник, Ни́клас, Ни́ко, Пол, Рена́т, Себа́стиан, Стив, Ти́мо, Тоби́ас (То́би), Том, Фа́биан, Фи́лип, Франк, Ште́фан, Ян

Географи́ческие назва́ния

Контине́нты

Австра́лия, А́зия, Аме́рика, Евро́па

Стра́ны и языки́

Австра́лия (англи́йский), А́нглия (англи́йский), Бе́льгия (нидерла́ндский, францу́зский, неме́цкий), Брази́лия (португа́льский), Герма́ния (неме́цкий), Да́ния (да́тский), Испа́ния (испа́нский), Ита́лия (италья́нский), Казахста́н (каза́хский), Кана́да (англи́йский, францу́зский), Ла́твия (латы́шский), Ме́ксика (испа́нский), Нидерла́нды (нидерла́ндский), По́льша (по́льский), Португа́лия (португа́льский), Росси́я (ру́сский), Се́рбия (се́рбский), Ту́рция (туре́цкий), Украи́на (украи́нский), Фра́нция (францу́зский), Че́хия (че́шский), Эсто́ния (эсто́нский), Япо́ния (япо́нский)

Росси́я

Регио́ны

Кавка́з, Сиби́рь, Ура́л, Яку́тия

Города́ и дере́вни

Бубно́во, Владивосто́к, Во́логда, Екатеринбу́рг, Ирку́тск, Каза́нь, Калу́га, Красноя́рск, Москва́, Му́рманск, На́льчик, Но́вгород, Новосиби́рск, Омск, Орёл, Псков, Сама́ра, Санга́р, Санкт-Петербу́рг (Петрогра́д, Ленингра́д), Смоле́нск, Со́чи, Тайше́т, Тро́ицк, Ту́ла, Тюме́нь, Улан-Удэ́, Уфа́, Хаба́ровск, Челя́бинск, Чита́, Яку́тск, Яросла́вль

Ре́ки, озёра и моря́

Ангара́, Байка́л, Балти́йское мо́ре, Во́лга, Днепр, Енисе́й, Нева́, Ока́, Упа́, Чёрное мо́ре

Го́ры

Кавка́з, Ура́л

Э́то на́до знать! Das solltest du wissen!

Aufgaben, die dir (euch) gestellt werden:

Вы́бери(те) *что?* - пра́вильный отве́т. - слова́ с пра́вильным оконча́нием. - отве́ты.	Wähle (Wählt) ... aus. - die richtige Antwort - Wörter mit der richtigen Endung - (passende) Antworten
Вы́учи(те) *что?* - стихи́. - стихотворе́ние.	Lerne (Lernt) - die Verse. - das Gedicht.
Вста́вь(те) *что?* - пра́вильные оконча́ния. - пра́вильный глаго́л движе́ния. - пра́вильные да́ты. *куда́?* - в предложе́ния	Setze (Setzt) ... ein. - die richtigen Endungen - das passende Verb der Bewegung - die richtigen Daten - in die Sätze.
Говори́(те) *как?* - пра́вильно.	Sprich(Sprecht) ... aus. - richtig
Да́й(те) *что?* - информа́цию.	Gib (Gebt) - Informationen.
Допиши́ - e-mail.	Schreibe ... zu Ende. - die E-Mail
Допо́лни(те) *что?* - (ми́ни-)диало́г. - оконча́ния. - предложе́ния. - табли́цу. - текст. *где?* - в тетра́ди.	Ergänze (Ergänzt) - den (Mini-)Dialog. - die Endungen. - die Sätze. - die Tabelle. - den Text. - im Heft.
Зада́й(те) вопро́сы *кому́?* - партнёру - друг дру́гу.	Stelle (Stellt) ... Fragen. - deinem Partner - einander
Запиши́(те) *что?* - ассоциа́ции.	Notiere (Notiert) - , was dir (euch) dazu einfällt.
Запо́мни(те) *что?* - сло́во. - что на карти́нке.	Merke dir (Merkt euch) - das Wort. - , was auf dem Bild ist.
Как ты ду́маешь (вы ду́маете)?	Was denkst du (denkt ihr)?
Каки́е слова́ вы (не) понима́ете?	Welche Wörter versteht ihr (nicht)?
Найди́(те) *что?* - (ба́зовые) слова́. - назва́ние *чего́?* - информа́цию. - ме́сто на ка́рте.	Suche und gib ... an. - die (Grund)Wörter Suche und gib - die Bezeichnung für ... - Informationen. Suche und zeige - den Ort auf der Karte.

Нарису́й *что?* - ко́микс.	Zeichne - ein Comic/Comics.
Напиши́(те) *что?* - e-mail. - бу́квы. - объявле́ние. - откры́тку. - письмо́. - приглаше́ние *кому́? где?* - в тетра́ди. - на доске́.	Schreibe (Schreibt) - eine E-Mail. - die Buchstaben. - eine Meldung, Anzeige. - eine Postkarte. - einen Brief. - eine Einladung für *jmdn.* - im Heft. - an der Tafel.
Обрати́ внима́ние *на что?* - на ударе́ние.	Achte auf - die Betonung.
Опиши́(те) *что?* - карти́ну. - пра́здник.	Beschreibe (Beschreibt) - das Bild. - das Fest, die Feier.
Отве́ть(те) *на что?* - на вопро́с(ы). *как?* - по образцу́	Antworte (Antwortet) - auf die Frage(n). - nach dem Muster.
Переведи́(те) *что?* - текст.	Übersetze (Übersetzt) - den Text.
Покажи́(те) *что?* - ме́сто. - достопримеча́тельности. *где?* - на ка́рте.	Zeige (Zeigt) - den Ort/Platz, die Stelle. - die Sehenswürdigkeiten. - auf der Landkarte.
Попроси́(те) *у кого́?* - у партнёра *что?*	Bitte (Bittet) - euren (einen) Partner um etwas.
По-ру́сски – по-неме́цки и наоборо́т	Russisch–Deutsch und umgekehrt.
Послу́шай(те) *что?* **Прослу́шай(те)** *что?* - диало́г. - текст. - но́вости. - пе́сню. - приглаше́ния. - разгово́р (по телефо́ну). - расска́з. - речь. - стихи́. - стихотворе́ние.	Hör dir (Hört euch)... an. - den Dialog - den Text - die Nachrichten - das Lied - die Einladungen - das Gespräch - die Erzählung - die Rede - die Verse - das Gedicht

Посмотри́(те) *на что?* ~ на e-mail. ~ на карти́н(к)у. ~ на фо́то (фотогра́фию). ~ на ка́рту.	Schau (Schaut euch) ... an. ~ die E-Mail ~ die Abbildung ~ das Photo ~ die Landkarte
Просмотри́(те) *что?* ~ телепрогра́мму. ~ текст.	Sieh (Seht) ... durch. ~ das Fernsehprogramm ~ den Text
Прочита́й(те) *что?* ~ вопро́сы и отве́ты. ~ меню́. ~ (ми́ни-)диало́ги. ~ объявле́ние. ~ откры́тку. ~ предложе́ния. ~ расписа́ние. ~ расска́з. ~ рекла́му. ~ ска́зку. ~ стихотворе́ние. *как?* ~ ещё раз ~ снача́ла..., а пото́м... ~ со словарём.	Lies (Lest) ... (durch). ~ Fragen und Antworten ~ die Speisekarte ~ die (Mini-)Dialoge ~ die Anzeige ~ die Postkarte ~ die Sätze ~ den Stundenplan ~ die Erzählung ~ die Werbung ~ das Märchen ~ das Gedicht ~ noch einmal ~ zuerst ..., und dann ... ~ mit Wörterbuch
Пра́вильно и́ли непра́вильно?	Richtig oder falsch?
Разыгра́й(те) *что?* ~ (ми́ни-)диало́ги. ~ разгово́р по телефо́ну. ~ сце́нку.	Stelle (Stellt) ... szenisch dar. (Spiel(t) ... vor.) ~ die (Mini-)Dialoge ~ das Telefongespräch ~ die Szene
Расскажи́(те) *кому́?* ~ партнёру по обме́ну. *о чём?* ~ о фи́льме.	Erzähle (Erzählt) ~ einem Austauschpartner. ~ von dem Film.
Скажи́(те) *что?* ~ ско́лько тебе́ (вам) лет. *как?* ~ по-ру́сски.	Sag(t) ~ wie alt du bist (ihr seid). ~ auf Russisch.
Собери́(те) *что?* ~ информа́цию *о чём?* ~ материа́л *для чего́?* – для презента́ции. – для соревнова́ния. – для стенгазе́ты.	Sammle (Sammelt) ~ Informationen über ... ~ Material für – eine Präsentation. – einen Wettbewerb. – eine Wandzeitung.
Соста́вь(те) *что?* ~ вопро́сы и отве́ты. ~ гороско́пы. ~ (ми́ни-)диало́ги. ~ стати́стику. ~ табли́цу. ~ характери́стику. *как?* ~ по образцу́	Stelle (Stellt) ... zusammen. ~ Fragen und Antworten ~ Horoskope ~ (Mini-)Dialoge ~ eine Statistik ~ eine Tabelle ~ eine Personen-beschreibung ~ nach dem Muster
Сочини́ *что?* ~ расска́з. ~ му́зыку на текст.	Denk dir ... aus. ~ eine Geschichte ~ Musik zum Text
Спроси́(те) *кого́?* ~ друг дру́га. ~ партнёра. ~ учи́теля (учи́тельницу).	Frage (Fragt) ~ einander, euch gegenseitig. ~ einen Partner. ~ den Lehrer (die Lehrerin).
Сравни́(те) *что?* ~ оконча́ния.	Vergleiche (Vergleicht) ~ die Endungen.
Э́то ты уже́ уме́ешь!	Das kannst du schon!